CB058222

A revelação de Deus: conhecendo a Palavra de Deus na história

SÉRIE CONHECIMENTOS EM TEOLOGIA

inter
saberes

Nonato Vieira

A revelação de Deus: conhecendo a Palavra de Deus na história

inter saberes

Rua Clara Vendramin, 58 . Mossunguê
CEP 81200-170 . Curitiba . PR . Brasil
Fone: (41) 2106-4170
www.intersaberes.com
editora@intersaberes.com

Conselho editorial
Dr. Alexandre Coutinho Pagliarini
Dr.ª Elena Godoy
Dr. Neri dos Santos
M.ª Maria Lúcia Prado Sabatella

Editora-chefe
Lindsay Azambuja

Gerente editorial
Ariadne Nunes Wenger

Assistente editorial
Daniela Viroli Pereira Pinto

Preparação de originais
Palavra Arteira Edição e Revisão de Textos

Edição de texto
Monique Francis Fagundes Gonçalves
Palavra do Editor

Capa
Charles L. da Silva (*design*)
KanokpolTokumhnerd e oatawa/ Shutterstock (imagem)

Projeto gráfico
Charles L. da Silva

Diagramação
Rafael Ramos Zanellato

Equipe de *design*
Iná Trigo
Sílvio Gabriel Spannenberg

Iconografia
Regina Claudia Cruz Prestes

Dados Internacionais de Catalogação na Publicação (CIP)
(Câmara Brasileira do Livro, SP, Brasil)

Vieira, Raimundo Nonato
A revelação de Deus : conhecendo a palavra de Deus na história / Raimundo Nonato Vieira. -- Curitiba : Editora Intersaberes, 2023. -- (Série conhecimentos em teologia)

Bibliografia.
ISBN 978-85-227-0404-0

1. Bíblia – Crítica e interpretação 2. Palavra de Deus 3. Sagrada Escritura I. Título. II. Série.

22-140635   CDD-220.61

Índices para catálogo sistemático:
1. Bíblia : Crítica e interpretação 220.61
Cibele Maria Dias – Bibliotecária – CRB-8/9427

1ª edição, 2023.
Foi feito o depósito legal.

Informamos que é de inteira responsabilidade do autor a emissão de conceitos.

Nenhuma parte desta publicação poderá ser reproduzida por qualquer meio ou forma sem a prévia autorização da Editora InterSaberes.

A violação dos direitos autorais é crime estabelecido na Lei n. 9.610/1998 e punido pelo art. 184 do Código Penal.

sumário

11 *agradecimentos*
13 *apresentação*

capítulo um
17 **A história da humanidade a partir das Sagradas Escrituras**
21 1.1 Antiguidade
31 1.2 Do primeiro século cristão à Idade Média
37 1.3 A Bíblia e a Reforma Protestante do século XVI
45 1.4 Modernidade
50 1.5 Pós-modernidade

capítulo dois
61 **Estrutura das Sagradas Escrituras**
63 2.1 Idiomas bíblicos
71 2.2 Ambiente sociogeográfico
83 2.3 Ambiente religioso

91	2.4 Autores bíblicos
95	2.5 Os materiais utilizados e as escritas

capítulo três

109	**Sagradas Escrituras: Palavra de Deus**
112	3.1 Conceito de revelação
117	3.2 Conceito de inspiração
124	3.3 Conceito de unidade
132	3.4 Conceito de inerrância
138	3.5 Conceito de autoridade

capítulo quatro

149	**A história do cânone**
152	4.1 A formação do cânone
161	4.2 Os textos apócrifos ou deuterocanônicos
166	4.3 O cânone e os concílios
173	4.4 As traduções
188	4.5 A Bíblia para o português

capítulo cinco

197	**Sagradas Escrituras: uma obra literária**
199	5.1 Gêneros literários
210	5.2 Normas ou narrativas?
215	5.3 A Bíblia entre o teólogo e o cientista
225	5.4 O manuseio do texto pelo fiel
231	5.5 Beleza literária

capítulo seis
243 **Sagradas Escrituras e hermenêutica**
246 6.1 As escolas de hermenêutica
260 6.2 Bíblia e sociedade
271 6.3 A Bíblia diante das tensões epistemológicas
275 6.4 Uma possibilidade hermenêutica no tratamento do texto bíblico
279 6.5 Há significado objetivo ou histórico no texto sagrado?

291 *considerações finais*
293 *referências*
305 *bibliografia comentada*
309 *respostas*
315 *sobre o autor*

1.1.1 A história da Bíblia e a história do livro

A Bíblia é um livro que se conecta com a produção cultural do ser humano, em seu desenvolvimento histórico. Não há uma definição de data histórica, quando o livro teria iniciado seu curso, mas se sabe que, assim como a escrita – que atendia às necessidades de registrar informações de contabilidade, especialmente ligadas aos palácios, de identificar quem entrava e quem saía da cidade e posteriormente servia para narrar as crônicas da trajetória dos reis e seu governo –, o livro surge para atender a essas mesmas demandas, inicialmente, conforme aponta Raimundo Nonato Vieira (2020, p. 8), quando diz que "a origem do livro está associada, primeiramente a objetivos muito práticos, como organizar a contabilidade do governo, receitas médicas, o controle de imigrantes ou o registro das famílias locais, registro das crônicas e feitos dos reis, suas leis e seus combates".

Importante!

Você pode imaginar que, no início da trajetória do livro, não havia os materiais que há na atualidade, por isso os livros eram armazenados em construções pensadas para esse fim. Como se tratava de tabuletas de argilas, placas de pedras, peças de madeiras ou até mesmo paredões ou "muros", como é o caso da *Enuma Elish*[1] (em sua forma inicial), um livro contendo o código das leis de Hamurabi[2], por exemplo, ocuparia muito espaço físico.

---

1 *Enuma Elish* é um poema babilônico sobre a criação, exaltando a supremacia de Marduque sobre as demais divindades.
2 Trata-se do primeiro código civil, conhecido, da Antiguidade e que leva o nome do sexto rei da Suméria – Hamurabi.

É importante destacar que, quando os escritores do conjunto de livros chamado Pentateuco[3] compuseram essa obra, eles se valeram de fontes existentes, provavelmente no modelo de crônicas (cf. Gn 5,1; Nm 21,14), fontes que foram tomando forma por meio da tradição oral e, em algum momento, tomaram forma escrita. Vejamos uma relação histórica importante: o escritor do Pentateuco narra fatos históricos dos anos 2100 a 1200 a.C., portanto, uma trajetória longa e cuja composição se valeu de muitos benefícios culturais em curso naqueles séculos e em milênios anteriores.

Segundo o pesquisador Fernando Báez (2006, p. 31), "os primeiros livros da humanidade aparecem [...] na região da Suméria, no mítico Oriente Médio, na Mesopotâmia (hoje sul do Iraque), [...] há aproximadamente 5.300 anos, depois de um sinuoso e arriscado processo de aperfeiçoamento e abstração". Considerando a a trajetória do livro e a relação da composição da Bíblia com esse percurso histórico, vale lembrar que se tem registro do rei da Assíria, Assurbanipal, ordenando, por volta da segunda metade do século VI a.C., que fossem adquiridas grandes obras da literatura mundial, como resume Federico A. Arborio Mella ([S.d.], p. 21):

> *Numa certa altura de sua vida, o grande rei, movido por intentos culturais, deu ordens a seus enviados de comprar todas as obras científicas, literárias, históricas, e documentos que pudessem encontrar, enquanto na Corte um* staff *de doutores recopiava ou traduzia as que não estivessem à venda. Trata-se de uma coleção de mais de 30.000 tabuinhas de argila que reúnem conhecimento dos povos do Tigre e Eufrates.*

Entre essas obras estava a famosa e muito antiga obra mesopotâmica denominada *Poema de Gilgamesh*, que narra a epopeia

---

3   Bloco da Bíblia cristã que é composto pelos cinco primeiros livros: Gênesis, Êxodo, Levítico, Números e Deuteronômio.

mesopotâmica do surgimento do mundo. Essa epopeia tem como personagem principal Gilgamesh, um rei sumério que teria vivido por volta do ano 2.750 (Franchini; Seganfredo, 2008). Não existe uma informação precisa acerca da forma como esse poema foi primeiramente composto, mas as cópias conhecidas já eram em pequenas tabuinhas de argila. Federico A. Arborio Mella ([S.d.], p. 56), apontando para a história de Uruk e o *Poema de Gilgamesh*, diz que "a proto-história de Uruk associa-se também este [sic] belíssimo poema, talvez o mais importante e mais famoso da literatura da Mesopotâmia".

Podemos afirmar que os livros surgiram para registrar o que era importante para uma sociedade e seus governantes, incluindo a importância da memória. Como foi mencionado, Mella ([S.d.]) associa a embrionária história do reino de Uruk e o *Poema de Gilgamesh*. Esse poema era a tentativa de preservar a memória daquela sociedade, com os contornos de crença, os afetos e o protagonismo que estavam no imaginário do autor. Basta pensar no porquê de nossos pais ou avós guardarem as correspondências de seus relacionamentos afetivos, no início, meio ou final da vida – eles queriam preservar o que havia sido importante.

Preste atenção!

A Bíblia é um documento forjado, como resultado de um intercâmbio humano/divino, e suas narrativas históricas, leis e poesias representam a produção cultural desse povo que desejou preservar esses encontros que lhe conferiram identidade. É óbvio que, com essas palavras, está sendo apontado o resultado humano desse intercâmbio, mas Deus foi quem considerou aqueles conteúdos como palavras que vieram dele e estavam de acordo com o que Ele quis que fosse dito; chama-se isso de *inspiração*.

Assim como os primeiros livros passaram pelo processo de adequação cultural, no que se refere tanto à sua linguagem quanto à escrita e ao material utilizado em sua composição, a Bíblia também passou por esse processo, de modo ainda mais intenso, especialmente por se tratar de um livro composto de muitos outros livros, conforme destaca muito bem Won (2020, p. 38), ao dizer que "A Bíblia é composta de vários tipos de documentos produzidos em diversos estilos da linguagem escrita".

Você deve atentar muito mais, ainda, ao fato de a Bíblia ser um livro que foi sendo composto ao longo da história, durante um período de 1.400 a 1.500 anos. Isso quer dizer que a composição da Bíblia passou pela utilização da pedra, da argila, da madeira, dos pergaminhos, do papiro e outras superfícies para receber a escrita sagrada, ou seja, um livro que se desenvolveu com o desenvolvimento cultural das escritas, das línguas, dos materiais físicos e outros canais de transmissão do texto bíblico.

Mas devemos observar que a Bíblia não apenas sofreu influência cultural em sua composição; ela igualmente exerceu grande influência na forma de as sociedades antigas enxergarem e compreenderem a realidade e a história. A ideia de mundo que foi se formando entre os povos que tiveram um intercâmbio cultural e comercial com Israel, que fora o recipiente da revelação de Deus, havia sido forjada pela leitura da Torá[4], texto primariamente escrito e transmitido.

Por que a Bíblia exerceu essa influência? Porque ela narra a história da humanidade e seus dramas de maneira tão próxima de todas as gerações de pessoas, que os povos de cada época se conectavam com o sentimento e a realidade de pertencimento e

---

4   Trata-se do conjunto dos primeiros cinco livros da Bíblia hebraica, que corresponde ao bloco da Bíblia cristã chamado de Pentateuco.

identidade por meio do que esse texto diz que cada pessoa é. Ela fala da identidade, da história e trajetória dos seres humanos como seres históricos, criados no tempo e no espaço, podendo-se definir um princípio de todas as coisas, e não datar o princípio, como afirmam Hill e Walton (2007, p. 60): "Obviamente, é impossível determinar a data da origem deste planeta e do sistema solar. Embora estimativas variem de dezenas de milhares a bilhões de anos, parece melhor considerar a criação como um 'mistério sem data'". Assim, o importante é identificar esse princípio.

Observamos que a Bíblia é um livro que está diretamente relacionado com o desenvolvimento histórico da cultura escrita, como instrumento de preservação da memória, mas também como plataforma de crescimento do ser humano na ocupação do espaço e do tempo, na tarefa de cumprir o primeiro mandamento dado: "Sede fecundos, multiplicai-vos, enchei a terra e sujeitai-a; dominai sobre os peixes do mar, sobre as aves dos céus e sobre todo animal que rasteja pela terra" (Bíblia. Gênesis, 1989, 1,28).

1.1.2 A importância do surgimento da escrita para a formação da Bíblia

Gostaríamos de fazer esta jornada histórica e cultural convidando você a perceber que o desenvolvimento da escrita não se constitui em algo puramente físico, mas relacionado com todo um acervo intelectual e de cultura imaterial que estava em pleno desenvolvimento na história das pessoas e das respectivas sociedades. Pensando assim, primeiramente focaremos o desenvolvimento da escrita como técnica, mas em seguida veremos de perto a relasua condição de ção da escrita com as sociedades chamadas *primitivas*, bem como sua condição de instrumento cultural para as ideias bíblicas serem difundidas nas narrativas sagradas de surgimento do mundo físico; além disso, veremos a importância da escrita na formação primitiva de um povo, chamado *povo da aliança*. Quando tratarmos das escritas, enfocaremos apenas a escrita mesopotâmica, a escrita **cuneiforme**, e a escrita egípcia, os **hieroglifos**.

A Editora Martin Claret apresenta um resumo da história do livro que nos serve para a compreensão de evolução cultural desse veículo de comunicação:

> *Antes mesmo que o homem pensasse em utilizar determinados materiais para escrever (como, por exemplo, fibras vegetais e tecidos), as bibliotecas da Antiguidade estavam repletas de textos gravados em tabuinhas de barro cozido. Eram os primeiros "livros", depois progressivamente modificados até chegarem a ser feitos em grandes tiragens – em papel impresso mecanicamente, proporcionando facilidade e de leitura e transporte. Com eles, tornou-se possível, em todas as épocas, transmitir fatos, acontecimentos históricos, descobertas, tratados, códigos ou apenas entretenimento.* (Weber, 2001, p. 7)

A descrição dos editores da Martin Claret é abrangente, pois vai desde a Antiguidade até a atualidade, mas nos faz perceber a relação da escrita e seus desdobramentos com aquilo que fora posto como **mandato cultural**, conforme a relação já estabelecida com Gênesis 1,28, ou seja, Deus criou os seres humanos e lhes deu capacidade e potencialidade para desenvolver aquilo que havia sido criado, não aprimorar, mas **multiplicar**, apontando para a ideia de desenvolver o potencial existente naquilo que havia sido criado.

Não entraremos nos detalhes minuciosos a respeito das duas principais escritas mencionadas (cuneiforme e hieroglifos), mas descreveremos aquilo que for mais importante para a compreensão desse assunto. Mesmo sendo um tema importante para aquilo que estamos construindo, em termos de saber, existem muitas discrepâncias quanto à origem dessas escritas, considerando-se qual das duas seria a primeira, além de muitas outras nuances que não são relevantes para nossos objetivos. O pesquisador Federico A. Arborio Mella ([S.d.], p. 74) manifesta em sua abordagem a importância do surgimento desse instrumento cultural que foi a escrita:

> Para tornar possível a inundação fertilizante, os antiguíssimos sumérios, entre outras coisas, precisavam mesmo desempenhar os diferentes papéis de engenheiros, técnicos em hidráulica, astrônomos, e para estas numerosas e díspares necessidades concluíram ser indispensável dispor de algum tipo de escrita, a qual, como os hieróglifos egípcios, é considerada a mais antiga do mundo.

Com base na afirmação de Mella ([S.d.] de que a escrita egípcia é a mais antiga, entendimento que não é unânime, vamos contextualizá-la para compor nossa compreensão, apesar de ela não ter sido aquela que veio a influenciar definitivamente os escritos do Antigo Testamento.

1.1.3 A escrita hieroglífica

A escrita hieroglífica era formada por sinais e símbolos chamados de *hieroglifos*. Tanto pode ser verdade que os egípcios copiaram a ideia mesopotâmica quanto pode ter acontecido o contrário, pois o período de surgimento das duas escritas é considerado praticamente concomitante (Won, 2020). Segundo Stephen M. Miller e Robert V. Huber (2006, p. 15), "cerca de 700 hieroglifos diferentes eram usados no Egito durante boa parte do período do Antigo Testamento".

Essa forma de escrita teria surgido antes mesmo de os fenícios desenvolverem o alfabeto, que serviria de base para a maioria das línguas e para as escritas. A escrita hieroglífica passou por um desenvolvimento cultural, como é comum a todas as escritas;

do contrário, acabam por morrer, como forma de comunicação de determinado grupo social. Esse desenvolvimento teria acontecido, ao menos, em três estágios: **pictogramas** (figuras que representavam seres humanos ou animais), **ideogramas** (figuras que representavam ideias) e **fonogramas** (traços que representavam sons) (Geisler; Nix, 2006).

Os símbolos da escrita hieroglífica são classificados conforme os estágios descritos no parágrafo anterior, pois alguns desses símbolos assumem formas que apontavam para seu significado em si, como é o caso de *sol*, que era simbolizado com dois círculos e mais tarde veio a dar significado também para *dia*. Com o passar do tempo, os mesmos símbolos foram adquirindo mais de um significado, ajudando a diminuir a necessidade de uma quantidade tão expressiva de símbolos para a comunicação escrita. Um recurso que ajudou no desenvolvimento dessa escrita foi o fato de ela contar com uma superfície, formada por camadas de papiro (que havia em abundância no Egito), usando-se pena e tinta na maioria dos escritos egípcios (Oliveira, 2008).

1.1.4 A escrita cuneiforme

A palavra *cuneiforme* aponta para a estrutura e forma de ser dessa escrita, pois deriva da palavra *cunha*, utilizada para dar forma aos símbolos, cunhados na argila fresca, formando tabuletas que eram levadas ao forno depois de cunhadas. Essas cunhas eram formadas de estiletes de bambu ou metal (Catenassi, 2018).

Essa escrita foi sendo desenvolvida, ganhando mais símbolos, mas também ganhando mais riqueza de significados, exigindo menos sinais. Foram encontrados muitos fragmentos, especialmente a partir de 1621, com o viajante Pietro Della Valle (Mella, [S.d.]), muitos em tábuas de argilas, mas muitos em pedaços de muros antigos. Segundo os pesquisadores Miller e Huber (2006, p. 15), "algumas vezes, a escrita cuneiforme era usada também em tabuletas de cera ou esculpida em monumentos de pedra".

Podemos dizer que, em razão da forte influência cultural dos sumérios, a escrita cuneiforme exercerá maior influência no desenvolvimento de outras escritas e mesmo para o surgimento de muitas outras línguas. Será com base na escrita cuneiforme que muitas línguas assumirão sua identidade escrita. Podemos citar o caso dos muitos dialetos que surgiram na região cananeia e se expressaram com base no que já existia, especialmente sob influência da base linguística escrita acadiana[5] (Souza, 2008).

Foi sob essa influência, inclusive, que surgiu o dialeto cananeu chamado *hebraico*, que é a base da redação do Antigo Testamento. No período em que a língua hebraica se desenvolve, já não mais se usam pictogramas, ideogramas e fonogramas, e sim formas quadráticas, e sua estrutura já conta com o benefício das descobertas fenícias do alfabeto; tal criação será revolucionária para a escrita e o desenvolvimento das línguas em geral (Souza, 2008).

Tendo o hebraico como a língua que oferece grandes possibilidades para expressar sentimentos, o Antigo Testamento é escrito demonstrando o amor de Deus pela sua criação, amor que será demonstrado na andança de Deus nos dramas da humanidade, sendo presente e oferecendo socorro por meio dos eventos revelacionais, quando apresenta seu caráter e seus atributos de amor, cuidado, preservação, com um plano redentivo para a sua obra-prima – os seres humanos.

---

5 Acádia era a principal cidade da Mesopotâmia e emprestou o nome para a principal língua falada na Antiguidade entre os povos semitas – povos nômades, descendentes de Sem, filho de Noé.

Essas narrativas apontam para essa presença divina, que na teologia é chamada de *evento* que revela quem é Deus e seu Plano eterno. A composição desse vasto escrito, que são os livros que compõem o Antigo Testamento, posteriormente juntando-se aos escritos do Novo Testamento, serviu para formar o entendimento do mundo antigo, em grande medida, passando por filosofia, direito, política, ética, justiça social e muitos outros aspectos. Um exemplo dessa influência, você haverá de concordar, é a crença criacionista do universo e suas realidades subjacentes, visão que perdurará até a Idade Moderna como sendo absoluta, mesmo que os gregos, na Antiguidade, oferecessem outras tímidas explicações.

1.2 Do primeiro século cristão à Idade Média

Nesta parte de nossa jornada, ou seja, as bases em que estamos construindo saberes sobre a formação e a transmissão da Bíblia, veremos que a história das Escrituras Sagradas passa pelo primeiro século em diante com muitos fios soltos. Apesar de ser considerado praticamente certo que os textos do Antigo e do Novo Testamento estavam todos escritos até esse período, sua forma de transmissão e os significados sofreriam muitas influências. De todo modo, é inegável que esses textos seriam determinantes para o traçado que o mundo ganharia nos séculos seguintes pelo reconhecimento dos textos sagrados como Palavra de Deus, de natureza abrangente e definidora para as realidades físicas, metafísicas e culturais em geral.

Para chegarmos ao entendimento dessas confluências de construção de sentidos, descreveremos a atuação dos Pais da Igreja na defesa das Sagradas Escrituras e na construção desses mundos sociais, criados a partir do entendimento das Escrituras, mas também visitaremos a escolástica, tanto como método quanto como época de relacionar revelação e razão e seus desdobramentos. Os Pais da Igreja, especialmente os apostólicos e os pós-apostólicos, mesmo que estando nos quatro primeiros séculos da Igreja cristã, têm profunda relação com a escolástica, que teve seu início a partir do século IX, tendo seu ponto alto no século XIII e apresentando forte eco na Reforma Protestante.

1.2.1 Os Pais da Igreja

No estudo do período dos Pais da Igreja, considera-se a classificação que separa os pais da primeira geração, ou seja, os que tiveram relacionamento ou contato com os apóstolos, dos pais da segunda geração, que tiveram contato com aqueles que tiveram contato com os apóstolos, ou seja, um contato indireto. Não vamos fazer essa classificação, no sentido de descrever as ações ministeriais dos Pais da Igreja dentro de cada especificação apontada.

Vamos perceber que foi no período dos Pais da Igreja que a fé cristã passou a ter sua doutrina sistematizada e, pela necessidade de responder às acusações que a Igreja Primitiva sofria, desenvolveu-se uma teologia centrada na interpretação das Escrituras. É de compreensão e clareza, basta lermos os textos do Novo Testamento, que, no primeiro século da Igreja, suas estruturas eram rudimentares, no sentido de a Igreja não contar com uma descrição teológica do culto, uma eclesiologia clara sobre o magistério e a liderança em geral da Igreja, pois os primeiros cristãos seguiam o que conheciam da estrutura religiosa judaica praticada, especialmente, nas sinagogas.

A autoridade para o ensino e a pregação da Igreja era a Torá e os profetas. Mais tarde, no segundo século depois de Cristo, Justino

Mártir descreve o culto de Ceia como tendo, além da leitura da Torá e dos profetas, a leitura das *Memórias dos apóstolos*, uma referência aos textos escritos pelos apóstolos e que circulavam entre as Igrejas cristãs (Miller; Huber, 2006, p. 84). Isso é compreensível, pois os primeiros crentes e os primeiros líderes das comunidades locais e os que exerceram autoridade apostólica eram oriundos do judaísmo, em sua maioria absoluta, sendo eles conhecedores das Escrituras (que os cristãos chamam de Antigo Testamento), bem como da forma de expressar essas mensagens nas reuniões religiosas; mesmo depois do rompimento do judaísmo com o cristianismo incipiente, os cristãos interpretaram essas mensagens práticas para a vivência de fé cristã.

Os Pais da Igreja receberam a tradição de entender as Escrituras pela tradição autoritativa dos apóstolos, no sentido de que os apóstolos receberam a revelação – "Sabendo, primeiramente, isto, que nenhuma profecia da Escritura provém de particular elucidação; porque nunca jamais qualquer profecia foi dada por vontade humana; entretanto, homens [santos] falaram da parte de Deus, movidos pelo Espírito Santo" (Bíblia. 2Pedro, 1989, 1,20-21) – e a transmitiram às gerações posteriores. Esse será um tema das teses de Lutero, por ocasião da Reforma Protestante.

Para combater a heresia e conferir um caráter de seriedade da Igreja diante das autoridades, na busca de estabelecer a unidade, a forma estrutural de Deus falar pelas Sagradas Escrituras foi o caminho. Vejamos quais são alguns Pais da Igreja e suas contribuições, de acordo com Catenassi (2018):

- Irineu de Lião (130-202) – Defendeu, sobretudo, a unidade e a autoridade divina sobre o Antigo e Novo Testamento.
- Clemente de Alexandria (150-212) – Defendeu a necessidade do Novo Testamento para a interpretação do conteúdo simbólico do Antigo Testamento.

- Tertuliano de Cartago (170-222) – Defendeu a transmissão e a interpretação das Escrituras pela tradição de Cristo para os apóstolos e dos apóstolos para os fiéis, bem como o contato pessoal do fiel com as Escrituras "ouvindo, ruminando e digerindo".
- Orígenes de Alexandria (185-254) – Foi um dos grandes exegetas da patrística[6]; adotava o método alegórico de interpretação das Escrituras e produziu a maior obra de apoio exegético dos seus dias, a *Héxapla*.
- São João Crisóstomo (século IV) – Entendia que Deus vinha ao ambiente dos seres humanos e suas realidades, visando que eles o compreendessem.
- Jerônimo (347-419) – Foi responsável pelo grande trabalho de traduzir a Bíblia hebraica para o latim, que recebeu o nome de Vulgata.
- Agostinho de Hipona (354-430) – Foi um dos maiores teólogos e exegetas da Igreja, deixando uma riqueza de comentários bíblicos e muitas obras teológicas e filosóficas.

A breve descrição desses Pais da Igreja e suas contribuições nos dá a ideia de quão frutífero foi esse período da história da Igreja para as gerações seguintes. Foi nesse período que se definiu muito das doutrinas básicas da Igreja que perduram até a atualidade, como a doutrina da Trindade e a da cristologia. Esse também foi o período em que se deu forma às Escrituras – forma que perdura até a atualidade – e se lançaram as bases para estudos desenvolvidos na escolástica.

---

[6] É uma referência ao período, também chamado de a Era dos Pais da Igreja, que se iniciou com a segunda geração dos apóstolos, denominados *Pais Apostólicos*, e chegou até o século VIII. São exemplos: Irineu, Atanásio e Agostinho.

1.2.2 A escolástica

Vamos fazer uma breve conceituação e descrição da escolástica e apontar sua relação e contribuição para a universalização das Sagradas Escrituras. Também veremos como esse sistema e método colaborou para que a Bíblia exercesse uma forte influência no pensamento medieval. Pode-se dizer que a escolástica foi tanto um período, especialmente do livro, quanto um tempo histórico, um período marcado pelo estudo e pela leitura, por meio do método que leva o mesmo nome – *escolástico* (Cairns, 1995).

Os historiadores da educação Cláudio Piletti e Nelson Piletti (2012, p. 55, grifo do original) definem a escolástica, primeiramente, como sistema e método de ensino:

> *Escolástica é tanto um sistema de pensamento quanto um método de ensino, ou seja, ela é a filosofia cristã da Idade Média e o método de ensino que predominou do século IX ao século XV. De onde lhe veio o nome de* **escolástica***? É que, nos primeiros séculos da Idade Média, chamava-se* scolasticus *o professor de Artes Liberais e, em seguida, o de Filosofia ou Teologia que dava suas aulas, primeiro nas escolas do convento e, depois, na Universidade.*

Uma das preocupações da escolástica foi fazer a razão e a revelação dialogarem e uma ser parte da compreensão da outra. Por esse motivo, o método de leitura apontava para a descoberta da verdade revelada nas Escrituras, primeiramente. O método *lectio divina* é derivado do quadriforme, o modo mais influente de leitura que levava à identificação da verdade. O *lectio divina* era a leitura orante[7] das Escrituras e indicava quatro sentidos do texto (Catenassi, 2018).

Seguindo o exemplo dado por Alves, citado por Catenassi (2018, p. 27-28), faremos uso da palavra *Jerusalém* para entender como esse método funcionava:

> 1. Literal: O que realmente aconteceu – Jerusalém é a cidade histórica de Judá; 2. Analógico: A doutrina que se apresenta por trás do que está escrito – Jerusalém representa a Igreja; 3. Moral: O que devemos fazer a partir do texto – Jerusalém indica a ligação entre os israelitas e Deus, que deve ser buscada por todo fiel; 4. Anagógico: O nosso fim último, a visão escatológica da passagem – Jerusalém é a imagem do mundo escatológico, como a Jerusalém celeste de Ap 21-22.

Existiam outros métodos de leitura e de se chegar à verdade que marcaram a escolástica, mas, para a nossa finalidade, apenas a descrição do *lectio divina* se faz suficiente. É inegável que, em termos de avanço do estudo da filosofia, da teologia e de outros saberes, a escolástica contribuiu significativamente, porém deixou no esquecimento a herança agostiniana da exegese que servia à pastoral e levou a Bíblia para as universidades, tornando suas matérias conteúdos de disputas, como bem demonstra o vocábulo que indica o segundo passo do estudo escolástico, o *disputatio* (discussão); no entanto, não deserdou da ideia agostiniana de que a Bíblia deve ser lida como um livro de fé (Catenassi, 2018).

---

7   Era a leitura bíblica em passos de compreensão e resposta, finalizando com uma oração, a partir do texto sagrado lido.

A escolástica recebeu, também, o impacto das Sagradas Escrituras em sua constituição de realidade, de verdade e cosmovisão em geral. Poderíamos sugerir que os pensadores da escolástica, sem afirmar, para não sermos anacrônicos, poderiam ser considerados pensadores liberais para o seu tempo, quanto à elaboração do conhecimento. Com a validade dessa sugestão, podemos entender que a Reforma Protestante do século XVI tem um reflexo da influência da leitura bíblica desse período e dos métodos, especialmente pela influência do pensamento de Ockham[8] sobre Martinho Lutero.

1.3 A Bíblia e a Reforma Protestante do século XVI

Os anos que antecederam à Reforma Protestante foram bastante profícuos no despertamento do interesse pelas Escrituras, tanto do fiel para lê-la, apesar do alto índice de analfabetismo, aquele relacionado à proliferação de novas traduções e divulgação. Neste ponto de nossa busca pelas pisadas das Escrituras e sua influência na história, vamos selecionar alguns personagens e suas ideias que contribuíram para que as Sagradas Escrituras se espalhassem por todos os Cantões[9] antigos e chegassem até nós com tanto vigor e relevância.

---

8   Essa influência aconteceu especialmente quanto à diferença entre natureza e graça, defendida por Ockham, que Lutero definirá como Lei e Evangelho.
9   Na Idade Média, alguns países tinham uma divisão geográfica chamada de Cantão.

1.3.1 John Wycliffe

John Wycliffe é colocado na categoria histórica dos pré-reformadores, aqueles que foram os precursores da Reforma Protestante e que, em sua maioria, perderam a própria vida pelo ideal de uma Igreja mais pura e de libertação das Escrituras Sagradas das algemas da Igreja de então. Wycliffe nasceu, provavelmente, no ano de 1320, de uma família dona de muitas terras na Inglaterra. Pelo fato de proceder de uma família abastada, logo cedo foi para a Universidade de Oxford, de onde se tornou um catedrático (Cairns, 1995).

O pré-reformador fez da sala de aula seu púlpito e seu local de debates acadêmicos, pois de lá lançou suas ideias teológicas, políticas e sociais. Aos poucos foi ganhando fama, mas também atraindo muitos adversários. A motivação de John Wycliffe é bem resumida nas palavras dos escritores do livro *A Bíblia e sua história*:

> Por causa da sua falta de confiança na autoridade da Igreja, bem como seu respeito pelas Escrituras, Wycliffe começou a pressionar para que houvesse uma tradução inglesa da Bíblia. Essa deveria substituir a versão latina, que somente o clero bem-educado conseguia ler. "O laicato precisa compreender a fé", disse Wycliffe, "e, como as doutrinas da nossa fé estão nas Escrituras, os cristãos deveriam ter as Escrituras em sua língua que pudessem compreender completamente". (Miller; Huber, 2006, p. 154)

Muitos historiadores e críticos pensam ser pouco provável que o próprio John Wycliffe tenha estado envolvido na tradução da Bíblia que leva seu nome. O mais certo é que ele teria encarregado e inspirado alguns de seus seguidores para esse trabalho. Sua Bíblia, em duas versões, fora traduzida literalmente da Vulgata latina, por isso é considerado um texto truncado e difícil de ser lido, o que teria sido melhorado dez anos depois da morte de Wycliffe (Geisler; Nix, 2006).

A primeira edição da Bíblia de Wycliffe era uma pequena edição de bolso que teria sido concluída em torno do ano de 1382, dois anos antes de sua morte. Os representantes da Igreja fizeram severas críticas pela tradução da Bíblia para a língua do povo. Os autores Stephen M. Miller & Robert V. Huber (2006, p. 154) citam um trecho de uma crítica feita por um escritor católico da época de Wycliffe: "Cristo deu o seu evangelho ao clero e aos doutores estudados da Igreja para que eles o dessem aos leigos... Wycliffe, ao traduzir a Bíblia, tornou-a propriedade das massas, comum a todos, mais aberta ao laicato e até às mulheres que sabiam ler...".

Os mesmos autores seguem apresentando a fala do citado escritor católico, em que ele faz uma menção bíblica para descrever o que estava acontecendo, ao ser ofertada uma tradução para a língua do povo, para a língua inglesa: "Assim, a pérola do evangelho está sendo atirada aos porcos... A joia do clero transformou-se no passatempo dos leigos" (Miller; Huber, 2006, p. 154).

O trabalho de tradução de Wycliffe e de seus seguidores, visando fazer com que as Sagradas Escrituras chegassem até os leigos e a todos os cantos da Inglaterra, deve ser louvado. Deve-se registrar que, depois da morte de John Wycliffe, a tradução para o inglês foi praticamente concluída e o grupo de cristãos radicais, chamados de *lolardos*, possíveis seguidores das ideias de Wycliffe, espalhou a nova tradução da Bíblia pelas zonas rurais da Inglaterra (Cairns, 1995).

1.3.2 John Huss

John Huss faz parte da lista dos classificados como pré-reformadores. Nascido não muito distante dos dias finais de John Wycliffe, em 1369 ou 1373, na antiga Boêmia[10], John Huss era oriundo de uma família pobre, mas conseguiu alcançar uma boa formação na Universidade de Praga, vindo a ser professor e reitor dessa universidade (Cairns, 1995). Com o retorno de jovens que haviam ido estudar na Inglaterra, trazendo as novidades e influências de John Wycliffe, Huss descobriu essas ideias e as tomou como parte do que queria defender – e fez isso até sua morte. É importante que o leitor tenha em mente que John Huss tornou-se padre e foi dessa plataforma que defendeu as ideias que iriam, mais tarde, influenciar fortemente o monge Martinho Lutero. Um excelente resumo sobre a trajetória de Huss revela o seguinte:

> *João Huss era um camponês da Boêmia que deixou sua família para se tornar um sacerdote e um erudito de renome. Ele se destacava por sua pregação na língua tcheca na Capela de Belém, em Praga. Enquanto estava em Praga, ele descobriu os escritos de John Wycliffe e concordou completamente com os escritos do reformador. Dali em diante, ele incorporou as ideias de Wycliffe nos seus sermões, ressaltando que a Bíblia deveria ser a autoridade suprema para os cristãos e não a hierarquia da Igreja.* (Miller; Huber, 2006, p. 157)

Essas ideias de Huss eram influenciadas pelas suas descobertas das Sagradas Escrituras e pelo princípio da justificação somente pela fé, por isso ele está nesta demonstração do caminho das Escrituras na história. Ele morreu defendendo que as Sagradas

---

10   A Boêmia correspondia a grande parte do que atualmente é a República Checa.

Escrituras deveriam ser a base da doutrina da Igreja e que deveriam ser acessíveis a todos os fiéis.

Mesmo indo para a o Concílio de Constança com um salvo-conduto do imperador, Huss foi preso, condenado e morto em uma fogueira. O que levara John Huss à fogueira foi sua luta para que a Bíblia ocupasse o lugar de autoridade na vida das pessoas e que fosse disponibilizada amplamente (Elwell, 1990). Huss teria dito enquanto estava na fogueira para morrer: "Vocês hoje estão queimando um ganso, mas dentro de um século, encontrarão-se com um cisne"[11] (Silva, 2022). O termo *huss* na língua boêmia significa "ganso" (Denlinger, 2017).

1.3.3 A imprensa

A Reforma Protestante não foi um acontecimento que ocorrera em um hiato da história, supra-historicamente, muito pelo contrário, envolveu uma série pessoas, revoluções culturas, descobertas, mudanças na política, na geografia econômica do mundo, descobertas de novas terras e uma revolução nas cidades. Como não estamos escrevendo sobre a história da Reforma Protestante e as condições socioeconômicas para o seu acontecimento, vamos nos voltar à Alemanha do ano de 1430 (aproximadamente), a "um alemão que trabalhava com metais e que não estava satisfeito com o ramo de atividade da família, [que] provavelmente, tenha tanto crédito quanto Martinho Lutero pela revolução religiosa que separou a Igreja em católica e protestante" (Miller; Huber, 2006, p. 160).

O alemão em questão é Johannes Gutenberg, que emprestou seu nome à máquina de impressão com tipos metálicos móveis,

---
[11] É dito que Huss teria proferido essas palavras. Não foi identificada uma fonte escrita.

considerada a primeira do gênero. É certo que nessa época já existia algo semelhante na China, mas a máquina de Gutenberg causara maior impacto porque trabalhava com alfabetos latinos, dando agilidade às trocas e à reorganização dos tipos nos "tabuleiros", ao contrário dos numerosos caracteres da língua chinesa (Melo, 2005).

A descoberta da imprensa, nesses moldes, por Gutenberg deu um grande impulso à Reforma Protestante e sobretudo à popularização das Sagradas Escrituras. Miller e Huber (2006) fazem uma interessante distinção entre as tentativas pouco exitosas de reforma, empreendidas por Wycliffe e Huss, e a bem-sucedida investida de Lutero. Eles afirmam que os primeiros reformadores não contaram com a arma poderosa com que Lutero contou, a possibilidade de fazer com que sua mensagem de reforma, seus livros e suas cartas se proliferassem com rapidez e por um custo muito menor.

O primeiro livro a ser produzido pela máquina de Gutenberg foi a Bíblia, chamada de a Bíblia de Gutenberg. Com a popularização da Bíblia, seguiu-se um crescimento contínuo do interesse pelo conhecimento por meio da literatura (Perroy, 1994).

1.3.4 Lutero

Depois de conhecer um pouco sobre a imprensa de Gutenberg, convidamos você, leitor, a conhecer o Castelo de Wartburg, onde se encontra um ilustre personagem da história da transmissão das Sagradas Escrituras: Martinho Lutero. Talvez ele nos atenda com a prancheta que guarda as folhas preenchidas com os primeiros capítulos do Evangelho de Mat nesse momentoeus, cuidadosamente traduzidos para o alemão, que nesse momento nem mesmo é ainda uma língua estruturada.

Miller e Huber (2006, p. 160), apontando para alguns feitos de Lutero, afirmam que ele "traduziu a Bíblia para o alemão, o que ajudou a unificar a nação e a língua, que tinha vários dialetos. [...] Esse Novo Testamento faz parte de uma tradução da Bíblia tão compreensível, que cópias revisadas dela ainda são populares entre os alemães de hoje". Além de unificar a nação e a língua alemã, a tradução de Lutero ajudou a estruturar a língua.

A Bíblia de Lutero traz consigo outro grande significado, pois representa a abertura do Livro a todo povo cristão por meio de sua tradução ao vernáculo[12]. Assim como a famosa Bíblia de Gutenberg, a tradução de Lutero não chega a ser simbolicamente importante pela sua originalidade, mas pelas circunstâncias que a envolviam. De fato, outras traduções ao vernáculo já haviam surgido muito tempo antes, desde os primórdios do cristianismo; mesmo durante a Idade Média, não chegava a ser incomum a elaboração de outras traduções (Perroy, 1994).

Miller e Huber (2006, p. 166) nos informam que, "durante os 10 meses que Lutero permaneceu no castelo, ele tratou de escrever. E das obras que escreveu, uma viria a fazer com que os seus ensinamentos se transformassem em um movimento". Os mesmos autores evidenciam o fato de Lutero ter ao seu alcance a tradução do Novo Testamento para o grego, elaborada pelo holandês Erasmo de Roterdã. Ainda destacam que "Lutero traduziu o Novo Testamento para o alemão, completando o primeiro rascunho em apenas 11 semanas" (Miller; Huber, 2006, p. 166).

1.3.5 William Tyndale

Não é exagero dizer que o século XVI ganhou novo sentido na história pela influência das Escrituras, embalando os sonhos de

---

12 Faz referência ao fato de Martinho Lutero ter traduzido a Bíblia para a língua comum, falada na época entre as pessoas mais simples culturalmente.

liberdade e desenvolvimento de países, com o trabalho sendo visto como algo que glorificava a Deus; as universidades se popularizaram, e novas descobertas impulsionaram a indústria e os intercâmbios comerciais e culturais. Sem dúvida, vamos perceber que, como consequência da queda moral e espiritual da humanidade, em Adão, tudo está contaminado, inclinado para o mal e suas muitas possibilidades, mas aquele século demonstrou que Deus criou o ser humano com muitas possibilidades e grande potencial.

Já que saímos do castelo em que se encontrava Lutero, vamos para as montanhas inglesas à procura de um homem que foge e muda de esconderijo a cada instante, pois tem o profundo desejo de traduzir as Sagradas Escrituras antes que seja capturado e morto. O nome dele é William Tyndale, que é bem descrito pelos autores do livro *A Bíblia e sua história*:

> *Para um sacerdote que queria pouco mais que um lugar tranquilo para traduzir a Bíblia, William Tyndale teve aventuras incomuns em sua vida. Ele foi caçado pela Europa por agentes secretos e foi pego enquanto imprimia secretamente o seu Novo Testamento em inglês. Ele foi mais tarde sequestrado por um espião e morto como um herege quando tinha pouco mais de quarenta anos. E tudo isso por ter traduzido a Bíblia para o inglês.* (Miller; Huber, 2006, p. 170)

William Tyndale conseguiu traduzir a Bíblia para o inglês quase que em sua totalidade. Outras tentativas já teriam ocorrido antes, com a tradução de Wycliffe e várias outras traduções parciais, mas a versão de Tyndale teve grande impacto pela relativa qualidade e também pelo que ela significou culturalmente para a Inglaterra; além disso, não era uma tradução manuscrita, como foi o caso da tradução parcial de Wycliffe, mas impressa (Gilberto, 1986).

Para não ser pego antes de colocar a tradução nas mãos do povo inglês, esse mártir da Igreja cristã vivia mudando de esconderijo entre as montanhas europeias. Traduziu todo o Novo Testamento e grande parte do Antigo Testamento. Um padre católico, perseguidor de Tyndale e suas ideias, quando soube da publicação da primeira versão incompleta, comprou todas as cópias restantes em disponibilidade, por meio de um representante anônimo. Tyndale aceitou vender todas essas cópias, dizendo que com o dinheiro ele poderia melhorar as próximas edições (Gilberto, 1986).

A contribuição de Tyndale para a popularização da Bíblia e para a cultura inglesa foi incalculável. Por isso, até a atualidade seu nome é lembrado como um grande contribuidor para a cultura e o desenvolvimento da Inglaterra, pois, a partir de uma língua mais sólida, muitas possibilidades de desenvolvimento cultural se apresentaram.

1.4 Modernidade

Não é exagero dizer que a modernidade ganhou sentido pela crítica às Escrituras, pois os movimentos culturais da incipiente ciência moderna encontravam no combate às afirmações e trato das Escrituras sobre temas que sustentaram a ética e a moralidade no mundo medievo seu alvo sua base para as teorias das realidades no novo mundo – o mundo da razão.

Nesta seção, vamos sair da descrição histórica baseada em eventos e personagens e visitar movimentos culturais e ideias que tiveram grande impacto sobre a visão a respeito das Sagradas Escrituras e a perda de sua "autoridade" para o desenvolvimento das ciências. Vamos iniciar por um movimento cultural que é considerado a fonte dos levantes racionais contra a autoridade bíblica na modernidade, o Iluminismo.

1.4.1 O Iluminismo

O Iluminismo pode ser considerado uma força social e cultural que inicia no XVII e tem duração até o século XVIII, porém a influência de suas ideias e a nova estrutura do pensamento vão muito além desses séculos, podendo ser percebidas ainda na atualidade. O movimento teve seu nascimento na Europa, mas tornou-se um fenômeno do pensamento humano quase global. Fausto Socinus, considerado o fundador do Iluminismo, fugia de católicos e protestantes, mas tinha sua identidade relacionada com a religião cristã. Logo apareceram muitos que aderiram às suas ideias. Assim, Socinus e o grupo que o seguia produziram o *Catecismo racoviano*, texto no qual são estabelecidas as primeiras bases de uma teologia absolutamente racionalista.

Segundo Paul Tillich (2000, p. 282), os socinianos tinham a Bíblia como autoridade em matéria de fé, "mas admitiam que poderia errar em matéria não essencial. Além disso, consideravam necessária a crítica histórica. Partiam do seguinte critério: nada pode ser considerado revelação de Deus na Bíblia se contrariar a razão e o senso comum".

Conforme Miller e Huber (2006, p. 188), fazia parte da declaração de alguns "que, desde a criação do universo, Deus havia evitado qualquer contato com humanos, e, por isso, a revelação, como apresentada na Bíblia, seria uma ficção. No seu romance satírico *Cândido* (1759), Voltaire considerou falida toda teologia bíblica". Miller e Huber (2006, p. 188) ainda afirmam que "os que não rejeitaram a Bíblia inteiramente tiveram sua interpretação seriamente influenciada pelo domínio da razão. Muitos elementos foram questionados".

Desse modo, o Iluminismo abriu as portas para que qualquer realidade somente fosse considerada minimamente aceita se passasse pelo teste da razão absoluta, e isso influenciará o andamento da relação entre a ciência e as Sagradas Escrituras, como você já pode supor.

1.4.2 O advento da ciência moderna

A ciência moderna marca a transição entre o teocentrismo medieval, que era responsável por mediar a relação entre os seres humanos e a realidade, para uma concepção pautada no relacionamento entre homem e natureza. As certezas passam a ser resultado do que a razão consegue explicar acerca da movimentação natural das coisas. Miller e Huber (2006) citam as descobertas, por exemplo, na geologia que colocavam em dúvida os relatos das Sagradas Escrituras.

Os autores apontam que "estudos geológicos indicaram que a terra era muito mais velha do que apontava a Bíblia e que seres vivos haviam aparecido na terra por um período muito vasto de tempo. Portanto, eles não teriam sido criados em um único dia, como descrito em Gênesis" (Miller; Huber, 2006, p. 188). Com os estudos da literatura antiga, especialmente a mesopotâmica, como é o caso da *Epopeia de Gilgamesh*, muitos estudiosos daqueles dias classificaram a narrativa da criação, presente no livro de Gênesis, como mito da criação (Tillich, 2000).

Podemos perceber que a ideia era submeter Deus às mesmas leis que governam o universo, fazendo de Deus um ser criado e indicando que sua revelação seria muito mais um arranjo social, cultural e religioso do que um texto divino emanado de uma realidade exterior ao mundo observável. Muitos que confessavam a fé na existência de Deus passaram a não o considerar como uma realidade pessoal, mas etérea, ou seja, a ideia de Deus possui beleza – Ele pode existir distantemente, mas não tem interferência no sentido das coisas e nos desdobramentos do mundo, ideia que parte do pensamento do deísmo inglês[13].

É razoável dizer que essa nova matriz do pensamento de como as coisas de fato são e como se tornam e se transformam aniquila a sustentação das Sagradas Escrituras como palavra objetiva de Deus que serve de base e autoridade para se dizer o que é e o que não é. Veremos isso nos movimentos críticos abordados na sequência.

1.4.3 Historicismo e criticismo

Os dois movimentos intelectuais da Idade Moderna, historicismo e criticismo, embalados pela pujança das ideias iluministas, fazem parte da mesma matriz racionalista. A história não deixa de ser importante, mas não seria mais considerada tão inquestionável como vinha sendo até aqueles dias.

Paul Tillich (2000, p. 286) afirma que "o grande movimento da crítica histórica começou por volta de 1750", enquanto Justo González (2004, p. 385) cita uma obra que alimentaria o historicismo: "em 1835, D. F. Strauss publicou sua obra *A vida de Jesus*, em que ele argumentou que aqueles que aceitaram os milagres e as referências ao sobrenatural como literais erraram". Assim é lançada a leitura mitológica dos atos de Jesus, em que tudo não passaria do testemunho de fé de quem viu sentido em Jesus e suas obras e creu.

Até então, a declaração de que a **revelação havia se dado na história** não era questionada seriamente. Mas a questão sobre até

---

13 Foi um pensamento teológico, com raízes na filosofia grega, identificado com o pensamento de Cícero, mas que ressurgiu na Inglaterra, no fim do século XVII e início do século XVIII, sendo percebido como uma das raízes da teologia liberal (nega, por exemplo, os milagres das Escrituras). Sua principal crença é a de um Deus real, porém não pessoal e que está ausente do mundo criado.

que ponto a história seria assertiva, de modo a atender às exigências da razão e suas afirmativas, desperta uma incerteza quanto às afirmações da revelação na história. "Os *Philosophes*, em particular, asseveraram que a História podia, na melhor das hipóteses, confirmar as verdades da razão, mas não era capaz de determinar essas verdades por si mesma" (McGrath, 2007, p. 243).

Estava criado o ambiente para o surgimento de muitas teorias críticas que negavam a autoridade e a confiabilidade das narrativas das Sagradas Escrituras tal como estão organizadas, além de negarem afirmações ortodoxas sobre datas e autorias dos livros sagrados, como é o caso da teoria da hipótese documentária, atribuída ao biblista Julius Wellhausen. Segundo a ideias desse estudioso, o Pentateuco é resultado de produções de cinco fontes religiosas – eloísta, javista, sacerdotal e deuteronomista –, colocando-se em xeque até mesmo a existência real do personagem principal – Moisés (Archer Junior, 2012).

Podemos observar que, no âmbito desse espectro crítico iluminista, os grandes movimentos sociais e culturais das sociedades estavam marcados pelo descontentamento diante do que estava posto, e a Igreja e seus símbolos de fé, como as Sagradas Escrituras, eram questionados. Nesse sentido, o teólogo histórico Alister McGrath cita a Revolução Francesa:

> *A Revolução Francesa costuma ser destacada como o auge do sentimento antirreligioso na Europa. Em 1789, a estrutura social vigente na França foi abalada em suas bases por uma insurreição popular que, por fim, deu cabo à monarquia e instituiu uma república secular. A igreja e a monarquia eram os dois sustentáculos da ordem vigente (conhecida como* ancien régime*). Aquilo que começou como uma tentativa de reformar essas duas instituições terminou em uma revolução na qual o poder foi transferido definitivamente da antiga aristocracia feudal para as classes médias em ascensão.* (McGrath, 2007, p. 237)

Se você se aprofundar sobre o que foi a Revolução Francesa, que perceberá que ela foi uma força das sociedades insatisfeitas, mas também foi tangida por pessoas com os seus interesses de poder. Não é nosso intuito adentrar nesse acontecimento, entendido como um divisor na história; alguns chegam a considerar que ali nascia o que é chamado na atualidade de *pós-modernidade*.

Com a baixa credibilidade da Igreja, associada aos mandatários da Idade Média até aqueles dias, a busca por origens naturais e apenas culturais das expressões religiosas dos seres humanos visava deixar as Sagradas Escrituras sem aquela proeminência gozada anteriormente. "A ênfase cada vez maior sobre a necessidade de descobrir as raízes racionais da religião teve implicações negativas consideráveis para o cristianismo, como os acontecimentos subsequentes revelariam" (McGrath, 2007, p. 240), e teve grande impacto sobre o lugar das Escrituras como elemento que confere sentido à realidade.

1.5 Pós-modernidade

Iniciamos este capítulo afirmando que a história é um veículo que transporta aquilo que um povo, uma civilização, uma sociedade tem de mais nítido, ligado às suas produções materiais e imateriais, como seus afetos, suas culturas. Neste capítulo, como seu título anuncia, estamos empreendendo uma jornada pela história a fim de captar como as Sagradas Escrituras representaram uma força motriz para o significado de determinados momentos da trajetória humana. Algumas vezes, a força das Sagradas Escrituras imprimiu valores éticos, morais, espirituais, sociais, culturais e muitas outras influências. Porém, em alguns casos, como na pós-modernidade, o tempo social e o significado da realidade ganham sentido com a negação da objetividade das Escrituras.

O teólogo Alister McGrath (2007) menciona três grandes influenciadores no campo do questionamento do lugar das Sagradas Escrituras na construção ou entendimento da realidade. Segundo esse autor, Michel Foucault questiona o papel repressor, na relação de poder, por parte dos chamados "intérpretes bíblicos autorizados" (McGrath, 2007, p. 265), referindo-se ao lugar em que a Igreja se encontra ao ler e interpretar as Sagradas Escrituras. O autor destaca também Jacques Derrida, para quem as diferentes leituras e interpretações criaram versões conflitantes das mensagens bíblicas. Já para Jean-François Lyotard, as grandes narrativas bíblicas serviam para perpetuar ideologias seculares dominantes (McGrath, 2007).

Michael W. Goheen e Caig G. Bartholomew, ao tratarem de Lyotard, defensor da fragmentação das metanarrativas, afirmam que "ele sustentou que tudo o que temos são jogos de linguagem, diferentes interpretações linguísticas do mundo, e essas são sempre locais, jamais universais" (Goheen; Bartholomew, 2016, p. 166).

O especialista em hermenêutica Kevin. J. Vanhoozer (2005), preocupado em não entrar na discussão acerca da validade dos textos bíblicos e sua interpretação objetiva, aponta para a reflexão sobre o que está, de fato, em jogo – é a validade dos signos e a estrutura do que é "falado".

> *Por que os exegetas bíblicos e teólogos deveriam prestar atenção à pós-modernidade? O que "escritura" tem que ver com a Escritura Sagrada? Podemos apontar, ao responder à primeira pergunta, para a crescente influência não da desconstrução, mas de diversas outras abordagens pós-estruturalista da exegese. [...] Com relação à segunda pergunta, talvez seja suficiente mostrar que a Bíblia, embora em alguns*

aspectos seja um caso especial, é, em muitos outros, como os demais textos. Se os signos em geral são guias pouco confiáveis para a realidade, por que a Bíblia deveria ser diferente? (Vanhoozer, 2005, p. 106)

Como vimos, Vanhoozer (2005, p. 106) finaliza dizendo: "Se os signos em geral são guias pouco confiáveis para a realidade, por que a Bíblia deveria ser diferente?". O autor nos convida a avaliar: o que está em questão não é simplesmente a Bíblia e sua validade, em termos de mensagem objetiva, mas qualquer texto. Se os textos perderam sua referência sobre o que o autor queria dizer, o leitor se torna a autoridade máxima. Isso tem implicação direta com a autoridade das Sagradas Escrituras, de seu lugar de fala e sua relevância preposicional.

1.5.1 A crise da afirmação da verdade objetiva

O convite agora é para fazermos um breve passeio pelo que se anda pensando sobre a possibilidade de dizer que alguma coisa é, segundo ela se apresenta ou conforme a observação atesta sua realidade objetiva. Vamos, brevemente, apenas relacionar esse questionamento com a sustentação de que **as Escrituras revelam a verdade e o que precisamos saber para uma vida significativa**.

Os pós-estruturalistas, argumenta Vanhoozer (2005, p. 119), dizem que "a maneira pela qual uma pessoa vê o mundo ou o significado textual é uma função de seu método interpretativo. A epistemologia – especialmente o ideal de conhecimento objetivo – revela ser uma 'mitologia branca' também". O pós-estruturalismo é uma crítica ao estruturalismo, que tem o entendimento de que, por meio da estrutura da linguagem, se pode chegar à definição dos fatos e suas decorrências objetivas.

É certo dizer que o ceticismo do pós-estruturalismo terá como "consequência [...] uma consciência do inevitável pluralismo dentro do conhecimento. Atualmente, muitos encaram com grande desconfiança a própria certeza e a própria verdade" (Goheen; Bartholomew, 2016, p. 167).

Você há de concordar que as Sagradas Escrituras vêm afirmando, ao longo dos séculos, que elas são confiáveis em matéria de verdade absoluta e de apontamentos para condutas e valores que norteiam as tramas da vida em suas mais complexas áreas, conferindo sentido existencial para o agora e para o porvir. Portanto, o questionamento, se é possível fazer afirmações absolutas sobre as várias realidades, traz um impacto sobre o lugar da Bíblia na construção das realidades da vida.

1.5.2 Subjetivismo

Ao abordarmos o subjetivismo, o objetivo não é levar você, leitor, para uma discussão teórica sobre as correntes que tratam, teoricamente, de como é possível o conhecimento ou, até mesmo, se é possível conhecer algo. O objetivo é relacionar o subjetivismo com o impacto que vem sofrendo o tratamento dispensado às Sagradas Escrituras.

Considerando o pensamento de Gadamer e Ricoeur, Vanhoozer (2005, p. 125) resume suas ideias a respeito do que esperar de um texto: "Em suma, o texto tem um potencial de sentido, mas o verdadeiro significado resulta de um contato com o leitor". A última afirmação, "o verdadeiro significado resulta de um contato com o leitor", aponta para uma declaração de total subjetivismo na leitura de um texto.

É necessário ter em mente que não se pode negar o importante papel do leitor na projeção e na vida que um texto venha a ter, além da identidade que todo texto tem em relação a quem o escreveu. No entanto, deixar que todo o sentido de um texto seja conferido unicamente pelo seu leitor é como jogar um metal pesado na água e querer que ele não submerja. Isso quer dizer que o texto é uma memória vazia – seu conteúdo dependerá sempre de quem venha a preenchê-lo.

Matar o autor, que confere sentido primário ao seu texto, que é resultado de sua intenção primária, é considerar que o autor não tem nada a dizer, pois sempre o leitor poderá contradizer aquele que escolheu a estrutura textual, fez opção por determinados símbolos, fez a escolha pelo gênero, pela forma e pelos signos, entendendo que esses recursos lhe serviriam para levar a mensagem intencionada.

Você já deve estar ponderando o impacto do subjetivismo na leitura das Sagradas Escrituras. Nessa perspectiva, a leitura que busca identificar o autor do livro e descobrir no texto sua intenção deixa de ser uma máxima no contato do fiel com as Sagradas Escrituras. Como resultado, o leitor não poderá fazer afirmações categóricas sobre verdade, valores morais e éticos permanentes, pois os sentidos (aquilo que é verdade, por exemplo) estão sendo construídos sempre.

Com relação ao subjetivismo, têm surgido propostas criativas e bem fundamentadas, como é o caso do teólogo americano Kevin J. Vanhoozer, no livro *Há um significado neste texto?* (Vanhoozer, 2005). Para ele, não se pode desprezar toda a construção que decreta a morte do autor e promove o leitor a um protagonismo irreal; em vez disso, é necessário ponderar como o leitor fiel das Sagradas Escrituras, ou o acadêmico das ciências bíblicas, pode se beneficiar das novas pesquisas literárias (Vanhoozer, 2005).

1.5.3 A valorização das múltiplas narrativas

Como indicam os últimos tópicos, as pesquisas literárias pós-modernas apontam para uma proposta de relacionamento entre o leitor e o texto que teria como finalidade as múltiplas possibilidades de uma única narrativa, por exemplo. O problema das múltiplas narrativas é o total descomprometimento com a intenção do autor da narrativa, em nome da valorização da peça textual narrada.

Ao tratar da crítica pós-moderna à objetividade das Escrituras, Vanhoozer (2005, p. 110, grifo do original) cita o exemplo dado ao tratamento das narrativas de Lucas, as quais não passariam de idealização teológica: "Quem, ou o que, é Lucas? [...] 'Lucas' é uma projeção do nosso desejo por um centro e um fundamento unificadores para o significado textual; 'Lucas' é uma expressão da vontade do leitor: **eu** sou 'Lucas'".

Sobre o arranjo proposto pelos hermeneutas e filósofos pós-modernos, no exemplo dado por Vanhoozer, é possível afirmar que as possibilidades para o texto são muitas, mas sem levar o autor em consideração. Uma dificuldade dessa forma de pensar sobre um texto é que " o pluralismo relativista pós-moderno procura dar espaço à natureza 'local' da verdade. As crenças são consideradas verdadeiras no contexto das comunidades que as defendem" (Grenz, 2008, p. 30). Ou seja, as verdades das Escrituras seriam localizadas e temporárias, se esse trato com o texto fosse levado para a prática da leitura das Sagradas Escrituras.

Depois de fazermos esse passeio pela história das pessoas e da composição e transmissão das Sagradas Escrituras, imaginemos agora que estamos diante de Ana Lúcia, que mencionamos no início do capítulo, e de suas questões de fé quanto às crenças pilares, baseadas nas Escrituras. Poderíamos responder para Ana Lúcia que a Bíblia tem uma dupla natureza: divina e humana. Como livro divino, representa a revelação de Deus e seus planos eternos. Como livro humano, a Bíblia foi composta com os recursos culturais de cada época e por pessoas, bem como sofreu influência do contexto sociocultural de cada escritor. Assim, por ser um texto, precisa de regras científicas para a sua correta interpretação.

Síntese

A seguir, apresentamos um mapa mental daquilo que foi construído neste capítulo e dos tópicos estruturantes das ideias que trabalhamos.

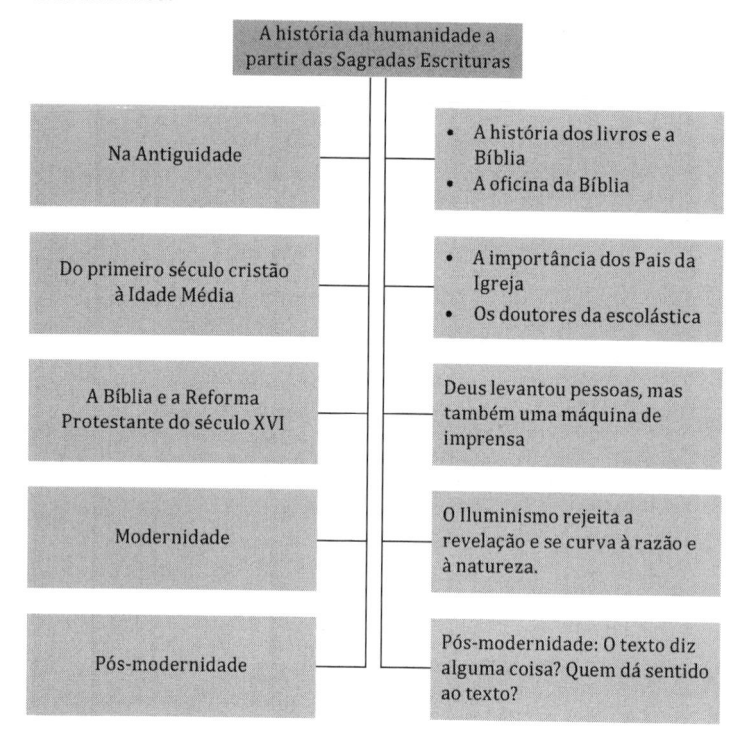

- **A história da humanidade a partir das Sagradas Escrituras**
  - **Na Antiguidade**
    - A história dos livros e a Bíblia
    - A oficina da Bíblia
  - **Do primeiro século cristão à Idade Média**
    - A importância dos Pais da Igreja
    - Os doutores da escolástica
  - **A Bíblia e a Reforma Protestante do século XVI**
    - Deus levantou pessoas, mas também uma máquina de imprensa
  - **Modernidade**
    - O Iluminismo rejeita a revelação e se curva à razão e à natureza.
  - **Pós-modernidade**
    - Pós-modernidade: O texto diz alguma coisa? Quem dá sentido ao texto?

Atividades de autoavaliação

1. Quanto à composição das Sagradas Escrituras, é correto afirmar que:
    a) elas foram compostas por uma única pessoa, de uma só vez.
    b) elas foram impressas com máquinas mecânicas.
    c) elas foram compostas em um período inferior a 500 anos.

d) elas foram compostas no Egito.
   e) elas foram compostas com a utilização de materiais da época, como argila, pedra e pergaminho.

2. Sobre a evolução da escrita, é correto afirmar que:
   a) os fenícios descobriram o alfabeto.
   b) o alfabeto foi descoberto na Era Cristã.
   c) a escrita não sofreu evolução na história.
   d) os mesopotâmicos descobriram o alfabeto.
   e) o alfabeto foi resultado de uma revelação especial, para a composição das Escrituras.

3. Com relação à fonte da teologia dos Pais da Igreja, é correto afirmar que:
   a) a Igreja do primeiro século recebeu sua teologia de revelação direta entre os apóstolos e o próprio Deus.
   b) os primeiros cristãos seguiam o que já estava posto como crença e prática no judaísmo.
   c) os primeiros Pais da Igreja tiveram a filosofia platônica como sua fonte teológica.
   d) a teologia foi desenvolvida a partir da interpretação das Escrituras.
   e) os primeiros Pais da Igreja tiveram as experiências carismáticas como fonte para a elaboração teológica.

4. Sobre as traduções das Sagradas Escrituras pelas gerações de reformadores, é correto afirmar que:
   a) foram de extrema importância para a popularização da Sagradas Escrituras.
   b) foram muito importantes para a sedimentação do sistema feudal europeu.

c) foram muito importantes para a erradicação do analfabetismo na Europa.

d) foram muito importantes para fortalecer o poder da Igreja medieval.

e) foram muito importantes para o estudo das línguas antigas.

5. Com relação aos impactos da pós-modernidade no valor das Escrituras Sagradas, é correto afirmar que:

   a) a pós-modernidade é a maior aliada no avanço da interpretação bíblica.

   b) não se deve ceder ao perigo de considerar a Bíblia, na condição de texto, como um caso especial.

   c) a Bíblia perdeu todo o seu valor.

   d) o texto que forma os livros da Bíblia é sagrado, não estando sujeito às regras de interpretação textuais científicas.

   e) o pós-estruturalismo deve receber grande atenção daqueles que trabalham com a interpretação bíblica, mais do que as teorias de desconstrução.

Atividades de aprendizagem

Questões para reflexão

1. Qual é a importância de se compreender a história da escrita para entender o texto bíblico e seu ambiente formativo?

2. Que importância podemos atribuir à escolástica para o saber acerca das Sagradas Escrituras?

3. Como o Iluminismo iniciou o processo de enfraquecimento do conceito e da importância das Sagradas Escrituras na concepção das realidades?

Atividade aplicada: prática

1. Leia o texto a seguir, do teólogo Alister McGrath, sobre parte da desilusão com a teologia liberal do século XIX.

   A Primeira Guerra Mundial testemunhou uma desilusão, porém não uma rejeição definitiva da teologia liberal que havia sido associada a Schleiermacher e seus seguidores. Vários escritores argumentaram que Schleiermacher havia, com efeito, reduzido o Cristianismo a pouco mais do que uma experiência religiosa, tornando-o, desse modo, centrado no ser humano, e não em Deus. De acordo com os críticos, a guerra havia destruído a credibilidade dessa abordagem. A teologia liberal parecia dizer respeito a valores humanos – e como estes podiam ser levados a sério se haviam gerado conflitos globais de grande escala? Ao enfatizarem o "caráter distinto" de Deus, escritores como Karl Barth (1886-1968) acreditavam que poderiam escapar da teologia antropocêntrica do liberalismo que estava condenada à extinção. (McGrath, 2007, p. 257)

   Com base no texto lido, reflita sobre sua vida em comunidade. Identifique alguns caminhos para uma teologia que sirva à comunidade e não a desestimule no fervor espiritual e no serviço às pessoas.

capítulo dois

Estrutura das Sagradas Escrituras

2

Neste capítulo, pretendemos fazer uma jornada com você, leitor, por algumas regiões, especialmente da Mesopotâmia, passando pelo Egito e pela Fenícia do século XIII, sem deixar de fazer uma parada na Canaã dos tempos bíblicos. Também nos ocuparemos dos autores dos textos sagrados, em alguns momentos visitando palácios e em outros o mundo rural da criação de bois e ovelhas. Não deixaremos de imaginar o mundo dos escritores e suas oficinas, com papiros, pergaminhos, pedras lavradas, argilas queimadas, tábuas de madeiras, prontas para receber a tinta, que ainda rudimentarmente estava sendo desenvolvida.

Nosso propósito é levá-lo para o mundo a partir do qual as Sagradas Escrituras vieram a ser o que são, com a expectativa de que, ao fim desta leitura, a Bíblia esteja mais próxima de seu mundo cultural, mas também mais próxima do coração. Além disso, esperamos que seja possível localizar a composição da Bíblia, entre o falar de Deus e a tarefa de trazer o falar de Deus para formas conhecidas de cada época, que tornaram a mensagem revelada compreensível aos destinatários primários (os leitores que primeiro receberam os textos) e secundários (os leitores posteriores, como os de agora). Foi necessário fazer escolhas difíceis sobre o que seria primordial para que esta conversa fosse um apoio significativo na construção do entendimento sobre o assunto.

Tendo em vista esclarecer melhor do que se trata quando se fala em estrutura das Sagradas Escrituras, o que se pensa em relação ao material e ao imaterial, vamos refletir agora sobre a questão do Victor, um universitário estudante de literatura que tem se deparado com o dilema sobre a confiabilidade histórica dos textos sagrados. Ele se questiona: "É a Bíblia um livro conectado com a cultura do seu tempo de composição? Que material foi utilizado na elaboração desses livros que garantiria sua durabilidade e transmissão?". Seus autores foram pessoas que estavam relacionadas com os contextos descritos ou esses livros foram produzidos teologicamente, por especialistas, visando ao estabelecimento de uma religião?

Neste capítulo, forneceremos subsídios para que você possa ajudar Victor a dirimir suas dúvidas quanto à objetividade e à verificação da composição dos textos bíblicos.

2.1 Idiomas bíblicos

Começaremos a responder ao questionamento do Victor apresentando a composição dos textos bíblicos por meio de elementos culturais de cada tempo, como é o caso das línguas utilizadas. Uma língua é mais do que um instrumento para a comunicação, ela é expressão da alma, história e identidade de um grupo étnico. Por essa razão, quando nos propomos a estudar uma coleção de livros antigos, como é o caso daqueles que compõem a relação das Sagradas Escrituras, precisamos nos dar conta das línguas, de seus falantes e de suas características básicas.

O teólogo Herman Bavinck (2012, p. 377) acertou o alvo ao descrever essa importante relação:

> *a palavra é primariamente o pensamento plenamente amadurecido, independente e, portanto, lúcido – uma ferramenta indispensável para o pensamento consciente. A língua é a alma de uma nação, a depositária dos bens e dos tesouros da humanidade, o vínculo que une seres humanos, povos e gerações, a grande tradição que une, em consciência, o mundo da humanidade, que, por natureza, é uma. Mas, assim como o pensamento se incorpora em uma palavra, assim também as palavras são incorporadas na escritura. A própria língua não é mais do que um corpo de sinais, sinais audíveis. E o sinal audível naturalmente busca estabilidade no sinal visível, na escrita.*

Se você observar com atenção a descrição de Bavinck (2012), perceberá que ele faz uma relação direta da língua com a escrita. Não se deve considerar a existência de uma língua condicionada ao ganho de uma escrita, pois a língua faz parte do patrimônio imaterial de um grupo, de um povo, de uma etnia. No entanto, é inegável que uma língua ganha melhor estrutura e longevidade quando se materializa na escrita.

Conforme Norman Geisler e William Nix (2006), Deus poderia ter usado vários outros veículos para a transmissão de sua revelação, mas escolheu a escrita de uma língua. Quando Deus escolhe essa forma de se comunicar mais efetivamente, Ele está perenizando sua revelação[1], garantindo que a revelação de sua pessoa e de seus planos vá além dos que viveram nos dias de sua revelação, que ocorreu por atos e por palavras.

Assim, para que você, leitor, possa ter uma visão geral das línguas bíblicas, faremos uma breve descrição daquelas que são consenso entre os especialistas bíblicos, apontando pontos característicos de cada uma e seu uso na composição dos livros sagrados.

2.1.1 Hebraico

Importante!

Uma língua tem uma história, no que tange ao seu surgimento e ao seu desenvolvimento, pois, como se trata da mais alta elaboração cultural de um grupo étnico, a língua evolui, recebe mais vocábulos com o tempo e também se modifica. Essas asseverações se aplicam à língua hebraica, pois, como veremos, o hebraico passou de um dialeto à principal identidade linguística do povo hebreu.

Outra consideração importante é a constatação histórica, especialmente da Antiguidade até tempos bem recentes na história humana, de que o acesso a uma língua escrita sempre foi uma trajetória ao alcance das classes sacerdotais e administrativas das cidades e estruturas sociais em geral. Os pesquisadores Stephen M. Miller e Robert V. Huber (2006) apontam para outro fato – o acesso restrito à escrita antiga. Segundo eles, "Por causa do grande número

---

1 Aponta para a ideia de tornar a revelação de Deus ao alcance de todas as gerações. Se a transmissão da revelação seguisse apenas por meio da oralidade, poderia ter se perdido.

de símbolos usados na escrita primitiva, os escribas, geralmente, eram os únicos que conseguiam ler e escrever antes da invenção do alfabeto no final da Idade do Bronze (1525-1200 a.C.)" (Miller; Huber, 2006, p. 16).

Qual é a origem da língua hebraica? O pesquisador Alexander Achilles Fischer (2013, p. 3) responde a essa pergunta dizendo que "o hebraico antigo faz parte do grupo de línguas semíticas e tem estreito parentesco com os idiomas ugaríticos, cananeu, fenício-púnico, moabita, amonita, edomita e aramaico". Quando os hebreus chegaram ao território cananeu, provavelmente eles falavam dialetos usados entre os povos nômades, oriundos da Mesopotâmia.

A forma da língua hebraica tal como a conhecemos na atualidade passou por um processo de transformação: originada como um dialeto cananeu, foi impactada pela criação do alfabeto fenício e, depois que os hebreus se estabeleceram em Canaã, eles adaptaram a língua cananeia à sua própria cultura (Miller; Huber, 2006).

Quanto ao hebraico bíblico, o quanto ele teria sido incorporado na vivência social e religiosa dos hebreus? Conforme Fischer (2013, p. 3), "O hebraico bíblico deriva do judaico, que era falado em Jerusalém no sétimo e sexto séculos a.C.". A título de informação ao leitor, damos um passo para trás para dizer que o hebraico falado por Moisés, por exemplo, chamado de *paleo-hebraico* (Won, 2020), passou por alterações, assim como toda língua, sendo diferente do hebraico da monarquia, dos profetas.

Quando as línguas semitas, como o hebraico, são vistas de perto em suas nuances, é possível entender por que essas línguas (hebraico e aramaico), e não outras, foram escolhidas para transmitir as revelações de Javé[2] no Antigo Testamento. Luiz Cechinato (2014, p. 28) faz uma importante contribuição ao salientar que

> *o povo semita era muito simples, bem diferente dos gregos e latinos, que eram desenvolvidos na filosofia. Os gregos e latinos falavam uma linguagem mais racional, cheia de abstrações e conceitos filosóficos. Os semitas não. Era um povo intuitivo. Falavam uma linguagem bem concreta, personificando e encarnando o seu pensamento.*

Geisler e Nix (2006, p. 126, grifo do original) lançam luz sobre essa constatação, ao afirmarem que "o hebraico é uma língua **pessoal**. Apela diretamente ao coração e às emoções, e não apenas à mente e à razão. É uma língua em que a mensagem é mais sentida que meramente pensada".

O hebraico foi a língua dominante na cultura e na religião de Israel e de Judá até a ida dos dois reinos para os respectivos cativeiros (Israel de 720 a 700 a.C. e Judá de 598 a 587 a.C.). Após o cativeiro, no dia a dia do povo, a língua predominante passou a ser o aramaico, porém, nas celebrações oficiais e no manuseio das Escrituras, a língua hebraica era preservada (Fischer, 2013).

2.1.2 Aramaico

O aramaico é a língua de um povo semita, provavelmente oriundo do deserto da Mesopotâmia; um povo nômade que veio a se tornar um grande povo, os sírios, também chamados de *arameus*, conforme o texto bíblico de Juízes 18,7, 2Samuel 10,18 e 1Reis 20,20 (Bíblia,

---

2   O nome de Deus que fora revelado a Moisés, no evento da sarça ardente (cf. Ex 3,14), foi grafado na forma do tetragrama YHVH. Quando foram acrescentados os sinais vocálicos, convencionou-se a forma Jeová, ou Javé, para que não houvesse a pronúncia do nome conforme revelado.

2021), entre muitas outras citações do Antigo Testamento. Assim como a língua hebraica, o aramaico tem sua raiz nas línguas cananeias, saindo da condição de simples dialeto para vir a ser a língua comercial em um determinado tempo, como veremos a seguir.

Como afirmam os pesquisadores Norman Geisler e William Nix (2006, p. 125), "O aramaico era a língua dos sírios, tendo sido usada em todo o período do Antigo Testamento. Durante o século VI a.C., o aramaico se tornou língua geral de todo o Oriente Próximo". Segundo os autores, é possível ver, de maneira objetiva, a presença da língua hebraica em textos bíblicos: "seu uso generalizado se refletiu nos nomes geográficos e nos textos bíblicos de Esdras 4.7-6.18; 7.12-26 e Daniel 2.4-7.28" (Geisler; Nix, 2006, p. 125).

Nessa mesma linha de raciocínio histórico, podemos perceber, nas palavras de Miller e Huber (2006, p. 62), que, "quando os israelitas retornaram do exílio babilônico para reconstruírem o Templo e a cidade de Jerusalém, eles já haviam perdido muito da sua herança cultural, incluindo a língua de seus antepassados". Conforme os autores, houve uma troca natural da língua dominante durante os anos de cativeiro: "em vez do hebraico, a maioria dos israelitas só falava aramaico, a língua do Império Persa. Muitos judeus continuaram falando essa língua até à época de Jesus" (Miller; Huber, 2006, p. 62).

Como já adiantamos, os sacerdotes e escribas seguiam fazendo uso do hebraico, porém sem ignorar a necessidade do aramaico em muitas cerimônias religiosas, como é o caso do *targum* – traduções da escritura hebraica, com fim litúrgico, para facilitar a compreensão dos judeus que haviam perdido a língua hebraica (Miller; Huber, 2006). De acordo com Miller e Huber (2006), uma pessoa fazia a leitura do texto em hebraico e uma outra lia a tradução em aramaico.

Segundo Miller e Huber (2006), provavelmente Jesus tenha lido na sinagoga um *targum*, na língua aramaica, pois essa era sua língua nativa; de fato, em Lucas 4,16-20, afirma-se que Ele leu o rolo e dele fez sua explicação. Existem, também, pesquisas que visam demonstrar que os três primeiros Evangelhos teriam sido escritos originalmente em aramaico, mas essa não é uma visão muito aceita na academia.

2.1.3 Grego

O grego é uma língua que, provavelmente, já estava presente na realidade fundacional da Grécia Antiga. Em torno de 2000 a 1500 a.C., essa língua já era falada, mas ainda não do modo imortalizado pela fala e escrita clássica, presente nos poemas de Homero, por exemplo. Cabe destacar que as línguas latinas, como é o caso do português, recebem a contribuição grega em sua estruturação. O grego é uma língua de origem indo-europeia (Rega, 1988).

É importante observar que o grego está dividido em cinco momentos, segundo Lourenço Stelio Rega (1988): 1) período formativo – 1500 a.C. até cerca de 900 a.C.; 2) período clássico, dos grandes filósofos; 3) período comercial ou comum, chamado de grego *koiné* – de 330 a.C. até cerca de 330 d.C.; 4) período bizantino – de 330 d.C. até 1453 d.C.; e 5) período moderno – de 1453 até a atualidade. Pode-se dizer que a escrita é a mesma nesses períodos, porém a etimologia e a estrutura da língua vão mudando. Na época do Novo Testamento, o grego utilizado era o grego comercial ou o grego *koiné*, que havia substituído o aramaico como língua internacional e do comércio.

Miller e Huber (2006, p. 71) explicam que "quatro línguas eram usadas na época do Novo Testamento: hebraico, aramaico, latim e grego". Podemos concluir que o hebraico era falado pelos responsáveis pelas cerimônias e pelo ensino público das Escrituras hebraicas; o aramaico, pela grande maioria dos judeus, que no cativeiro babilônico adquiriram essa língua como principal em sua comunicação; o latim era a língua que os romanos falavam para tratar de assuntos oficiais, mas o grego tinha a proeminência na condição de língua universal naqueles dias.

Há dois motivos básicos para o grego ser a língua mais falada pelos hebreus: primeiro, como resultado de Alexandre, o Grande, e seu exército terem percorrido todo o mundo mediterrâneo, a partir de 334 a.C.; segundo, pelo apego que os judeus tiveram à tradução da Bíblia hebraica para o grego (Miller; Huber, 2006). Segundo esses mesmos autores, "Quando os escritores do Novo Testamento citavam o Antigo Testamento, eles o citavam da Septuaginta"[3] (Miller; Huber, 2006, p. 71).

Os pesquisadores de bibliologia Norman Geisler e William Nix (2006, p. 126) corroboram esse entendimento ao afirmarem que o "grego *coiné* era a língua mais amplamente conhecida em todo o mundo do século I". Essa afirmação ajuda a compreender Gálatas 4,4, que aponta para muitos fatores, incluindo a universalidade da língua grega, que contribuiu, na percepção do Apóstolo Paulo, para a pregação universal da mensagem de Cristo e a transmissão da revelação escrita.

Paulo Won (2020, p. 82) destaca o texto da crucificação de Jesus, no qual estava escrito "Jesus, rei dos judeus", que poderia ser uma deferência que Pilatos queria fazer a Jesus, mas também uma forma de deixar claro o crime de Jesus. Para Won (2020, p. 82), "outro modo de ver isso é Deus, na pessoa do seu Filho, fazendo com que o Evangelho fosse comunicado para o entendimento de todos, uma vez que o Império Romano era poliglota".

---

3 Versão grega do Antigo Testamento hebraico, com algumas alterações de ordem dos livros, estrutura dos blocos e acréscimos de algumas porções e pequenos livros.

Esse primeiro aspecto (as línguas utilizadas) da estrutura das Sagradas Escrituras demonstra que a Bíblia não "caiu do céu" pronta, como parece estar presente no senso comum, mas que Deus valeu-se das ferramentas disponíveis em cada tempo, pois seu intento era uma comunicação perfeita, ainda que, teologicamente, seja correto dizer que a comunicação perfeita de Deus com a sua criação tenha ocorrido somente por meio de seu Filho Jesus Cristo, tal como enaltece o escritor do texto aos hebreus, em seu capítulo 1.

2.2 Ambiente sociogeográfico

Já vimos que uma língua é muito mais do que um meio fixo de que as pessoas dispõem para se comunicarem, pois representa muito dos valores, sentimentos, identidade e história de um grupo étnico. A língua com a qual as pessoas se expressam de forma inteligível, seja ela escrita, seja ela falada, seja ela gestual, aponta para o contexto formativo daquele povo. Portanto, não basta saber sobre a maneira como as pessoas se comunicam; é preciso saber a razão pela qual elas se comunicam daquela forma. Isso nos leva para o contexto social e geográfico dos ambientes da composição bíblica, assim como para os atores desses dramas cantados, narrados, lamentados e outras expressões.

Quando falamos do mundo, cenário das composições textuais bíblicas, estamos na Era do Bronze, como bem nos lembra o pesquisador Luca Mazzinghi (2017, p. 27): "A opinião mais aceita situa-se por volta do século XVIII a.C., no período arqueológico que é definido como 'Bronze Médio II' (aproximadamente entre 1900 e 1550 a.C.)".

Israel é o povo recipiente imediato da revelação do Antigo Testamento, por exemplo. Por essa razão, queremos convidar você, leitor, para um breve passeio pelas influências na formação de Israel.

2.2.1 Influências na formação do povo de Israel

Conhecer a história de um povo é conhecer as forças originárias que fizeram um povo ser quem ele é e como é. Por isso, conhecer a geografia na qual se colocam os acontecimentos que se quer estudar não consiste em aprender algumas noções mais ou menos eruditas; trata-se de um meio vital para compreender mais a fundo o povo que viveu naqueles lugares (Mazzinghi, 2017).

Mesopotâmia

Iniciamos nosso breve passeio pela Mesopotâmia, a civilização mais antiga, para muitos historiadores. Segundo John Bright (1978, p. 108), "pela historicidade da tradição os antepassados de Israel vieram originalmente da Alta Mesopotâmia para a população seminômade com cuja área eles sentiam uma íntima afinidade".

Longe daquele Israel idealizado como um povo puro, com uma raiz identificada sem dificuldades, temos um Israel resultado de misturas de muitas raças. O autor citado afirma que "a consciência deste fato se reflete na própria Bíblia, que enfatiza o parentesco de Israel não somente com Moab, Amon e Edom (Gn 19,30-38; 36), mas também (Gn 25,1-5.12-18) com numerosas tribos árabes inclusive midianitas" (Bright, 1978, p. 113).

Para Bright (1978), a história de Israel inicia mais cedo do que a sugerida por Luca Mazzinghi (2017), para o qual seria por volta de 1900. Assim, conforme John Bright, a história de Israel teria iniciado próximo do final do terceiro milênio, ou seja, por volta de 2100. Para esse pesquisador, o início da história de Israel ocorre em um tempo de muitas conturbações, invasões, migrações para várias direções e transtornos sociais em várias nações daquela época bíblica. O autor conclui: "Na Mesopotâmia, termina a longa história da cultura sumeriana. No Egito, um tempo de desintegração e confusão. Na Palestina, completa ruína" (Bright, 1978, p. 43).

Essa convulsão social de imigrações e invasões se dava no contexto da Mesopotâmia antiga. Era um período de surgimento de muitas civilizações, mas também do desaparecimento de outras. Como aponta Bright (1978, p. 45), "A cultura sumeriana tinha nascido, e levado uma vida brilhante durante um período de mil e quinhentos anos e finalmente desaparecido do cenário. Israel nasceu num mundo já antigo".

A Mesopotâmia vivia uma euforia de desenvolvimento cultural e tecnológico, pois a escrita cuneiforme descoberta mais de 4 mil anos antes estava se aprimorando e sendo aplicada em mais áreas da vida social e cultural. Ali estavam se fundando as bases para a Mesopotâmia se consolidar como um berço cultural e de desenvolvimento da humanidade e se firmar como uma das civilizações mais impactantes e longevas da história. Segundo Bright (1978, p. 26),

> *O período seguinte, o Protoliterário (do trigésimo terceiro século ao vigésimo nono), trouxe um surto de progresso como poucos na história do mundo. Foi este um período de grande desenvolvimento urbano, no decurso do qual a civilização mesopotâmica tomou uma forma normativa. Desenvolveu-se plenamente por esse tempo o sistema de diques e canais que tornou possível o cultivo intensivo das planícies de aluvião.*

É importante salientar que Mesopotâmia é toda uma região, chamada de Crescente Fértil, em razão do fato de a formação geográfica que compreende seu território ter o formato da lua crescente e ser uma região com muito potencial e fertilidade, localizada em meio a quatro importantes rios: Eufrates, Tigre, Nilo e Jordão. É necessário dizer que as terras que serviram de palco da revelação bíblica já passaram por muitas designações diferentes, pois Mesopotâmia é a região, mas dessa região nasceram muitos povos, como os hebreus.

Sobre a Mesopotâmia, é preciso observar que Israel reteve muitas influências, como no caso da estrutura familiar, pois as filhas em Israel recebiam um tratamento parecido como o procedimento adotado na Mesopotâmia, conforme ressalta Federico A. Arborio Mella ([S.d.], p. 214): "Do eixo hereditário estão excluídas as filhas, que recebem o dote do esposo prometido, o qual, basicamente, a comprou, impondo também condições, a seu bel-prazer".

Quanto à religião, a Mesopotâmia e os povos oriundos dessa raiz policultural, ao longo de seu desenvolvimento, foram se organizando em uma estrutura politeísta. Existia um deus que estava no topo da hierarquia piramidal, o deus Marduk, e dele a pirâmide se espalhava com significado cosmológico e prático na vida das pessoas e das nações. As divindades influenciavam desde guerras a plantações e colheitas, pois para cada campo desse da vida havia uma divindade que exercia uma influência, mas todas abaixo de Marduk (Mella [S.d.]).

Cabe observar que a ideia de mal para os mesopotâmicos na relação com as divindades era muito diferente do que era para os ocidentais, em sua maioria. Para os mesopotâmicos, não existia uma disputa entre esses poderes, razão pela qual, quando o exército se lançava em guerra, faziam preces ao deus da guerra, que poderia trazer a vitória; assim, tudo vinha das divindades, só era necessário saber qual divindade a ocasião pedia que se invocasse. Essa perspectiva teve forte influência na formação da crença israelita (Lyra, 2004).

Egito
Devemos observar, no prosseguimento de nossa verificação do contexto formativo de Israel, recipiente primário da revelação de

Javé, que a Mesopotâmia não desfrutava de todas as atenções no princípio da organização civilizatória, mas contava com a companhia de um povo de uma região que, na opinião de historiadores, rivaliza com a Mesopotâmia – o Egito (Gusso, 2006).

A historiografia tem dividido o estudo da civilização egípcia em três períodos: 1) o período do Império Antigo (aproximadamente de 3200 a 2100 a.C.); 2) o período do Médio Império (aproximadamente de 2100 a 1580 a.C.); e 3) o Novo Império (aproximadamente de 1580 a 715 a.C.) (Aymard; Auboyer, 2003). Esse quadro aponta especialmente para os períodos em que há mais elementos arqueológicos e históricos. Porém, a história mais remota do Egito remonta ao século VIII a.C. Tratando da evolução das línguas egípcias, os pesquisadores da monumental obra *História geral da África*, coordenada pelo editor Joseph Ki-Zerbo (2010, p. 254), afirmam que "o egípcio faraônico, que era falado há 5000 anos, apresenta semelhanças espantosas com o *haussa*, o *wolof* ou o *songhai*".

A história da formação de Israel é mais diretamente impactada pelo Novo Império, no qual Israel passa significativos anos na convivência e absorção de muitos aspectos da cultura egípcia que serão relevantes em sua própria formação. A historiografia egípcia é cercada de desafios por várias razões. Uma delas é salientada por Christian Jacq (2007, p. 20), quando aponta para o fato de que "O mundo volta a partir do zero a cada faraó. Infelizmente, não conhecemos a duração exata de cada reinado, e o fenômeno da corregência aumenta ainda mais as incertezas".

Depois de anos sob o domínio de um povo invasor, no período de 1600 a.C., os egípcios se livraram do domínio dos hicsos, ou povos amorreus, o que pode ser considerado o período em que o povo de Israel esteve no Egito e, talvez, coincida com a sua saída. Samuel J. Schultz (2009, p. 38) destaca esse fato ao afirmar: "Pouco depois de 1600 a.C. os governantes tebanos se tornaram suficientemente poderosos para expulsar esse poder estrangeiro e para fundar a Décima Oitava Dinastia, o que deu início ao período do Novo Reino".

Para Antônio Renato Gusso (2006, p. 17, 18), "por esta ocasião, uma nova dinastia pode ter assumido o poder sobre o Egito. Uma dinastia realmente egípcia, a qual teria expulsado os dominantes anteriores que, possivelmente, eram de origem estrangeira". Gusso (2006, p. 18) segue afirmando que provavelmente "Ramsés II tenha sido o faraó da opressão. Ele foi um grande construtor e lançou mão do trabalho forçado de inúmeros escravos, entre os quais podem ter estado os antepassados de Israel".

Podemos afirmar que não há dúvida quanto à grande influência egípcia sobre a formação de Israel, no que se refere a leis, religião, estrutura de sociedade e muitos outros elementos, pois, o leitor há de concordar, não se passam 400 anos convivendo e tendo intercâmbio com uma cultura tão de perto sem incorporar importantes elementos na própria formação.

O contexto sociogeográfico de Canaã

A Mesopotâmia e o Egito, as duas matrizes culturais de Israel, como povo que recebeu a revelação inicial, são muito importantes. Porém, sem dúvida, o forte intercâmbio cultural com os cananeus e com todos os povos que confluíam para aquela região nos dias da ocupação israelita terá um profundo impacto sobre quem se tornou Israel e sua constante crise com a fé monoteísta. Nas palavras de John Bright (1978, p. 46), pesquisador da história de Israel:

> *Na última parte do terceiro milênio (mais ou menos entre o vigésimo terceiro e vigésimo séculos), ao passarmos pela fase final da primitiva Idade do Bronze para a primeira fase da Idade Média do Bronze – ou talvez ao entrarmos no período de transição entre as duas – temos bastante evidência de que a vida na Palestina sofreu grande abalo às mãos dos invasores nômades que estavam irrompendo dentro da região.*

Canaã não surge na formação de Israel, apenas após a saída do Egito, pois os patriarcas tiveram experiências seminômades por Canaã. Você pode notar que os capítulos 12 a 50 de Gênesis compõem a segunda grande divisão do livro e que a história de Abraão ocupa dos capítulos 12 a 25. Nesses capítulos, deparamo-nos com Abraão em Canaã e rumando para o Egito. O capítulo 26 descreve o estabelecimento de Isaque em Canaã, onde ele terá seus filhos e se estabelecerá, ainda que com características seminômades.

Seguindo a trajetória do historiador escritor de Gênesis, no capítulo 28 encontramos as sagas narradas sobre a vida de Jacó, e no capítulo 32 o narrador nos informa que Jacó retorna para Canaã. Com muito acerto, Antônio Renato Gusso (2006, p. 3) observa que "Muitos ao lerem o Livro de Gênesis na Bíblia ficam com a impressão de que os Patriarcas surgiram ainda no início da humanidade, mas isto não passa de um engano". Os patriarcas estavam ali, em meio a muitas mudanças e conflitos na Palestina.

Gusso (2006, p. 5) nos dá uma importante informação, ao afirmar que

> As evidências arqueológicas têm demonstrado que por volta do ano 8000 a.C., ou seja, 6000 anos antes da época atribuída às peregrinações de Abraão e sua família pelos territórios de Canaã, esta região já estava ocupada por comunidades bem desenvolvidas. A "sociedade natufiana", assim denominada porque seus indícios foram encontrados, pela primeira vez, nas cavernas próximas do Wadi en-Natuf, dão testemunho desta realidade. Ela era formada por pessoas que estavam passando do sistema de vida em cavernas para os aldeamentos.

Um bom exemplo para as afirmações de Gusso (2006) é o fato de Jericó ser uma cidade que demonstra essa evolução cultural e social, desde sua construção até sua forma de organização. O que podemos observar é que o escritor dos livros do Pentateuco coloca o território cananeu no centro das atenções dos tempos narrados em boa parte do texto, desde a migração abraâmica (Schultz, 2009).

A seguir, na Figura 2.1, perceba que a posição de Canaã é muito estratégica, pois esse território se encontra entre os dois principais centros do mundo antigo – de um lado, o Egito e, mais acima, do outro, a Mesopotâmia. Isso contribuiu para que essa fosse uma região de constantes conflitos e muitos intercâmbios étnicos, conforme pontua Schultz (2009, p. 41): "Como resultado, não é surpresa alguma o fato de a população da região ser mista".

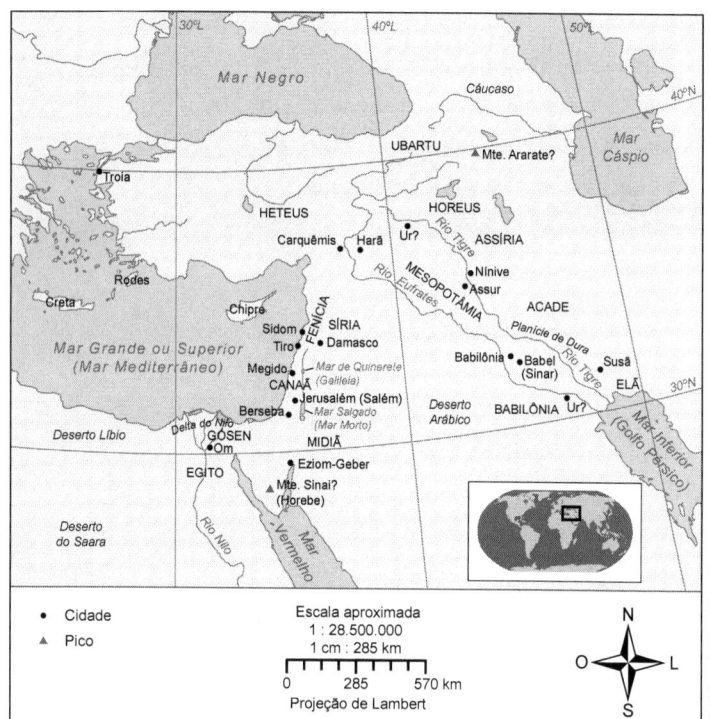

Figura 2.1 – Mapa do mundo antigo

Podemos concluir com as palavras de John Bright (1978, p. 51), ao referir-se ao efeito das migrações, envolvendo Israel e Canaã: "Com esta migração começou aquela cadeia de acontecimentos, tão transcendentes para a história do mundo e tão redentores – a pessoa que tem fé diria 'tão divinamente guiados' – que chamamos a história de Israel".

O mundo romano e grego

Até aqui, fizemos um passeio pelo mundo antigo, visitando civilizações que tiveram impacto na formação das primeiras ideias que estiveram presentes ou nas narrativas bíblicas como identidade das sociedades apresentadas nos dramas descritos ou na condição de valores antagônicos àquilo que o ideal monoteísta defendia. Dando prosseguimento à descrição das influências na formação dos mundos sociais presentes nas narrativas bíblicas, chegamos ao mundo romano, que está relacionado diretamente ao contexto do Novo Testamento.

Quando os romanos conquistaram o Império Grego (Macedônio), quase que definitivamente, em 146 a.C., mesmo que as primeiras conquistas tenham sido iniciadas em 168 a.C., passou a haver duas forças operando ao mesmo tempo, em grande parte do mundo: uma força política, econômica e armada com grande contingente humano e uma força das ideias, da religião e de concepção de mundo. A primeira (política, economia, força armada) era representada pelos romanos, e a segunda (força das ideias, da religião e de concepção de mundo), pela cultura grega.

Os israelitas somente vivenciaram mudanças em relação aos dominadores, pois desde as deportações para a Assíria, no caso do Reino do Norte (720 a 700 a.C.), e, posteriormente, para a Babilônia, no caso do Reino do Sul (598 a 587 a.C.), Israel voltou para a sua terra, mas não mais na condição de Estado independente, e sim como "vassalo" da potência do momento. Quando os romanos invadiram as terras da região, subjugaram os israelitas, conforme narra Herbert Donner (2017, p. 524):

> As legiões da república romana, que haviam começado a se engajar politicamente no Oriente já desde mais ou menos 200 a.C., passaram, nos anos sessenta do séc. 1 a.C., como um rolo compressor por cima dos países do Oriente Próximo e eliminaram os restos do Reino Selêucida, assim como os pequenos estados e também o Reino Hasmoneu na Palestina. No ano de 64/3 a.C. C. Pompeu Magno apareceu na Síria; em 63, entrou em Jerusalém, sitiou e conquistou a área do templo, provocou um banho de sangue, entrou e profanou o Santo dos Santos e assumiu a Judeia como Estado-vassalo de Roma sob a fraca autoridade do sumo sacerdote Hircano II, do qual tirou o título de rei.

Como um grande império, os romanos contribuíram, no processo de composição das Sagradas Escrituras, com a diversidade de materiais para a escrita e os muitos intercâmbios existentes com as cidades, agora romanas. Por outro lado, a contribuição da cultura e forma de pensar grega foi muito importante na elaboração dos livros do Novo Testamento. Também foi relevante, como é perceptível, o avanço da cultura grega na forma de escrever, concatenar as teses a serem apresentadas. O Novo Testamento está impregnado da influência grega em seus textos, tanto na forma de expressão das mensagens, cultura e língua quanto no combate de muitos de seus livros a muitas ideias religiosas e filosóficas gregas.

Exemplos claros desse combate presente na literatura do Novo Testamento são o conteúdo, a forma das escritas, o vocabulário e a oposição às ideias gnósticas. Podemos citar a Carta aos Colossenses, a Primeira Carta de João, parte da Carta aos Efésios, provavelmente, parte da Carta aos Hebreus e a Carta de Judas como exemplos de conteúdo dos textos do Novo Testamento que visavam combater heresias oriundas da influência filosófica grega.

O mundo helênico

O termo *helênico* remonta à origem da formação do povo grego, porém tornou-se uma expressão para designar a influência grega, por meio de sua cultura, religião, língua e costumes em geral, no mundo fora da Antiga Grécia. Há diferentes versões para a origem. Uma delas aponta para um homem chamado Heleno, que teria sido o fundador do povo grego, mas outras se referem ao fato de que o helenismo é resultado "da fusão de elementos gregos e orientais nas regiões conquistadas por Alexandre Magno" (Giordani, 1972, p. 138). Não é nosso interesse enfocar a história da Grécia, mas cabe ressaltar alguns detalhes importantes.

O pesquisador da história de Israel Herbert Donner (2017, p. 509) pontua que "A conquista do Oriente Próximo por Alexandre Magno, nos anos de 333-331 a.C., deu início ao período helenístico do Oriente e de todo o mundo antigo em torno do Mar Mediterrâneo". O sentido mais comum do termo *helenismo* ganha definição exatamente desse momento em diante, em que a influência macedônica/grega se tornara "universal", sendo exercida em meio aos elementos dos povos conquistados. Para o nosso intuito em particular, vale destacar que, por causa dessa influência helênica e da diáspora (parte dos judeus se espalham nas cidades gregas), surge a tradução da Bíblia do hebraico para o grego, a chamada Septuaginta.

Paulo Won (2020, p. 264) afirma que "as práticas religiosas gregas foram disseminadas pelo mundo mediterrâneo junto com a expansão territorial e militar capitaneada por Alexandre, o Grande (334-323 a.C.)". Como Alexandre não aniquilava as expressões religiosas dos povos conquistados, novas crenças religiosas e divindades eram acrescidas ao panteão religioso grego, inclusive a crença judaica. Uma parte significativa dos judeus convertidos nas cidades gregas eram helênicos, pois as novas gerações foram absorvendo os valores e costumes helênicos, por isso ocorreram alguns conflitos relacionados à exigência de certas práticas judaicas pelos judeus de Jerusalém e à negação dessas práticas pelos judeus helênicos (Won, 2020).

2.3 Ambiente religioso

O ambiente religioso da composição das Sagradas Escrituras passa basicamente por Israel e seus intercâmbios com o mundo das religiões nos períodos da escrita e o mundo narrado pelo Novo Testamento. O escritor Lee Martin McDonald (2013, p. 65) nos dá uma informação valiosa sobre a formação incipiente da religião de Israel:

> Nos estágios iniciais de Israel, obviamente a religião judaica ainda não estava informada pelos textos sagrados que mais tarde dominaram sua vida religiosa, mas há evidências de que pouco antes do cativeiro da Babilônia e da destruição de Jerusalém e de seus arredores (597-585 AEC[4]), houve uma renovação da fé na nação antes da perda da sua independência.

O que é importante perceber é o caráter evolutivo da história religiosa de Israel. Assim como sua história passa por centenas de anos até que ganhe identidade de nação e as estruturas análogas, a religião de Israel vai do politeísmo mesopotâmico para o monoteísmo do decálogo, seguindo uma trajetória histórica de quase mil anos.

---

4   Antes da Era Cristã.

2.3.1 A origem religiosa de Israel

A origem religiosa de Israel não é muito diferente de sua origem étnica; está relacionada com a sua trajetória embrionária – Mesopotâmia, Egito e Canaã –, mas ainda teríamos de acrescentar a Pérsia, com o seu sistema dualista de crença na divindade. Sobre a Suméria, que é identificada pela religião mesopotâmica, John Bright (1978, p. 34) explica que "A religião sumeriana era um politeísmo altamente desenvolvido. Seus deuses – embora com considerável fluidez com relação a sexo e função – já nos tempos mais remotos estavam organizados num panteão complexo de relativa estabilidade".

O mesmo autor também afirma que "a religião do Egito, como a da Mesopotâmia, era um politeísmo altamente desenvolvido" (Bright, 1978, p. 41). Devemos acrescentar a essas influências religiosas sobre Israel a religião cananeia, sobre a qual há muitas expressões nos textos bíblicos. Os cananeus tinham muitas divindades, especialmente voltadas para a natureza, para a guerra, para a fertilidade, entre outros elementos (Gusso, 2006).

Segundo descobertas arqueológicas mostraram, a principal divindade cananeia era a divindade El, nome que a língua hebraica toma emprestado para identificar o Deus hebreu, seguido de um adjetivo, como no caso de El Shaddai – "Deus todo poderoso" e El Elyon – "Altíssimo". No cananeu, El significa "deus criador". Mas, sem dúvida, a divindade mais invocada e presente nas narrativas bíblicas é Baal, o deus da tempestade ou da natureza, da fertilização – uma divindade que terá fortíssima influência nas idas e vindas da religião judaica (Eichrodt, 2004).

Para não esgotar nossas páginas com o panteão das divindades cananeias, basta, por último, mencionar a divindade Moloque – era a divindade dos sacrifícios, pois literalmente esse é o significado do nome. Quando a pessoa queria algo impossível, apelava a um sacrifício muito alto, como a entrega do filho mais velho nos braços efervescentes da imagem metálica de Moloque. Essa era uma divindade dos amonitas, povo cananeu. Muitas serão as condenações proféticas no Antigo Testamento contra a prática de sacrifícios a Moloque (Champlin; Bentes, 1995c).

Contudo, não esqueçamos que a religião de Israel é considerada uma religião revelada. Isso significa que o centro da religião de Israel está no fato de Deus ter se revelado a Abraão, Isaque e Jacó e ter dado as leis que apontam para a administração do relacionamento entre Israel e o Deus Javé, que se revelou aos antepassados de Israel. É certo dizer que a história de Israel fala de sua vocação, suas leis apontam para o seu relacionamento religioso com Deus; é isso o que se percebe por meio da leitura geral das Sagradas Escrituras.

Rolf Rendtorff (2006, p. 9), com acerto, assevera que "Israel entende sua história sempre como história com Deus", e Herbert Donner (2017, p. 509) pontua algo importante sobre a transição na história e na religião de Israel:

> a mudança de Israel para o judaísmo, do Estado para a comunidade, da religião cultual para a religião baseada em livros, ocorrida nos primeiros dois séculos pós-exílicos, é mais fundamental, mais profunda e mais ampla do que todas as mudanças que o judaísmo experimentou posteriormente em sua longa e grande história.

Essa transição identificada pelo autor é muito importante, pois, na religião incipiente de Israel, o foco está no sacerdócio que administra o culto como expressão máxima da religião, funcionando como elemento de renovo e mantenedor da aliança; após o cativeiro, a religião é identificada e fortalecida por aquilo que os cinco primeiros livros diziam sobre a história e a vocação de Israel para que Israel fosse somente de Javé.

2.3.2 A identidade de Israel como povo eleito

As Sagradas Escrituras, como você já pode ter observado, têm uma linha mestra em sua trajetória de revelar Deus e seu plano. Qual linha teológica ou metodológica é essa? Existem muitas respostas para essa pergunta, inclusive a resposta de que não existe nenhuma linha que percorra todo o cânone. A maioria dos teólogos bíblicos, porém, está de acordo em afirmar que a Bíblia está organizada de tal modo que podemos ver o início, no livro de Gênesis, anunciando o fim, o Apocalipse. Para muitos desses teólogos, essa linha horizontal são os temas é o tema *promessa*; para outros, é o tema *aliança*; para outros, ainda, *eleição*, *justificação*, entre muitos outros (Kaiser Junior, 2007).

A forma de demonstrar um corpo para essas expressões teológicas, pensando-se em teologia na perspectiva do leitor, não na perspectiva do escritor, é tomar Israel como povo eleito de Deus, que servirá como o recipiente primário da revelação. Os escritores bíblicos demonstram o caos humano depois do pecado, a expansão nos relacionamentos, os dramas humanos, para em seguida apontarem para o amor de Deus e sua benevolência em querer redimir sua criação.

As Sagradas Escrituras apresentam a gestação e o nascimento de Israel como povo de Deus, mediante o chamado de Deus para Israel, selando-o com a aliança, ou seja, conferindo a Israel a identidade de povo de Deus. Samuel J. Schultz (2009, p. 75) descreve essa experiência fundacional de Israel com a identidade de povo de Deus:

> *Israel se acampou propositadamente no monte Sinai. Em um prazo menor que um ano, o povo pactuado com Deus se tornou uma nação. O pacto se expandiu na forma do decálogo e de preceitos que visavam à vida santa, à construção do tabernáculo, à organização do sacerdócio,*

à *instituição das oferendas e à observância de festividades e épocas – isso capacitou Israel a servir a Deus eficazmente (Êx 19.1 – Nm 10.10).*

O mesmo autor segue dizendo que "a religião de Israel era uma religião revelada. Durante séculos, os israelitas sabiam que Deus estabelecera uma aliança com Abraão, Isaque e Jacó; mas não tinham consciência experimental de seu poder e de suas manifestações em favor deles" (Schultz, 2009, p. 75).

2.3.3 O mundo religioso do Novo Testamento

O mundo religioso do Novo Testamento está muito circunscrito ao culto ao imperador romano; ao culto às divindades gregas e romanas, com sua estrutura de sacerdotes e sacerdotisas; à doutrina zoroástrica[5], com seu dualismo teológico e filosófico que teve profunda influência sobre os judeus e o cristianismo incipiente; ainda, o gnosticismo, que é uma expressão de natureza filosófica e religiosa, constituiu-se em um grande inimigo da fé cristã do primeiro ao terceiro século com mais contundência (Packer; Tenney; White Junior, 1988).

Um dos livros bíblicos mais extraordinários para se ter a percepção da religião no mundo neotestamentário, sem dúvida, é Atos dos Apóstolos. Como se trata de uma narrativa, preparada como um documento nos moldes da metodologia historiográfica, com a leitura somos levados para dentro daqueles dias, com a religião judaica tradicional demonstrando força e o judaísmo helênico ganhando um novo componente – o cristianismo e a resistência das religiões majoritárias das cidades gregas e romanas.

---

5   Religião da Pérsia antiga, caracterizada pelo dualismo, em que duas divindades operavam, uma para o bem e outra para o mal.

Judaísmo tradicional

O judaísmo tradicional se tornou uma estrutura religiosa e política, composta de muitos grupos que representavam forças religiosas, como é o caso dos fariseus e dos essênios, mas também daqueles que representavam forças políticas, como os zelotes e os saduceus. Com relação aos fariseus, Justos González (1995, p. 18) afirma que "a razão pela qual Jesus os critica não é então por terem sido maus judeus, mas que, em seu afã de cumprir a Lei ao pé da letra, se esqueciam às vezes dos seres humanos a quem a Lei fora dada".

Sobre os saduceus, o autor citado os descreve como sendo da ala dominante da sociedade, "cujos interesses os levavam a colaborar com o regime romano. Posto que o sumo-sacerdote pertencia geralmente a essa classe social, o culto do Templo ocupava para os saduceus a posição central que a Lei tinha para os fariseus" (González, 1995, p. 18). O ministério sacerdotal tornou-se um instrumento político na sociedade, e não mais ligado à família araônica[6]. No entanto, não se pode negar, conforme se afirmou sobre os fariseus, que existia uma esperança escatológica sincera pela vinda messiânica por parte de muitos desses judeus, como fica perceptível na leitura dos livros proféticos.

Judaísmo helênico

Segundo González (1995, p. 20), o judaísmo helênico "se distinguia de seu congênere na Palestina principalmente por duas características: seu uso do idioma grego, e seu contato inevitavelmente maior com a cultura helenista". Desde as experiências de cativeiro, tanto do Reino do Norte quanto do Reino do Sul, os hebreus se espalharam; basta lermos narrativas do pós-exílio, em Esdras, para verificar

---

6   Linhagem de Arão, a quem pertencia o sacerdócio na religião judaica.

que muitos decidiram não retornar para a Palestina (Bíblia. Esdras, 2018, 7,13). Como podemos observar no capítulo 8 do mesmo livro, não havia pessoas para o serviço do templo, e foi preciso que Esdras insistisse para levar alguns levitas para ministrar ali.

Justo González (1995, p. 20) nos diz o seguinte sobre esses judeus:

> *Alguns destes judeus eram descendentes dos que haviam ido ao exílio na Babilônia e, portanto, nessa cidade, como em toda a região da Mesopotâmia e Pérsia, havia fortes contingentes judeus. No Império Romano, os judeus se haviam espalhado por diversas circunstâncias, e já no século primeiro as colônias judaicas em Roma e em Alexandria eram numerosíssimas. Em quase todas as cidades do Mediterrâneo oriental havia pelo menos uma sinagoga. No Egito, chegou-se até a construir um templo por volta do século VII a.C. na cidade de Elefantina, e houve outro no Delta do Nilo no século II a.C. Mas em geral estes judeus da "Dispersão" ou da "Diáspora" – pois assim se lhes chamou – não construíram templos nos quais podiam oferecer sacrifícios, mas antes sinagogas nas quais estudavam as Escrituras.*

Eles não liam em hebraico nem em aramaico, e sua língua principal se tornou o grego, por isso a Sagradas Escrituras deles era a Septuaginta. Eram judeus mais flexíveis em relação aos preceitos da lei judaica, mas mantinham firme sua fé na esperança messiânica e sua confissão monoteísta, conforme faziam os judeus palestinenses.

Politeísmo grego e romano

As religiões gregas e romanas têm muitos pontos de encontro. Nas duas culturas há religiões de mistérios, como o culto a certas divindades gregas e romanas, com a crença da encarnação e outras ideias. A religião greco-romana ainda tinha a crença em diversas divindades, desde o deus principal do Olimpo até o deus responsável pelos sonhos. Em razão das muitas divindades, perceberemos nas cidades antigas muitos templos com forte estruturas sacerdotais (Packer; Tenney; White Junior, 1988).

Os romanos adaptaram muitos nomes das divindades gregas para o latim, trazendo assim os respectivos cultos para a vida religiosa romana. Alguns exemplos dos deuses gregos na sociedade romana podem ser elencados: Saturno (Cronos); Júpiter (Zeus); Baco (Dionísio); Vênus (Afrodite). Divindades como Dionísio exigiam uma grande estrutura de cultos e sacrifícios. Podemos encontrar a advertência em Efésios 5,18 quanto à embriaguez. Tem-se pensado que, nesse texto, Paulo está fazendo uma exortação contra a prática do culto dionisíaco, que era regado a muito vinho e sexo livre entre os sacerdotes e as sacerdotisas do templo (Patzia, 1995).

Além desses elementos da religião greco-romana, ainda podemos citar o culto ao imperador e os chamados *pagãos*, que adoravam as divindades gregas e romanas, mas também adoravam os elementos da natureza. Já o culto ao imperador se consolidou como resultado de uma longa tradição histórica, desde os imperadores egípcios até os romanos. Depois de apresentar a trajetória histórica dessa construção, Justo González (2011, p. 58) descreve o nascimento desse culto no Império Romano:

> *Pero fue Augusto el verdadeiro creador del culto al emperador em Império romano. Em sus campañas por el Oriente, los recibieron como a um dios. ¿No había derrotado a lo otros dioses que antes que él habían*

> *gobernádo aquellas regiones? Si Marco Antonio era dios Dionisio, ¿como no sería también dios este Octavio Augusto, vencedor del mismo Dionisio?*[7]

O culto ao imperador se fortaleceu na cultura e nas sociedades romanas e poderemos atestar, pelos estudos da história da Igreja cristã, que essa foi uma forte causa da perseguição da Igreja no primeiro e segundo séculos depois de Cristo. Tendo dito isso, podemos ter uma ideia do mundo religioso que está servindo de chão cultural, sociorreligioso e histórico para a composição do Novo Testamento.

2.4 Autores bíblicos

O especialista em hermenêutica Kevin Vanhoozer (2005, p. 235) afirma que "Respeitar os direitos morais do autor é essencialmente receber sua comunicação, não a revisar".

Nesta seção, queremos convidá-lo a considerar a importância de definir quem eram, no sentido social, os autores dos livros bíblicos. Traçar um perfil dessas pessoas é importante para nos aproximarmos do texto bíblico, reconhecendo-o também como parte da cultura humana.

---

[7] "Mas Augusto foi o verdadeiro criador do culto ao imperador no Império Romano. Em suas campanhas no Oriente, ele fora recebido como um deus. Ele não havia derrotado os outros deuses que governaram aquelas regiões antes dele? Se Marco Antonio era o deus Dionísio, como poderia esse Otaviano Augusto não ser também um deus, conquistador do próprio Dionísio?" (González, 2011, p. 58, tradução nossa).

2.4.1 Eram pessoas comuns

A expressão *inspiração das Sagradas Escrituras* tem feito muitos pensarem em seus autores humanos como seres humanos anormais, místicos e que não se assemelhavam a pessoas deste planeta. Sempre que diminuímos a participação dos autores humanos no processo de vir a ser dos livros sagrados, distanciamos os ensinamentos da aplicação na vida real das pessoas.

Quando pensamos nesta abordagem, apontando que os autores humanos da Bíblia eram pessoas normais, queremos enfatizar que eles não desfrutavam de uma condição exotérica, privilegiada, com um acesso singular a Deus. Os autores das Sagradas Escrituras eram pessoas que viviam nas sociedades de seu tempo, trabalhavam, sentiam as alegrias e as mazelas sociais de seus dias. Porém, esses autores tinham a capacidade de discernir o tempo em que viviam. Ao serem usados como instrumentos para a revelação de Deus, duas coisas importantes entravam em cena: essa sensibilidade de discernir os dias em que viviam e ouvir o que Deus estava comunicando por seus atos e pela sua revelação proposicional.

O escritor e pesquisador Moisés, por exemplo, estava em meio ao povo, sentindo as dores, mas também a falta de comprometimento do povo com a crença monoteísta. Esse povo estava aos arredores do complexo de montanhas do Sinai, planejando adentrar a terra que lhe fora dada por promessa de Javé. Moisés discerniu seu contexto, ouviu a voz reveladora de Deus e transmitiu tudo isso em forma de composição textual, produzindo parte de alguns livros que seriam responsáveis por revelar Deus e seus propósitos para Israel e para toda a humanidade, conforme pode ser observado nos livros do Pentateuco.

Deve ser perceptível para o leitor o fato de que os autores dos textos sagrados eram pessoas que estavam envolvidas com o ambiente religioso. Os autores bíblicos tinham o conhecimento da longa história e tradição do relacionamento de Deus com os grupos humanos. Eles funcionavam na estrutura religiosa de Israel e entre povos não hebreus, mas com algum nível de relacionamento com a religião de Israel, como uma memória viva de como Deus fizera aliança no passado e das condições desses pactos.

2.4.2 Formação

O biblista William Hendriksen (2001, p. 22) afirma que "o Espírito não suprimiu a personalidade humana". Não vamos entrar na biografia dos autores bíblicos aqui, mas apenas pontuar que os autores escreviam textos, os quais manifestaram real diversidade de estilo, qualidade gramatical, riqueza de vocabulário, entre outros aspectos, porque sua formação e seu conhecimento de mundo foram importantes para o texto que essas pessoas elaboraram.

O exemplo de Isaías no Antigo Testamento

Como bem explica John Oswalt (2011, p. 20), ao tratar da importância de considerar o ambiente em que um dado livro é escrito, "Isso se dá pelo fato de a revelação de Deus ser sempre incarnacional. Isto é, ela é mediada por um cenário específico no tempo e no espaço".

Por causa desse caráter incarnacional, o texto de Isaías, ao menos a parte que é atribuída a ele pela maioria dos comentaristas, tem caraterísticas que apontam para a formação e o ambiente em que o autor do texto viveu. Segundo Oswalt (2011), o texto que é mais corretamente atribuído a Isaías vai do capítulo 1 ao 39, que compreende o período de 739 a 701 a.C. É importante que se observem duas questões: a primeira diz respeito ao fato de Isaías ter sido educado no palácio de Judá, o que justifica seu bom hebraico e as ideias muito bem construídas, bem narradas; a segunda é a influência do contexto sociopolítico e religioso que Judá vivia nos período mencionado (Oswalt, 2011).

Lucas no Novo Testamento

O Evangelho de Lucas é considerado uma obra primorosa do Novo Testamento, por sua escrita, gramática e boa pesquisa, bem como por se tratar de um evangelista universalista, no sentido de dar atenção em seu texto a homens e mulheres, judeus e gregos, leprosos e pessoas limpas (cerimonialmente). Uma questão que deve ser levantada é o porquê de esse Evangelho ter essa característica, distinguindo-se dos demais. Werner George Kümmel (1982, p. 186, grifo do original), argumentando sobre a incerteza da autoria do livro de Lucas, conclui:

> *Trata-se de um cristão proveniente da gentilidade. [...] o autor não conhecia a geografia da palestina e, com exceção do **amém**, evita palavras semíticas. O fato de escrever ele para cristãos provenientes da gentilidade segue-se também da constatação de que em Lucas faltam as tradições características a respeito das polêmicas de Jesus contra a maneira farisaica de entender a Lei, como se uma abordagem palestinense do assunto se tivesse transformado em outra helenística.*

Outros detalhes chamam a atenção para a formação do autor. Se o autor desse Evangelho é Lucas, o médico amado de Colossenses 4,14, há um detalhe que só ele, o escritor Lucas, capta, no episódio em que Jesus purifica um leproso (Bíblia. Lucas, 2018, 5,12-16), quando Lucas diz que o homem era coberto de lepra (Bíblia. Lucas, 2018, 5,12); como médico, ele tem a preocupação com detalhes do grau do problema do doente.

Citamos apenas esses dois exemplos, o primeiro do Antigo Testamento e o segundo do Novo Testamento, para nos apoiarmos na construção mental da influência do mundo social e da formação do autor de um texto bíblico, a fim de demonstrar o quanto o mundo social e a formação do autor influenciaram na forma como foi apresentada a revelação divina nos escritos.

2.4.3 O que determinava o conteúdo tratado pelo autor?

Ainda abordaremos a dupla natureza da Bíblia – divina e humana –, mas por agora basta dizer que o autor bíblico não é estático quanto à mensagem que transmitirá, pois essa mensagem chega até os destinatários como resultado do fato de esse escritor ouvir a Deus, mas também ouvir e discernir seu contexto, saber fazer uma leitura adequada sobre a história e os atos reveladores de Deus.

Como esclarece Luca Mazzinghi (2017, p. 23), "o autor bíblico relê tais acontecimentos à luz das condições sociais, políticas e religiosas do seu tempo". Ele se refere ao olhar do autor bíblico para os acontecimentos presenciados e à forma como, com base nesses contextos, esse autor elabora uma mensagem de Deus para seus destinatários. É sempre bom reforçar que, neste livro, consideramos que a mensagem objetiva, reveladora, vem do próprio Deus.

Portanto, esses são dois aspectos fundamentais daquilo que determina a mensagem do autor bíblico: sua leitura do que estava acontecendo ou do que aconteceu e o que ele ouve do próprio Deus, que se revela como o agente dessa elaboração. Deus se revela, mas sua revelação se dá na encarnação da mensagem no ambiente do porta-voz escritor.

2.5 Os materiais utilizados e as escritas

Nesta seção, caminharemos entre as oficinas dos escritores antigos, verificando quais materiais eles usavam para produzirem os textos que se perderam e os muitos que chegaram até nós. Inicialmente, é bom que tenhamos em mente que, como afirmam Norman Geisler e William Nix (2006, p. 128), "Os autores das Escrituras empregaram os mesmos materiais em uso no mundo antigo". Os textos das Sagradas Escrituras são especiais e distintos por causa das respectivas mensagens de origem divina, mas sua composição se deu como ocorria com os demais textos de cada época.

2.5.1 Na escrita

Se concordarmos que os primeiros escritos do Pentateuco estavam sendo produzidos nos anos 1300 a 1200 a.C., mas a escrita já havia sido iniciada por volta de 6 mil anos antes de esses textos serem compostos, ainda assim teremos uma escrita que se desenvolveu lentamente. Além disso, a forma mais comum de transmitir as leis e a tradição dos grupos étnicos era por meio do "boca a boca". Assim, podemos perceber que a criação do alfabeto pelos fenícios causou uma revolução cultural.

Conforme pesquisadores sobre a história da Bíblia Stephen M. Miller e Robert V. Huber (2006, p. 14), "Na Mesopotâmia (atual Iraque), onde Abraão recebeu o chamado do Senhor, um tipo de escrita chamada de cuneiforme estava sendo usada. No Egito, onde os descendentes de Jacó trabalhavam como escravos, estavam em uso os hieróglifos". Há uma disputa entre os historiadores sobre a definição da escrita mais antiga, o cuneiforme primitivo ou o hieroglifo egípcio, mas não entraremos nessa discussão. Vamos descrever brevemente as duas primeiras e principais escritas.

A escrita cuneiforme
De acordo com Miller e Huber (2006, p. 14), "O primeiro desses sistemas de escrita foi provavelmente uma forma primitiva de cuneiforme, que surgiu na Mesopotâmia em torno de 3200 a.C.". Os mesmos autores asseveram que o "cuneiforme é um sistema" (Miller; Huber, 2006, p. 14). Além de ser uma escrita, o cuneiforme é um sistema que recebe esse nome por causa da técnica, que fazia uso de cunhas de metal ou de madeira para marcar a argila fresca, usando-se os símbolos que estavam convencionados com os seus significados.

É bom que o leitor tenha em mente que a data que os autores citados atribuem ao surgimento da escrita cuneiforme não é de aceitação ampla, pois muitos outros consideram que o surgimento dessa escrita ocorreu de 8 a 5 mil anos antes de Cristo.

A escrita hieroglífica
A escrita hieroglífica disputa o título de mais antiga com a escrita cuneiforme. A proximidade temporal entre as duas escritas é inegável, assim como os efeitos revolucionários nos respectivos contextos. Miller e Huber (2006, p. 14-15) afirmam: "Pouco tempo depois que os mesopotâmicos estavam desenvolvendo a escrita cuneiforme (ou talvez um pouco antes), os egípcios começaram a desenvolver o seu próprio sistema de escrita". Segundo os autores, essas escritas não eram semelhantes, pois "seu sistema, que consiste em pictogramas chamados hieróglifos, é totalmente diferente da escrita cuneiforme" (Miller; Hiber, 2006, p. 15).

O proto-hebraico

A escrita chamada de *proto-hebraica* refere-se àquela não mais formada de pictogramas, mas composta de letras que simplificarão a escrita, reduzindo centenas de símbolos a 22 letras. O pesquisador da história do texto do Antigo Testamento Alexander Achilles Fischer (2013, p. 5) explica:

> *As civilizações do Egito e da Mesopotâmia haviam desenvolvido sistema de escrita vocabular e silábica, cuja representação exigia o uso de centenas de sinais distintos de escrita cuneiforme. Em contraste com isso, a descoberta da escrita alfabética, no segundo milênio a.C., trouxe uma enorme simplificação do processo de escrita. Precursoras disso foram as inscrições protossinaíticas, encontradas nas minas de Serabit el-Chadim, na península do Sinai, que já permitem reconhecer um processo de desenvolvimento de um alfabeto. Mas foi somente no século 13 a.C., com a escrita alfabética fenícia, que o número de sinais foi reduzido a 22 letras.*

Fischer (2013, p. 5) acrescenta que "a nova forma de escrita, com seus caracteres, rapidamente se impôs em todo o oriente". O surgimento do alfabeto fenício coincide com o período de elaboração do Pentateuco; assim, a providência divina estava presente, facilitando a escrita, a transmissão e a preservação dos textos sagrados.

2.5.2 Na preservação

Neste tópico, queremos prosseguir no passeio pelas mesas dos "oficineiros" da escrita antiga. Temos falado da escrita, mas é importante tratar dos materiais utilizados que estavam relacionados à tarefa de preservar aquilo que havia de ser escrito. Três pesquisadores nos auxiliaram bastante na identificação dos materiais e instrumentos utilizados na escrita dos textos antigos: Norman Geisler e William Nix (2006) e Alexander Achilles Fischer (2013).

- **Tabuinhas de argila queimadas** – Essas tabuinhas eram, em sua maioria, retangulares e utilizadas ainda na condição fresca, quando recebiam as escritas, tanto os símbolos cuneiformes quanto os hieroglifos ou o alfabeto fenício; depois eram queimadas para garantir sua durabilidade. Conforme Geisler e Nix (2006, p. 128), são encontradas com registros de 3500 a.C., na Suméria, mas também em referências bíblicas, como Jeremias 17,13 e Ezequiel 4,1.
- **Pedras** – Segundo Fischer (2013, p. 6), "Pedras podiam, também, ser pintadas com cal (veja Dt 27.2-4), formando, assim, uma superfície na qual podiam ser gravadas letras ou se podia registrar um texto com tinta". As pedras eram igualmente utilizadas na gravação de textos por meio de letras ou símbolos talhados.
- **Papiro** – Fischer (2013, p. 7) descreve: "O papiro é feito a partir da medula da planta de mesmo nome, uma cana que pode atingir vários metros de altura". Fora utilizado no Egito, que tinha essa planta em abundância, por volta de 2100 a.C. (Geisler; Nix, 2006).
- **Peles de animais** (pergaminhos) – De acordo com Geisler e Nix (2006, p. 128), "Velino, pergaminho e couro são palavras que designam os vários estágios de produção de um material de escrita feito de peles de animais. O velino era desconhecido até 200 a.C., pelo que Jeremias teria tido (36.23) em mente o couro". Já o Novo Testamento se refere mais aos pergaminhos, conforme se encontra em 2Timóteo 4,13 (Geisler; Nix, 2006).
- **Metal** – Como é citado em Êxodo 28,36 e Jó 19,24, o metal fazia parte do material utilizado para a escrita antiga (Fischer, 2013).

- **Óstracos** (cacos de louças) – Foram encontrados cacos de louças usados como uma superfície para receber pequenas inscrições (Fischer, 2013).

Poderíamos citar aqui a cera e as tábuas de madeira, mas com os materiais elencados, você, leitor, já tem uma ideia da diversidade de materiais utilizados nas escritas dos textos antigos, incluindo os textos sagrados.

Vejamos agora os instrumentos utilizados para escrever:

- **Estilo** – Era empregado especialmente para a escrita na cera e na argila fresca e tinha o formato de "pontalete triangular com cabeçote chanfrado" (Geisler; Nix, 2006, p. 129).
- **Cinzel** – Conforme Josué 8,31-32, o cinzel era utilizado para a escrita em pedras (Geisler; Nix, 2006).
- **Pena** – Era utilizada para escrever em superfícies, tais como couro, papiros e pergaminhos em geral (Geisler; Nix, 2006).
- **Canivete** – Estava entre as ferramentas que poderiam ser usadas para cortar e afiar as penas de escrita (Geisler; Nix, 2006).
- **Tinta** – Era utilizada especialmente em papiros, pergaminhos, couros em geral e superfícies semelhantes. Primeiro se empregou a tinta de origem vegetal, oriunda de plantas; depois, a mais utilizada passou a ser a de origem metálica. A tinta metálica trouxe maior durabilidade para os textos, pois após sua secagem a fixação era mais firme (Fischer, 2013).

A evolução dos instrumentos para a escrita esteve associada à evolução do material que receberia a escrita. Porém, mesmo depois da descoberta de bases mais finas que possibilitavam melhor acabamento, instrumentos e materiais variados permaneceram coexistindo até certo ponto da história da escrita (Fischer, 2013).

Segundo Fischer (2013, p. 12), "a natureza desse material tinha grande influência sobre a forma das letras".

Os instrumentos relacionados por Fischer (2013) são: cinzel, para pedras mais duras; ponteiro, para inscrições menores, pedras calcárias ou cerâmicas; brocas e goivas, utilizadas para dar formas mais elegantes em pedras. Havia instrumentos para trabalhar com tintas, ainda conforme Fischer (2013, p. 12-13): o pincel de junco, um junco mais fino com as pontas fibrosas; e o cálamo," um instrumento de escrever feito de um pedaço de cana ou junco, talhado obliquamente, cuja ponta é fendida".

Um aspecto importante destacado por Fischer (2013, p. 11) quanto à preservação da escrita é o seguinte: "para a proteção, a maioria dos rolos tinha uma alça e uma tira de couro, com a qual se podia fechar o rolo. Além disso, muitos rolos tinham, do lado de fora, uma tira (em latim, *titulus*) sobre a qual se anotava, de forma resumida, o conteúdo do rolo".

2.5.3 Na transmissão

De certa forma, você, leitor, poderá perceber que, para tratarmos dos meios de transmissão do texto sagrado, teríamos de abordar aspectos já mencionados. Por isso, apenas destacaremos a escolha de escritores, copistas e escribas na busca por fazer o texto ser passado adiante.

Podemos ressaltar, no caso dos textos transmitidos em hebraico, o uso dominante dos pergaminhos, que, conforme descrito anteriormente, eram compostos de peles de animais tratadas para receber a escrita à tinta. Segundo Samuel J. Schultz (2009, p. 16), "Devido a sua durabilidade, os judeus continuaram a usá-lo ao longo dos períodos grego e romano, embora o papiro fosse mais abundante e mais aceitável comercialmente como material padrão para a escrita".

O mesmo autor ainda informa que "um rolo médio de pergaminho media cerca de nove metros de comprimento e aproximadamente vinte e cinco centímetros de largura" (Schultz, 2009, p. 17).

Outro aspecto importante da transmissão diz respeito à escolha de uma língua, pois antes a transmissão das histórias e das leis, nas culturas em geral, era feita pela tradição oral. Na transmissão da revelação por meio da escrita e seus aparatos peculiares, Deus estava se decidindo por alguns ganhos, segundo Geisler e Nix (2006): precisão, permanência, objetividade e disseminação.

Tanto as tintas como os materiais utilizados para receber essa forma de fixar os caracteres envelheceriam. É claro que a escrita em pedras, metais, madeiras e outros materiais mais duráveis garantiria a transmissão de um determinado texto por mais tempo, porém, se os escritores bíblicos fossem escrever tudo o que temos nos livros bíblicos nesses materiais, a logística de locomoção e preservação (guardar) seria impensável.

Por essa razão, um recurso utilizado para a preservação e a transmissão eficaz dos textos bíblicos foi a produção de cópias fidedignas. Há uma tradição que sustenta que, quando os escribas se lançavam na tarefa de fazer cópias dos textos bíblicos, eles contavam as letras, para terem certeza de que estavam sendo fiéis ao que estava nos autógrafos originais (Gilberto, 1986). Norman Geisler e William Nix (2006, p. 130, grifo do original) afirmam que "houve uma verdadeira avalancha de cópias das Escrituras que datam da era do *Talmude* (c. 300 a.C.-500 d.C.). Durante esse período surgiram dois tipos genéricos de cópias manuscritas: os **rolos das sinagogas** e as **cópias particulares**".

Com isso, fica evidente que houve a utilização de recursos culturais, contextualizados, com vistas à preservação e à transmissão dos textos das Sagradas Escrituras. Isso pode dar segurança ao leitor de que o texto bíblico que chegou até nós é confiável.

Depois de passar por essa trajetória da elaboração dos textos, dos livros e dos blocos bíblicos, podemos apoiar o Victor em suas dúvidas quanto à confiabilidade histórica dos textos das Sagradas Escrituras.

Síntese

Iniciamos este capítulo sugerindo que é provável que a maioria dos leitores das Sagradas Escrituras, na condição de fiéis, enxergue esses textos conforme o senso comum de que a Bíblia é um livro que "caiu do céu" pronto. Essa visão contribui para um afastamento desses textos como produção literária que se deu no curso do desenvolvimento histórico e cultural da humanidade.

Durante toda a nossa construção desse saber, buscamos dialogar com você sobre a formação das Escrituras no imbricamento com os acontecimentos dos dramas das pessoas, de suas perdas, de suas crenças firmes, de suas dificuldades em crer, dos ideais monoteístas e das realidades humanas de fragilidade e fracasso. Esses são aspectos que denotam uma das razões de as Sagradas Escrituras serem sempre tão atuais.

Para demonstrarmos que essa tese faz sentido, primeiramente descrevemos a história dos idiomas bíblicos e seu impacto no desenvolvimento da escrita desses textos. Em seguida, tratamos do ambiente sociogeográfico, quando abordamos a história da formação de Israel como recipiente primário dos textos do Antigo Testamento. Também vimos que o ambiente religioso em que as Escrituras foram produzidas teve forte impacto em muitos elementos tratados em suas composições. Abordamos igualmente os autores bíblicos e os respectivos contextos na elaboração das mensagens transmitidas e, por fim, visitamos as oficinas antigas para visualizar os materiais utilizados na confecção dos textos que chegaram até nós.

Atividades de autoavaliação

1. Quanto à diferença dos gregos e romanos em relação aos semitas, no que concerne às línguas faladas por esses povos, assinale a alternativa que apresenta a afirmação correta:
   a) As línguas gregas e romanas eram mais propícias para expressar poesias, enquanto as línguas semitas eram mais apropriadas para expressar ideias distantes.
   b) As línguas semitas eram mais filosóficas, enquanto as línguas gregas e latinas eram mais práticas.
   c) As duas matrizes linguísticas eram semelhantes.
   d) O hebraico era apropriado para tratar de coisas concretas, como leis e narrativas, e o grego era uma língua apropriada para transmitir conceitos, como as doutrinas paulinas.
   e) As línguas podem servir para qualquer propósito na comunicação, não havendo diferenças no que se refere à matriz cultural.

2. Quanto à origem da língua hebraica, é correto afirmar que:
   a) o hebraico tem sua raiz histórica na língua dos italiotas – o latim.
   b) o hebraico está ligado historicamente às tribos africanas, especialmente as etíopes.
   c) o hebraico antigo faz parte do grupo de línguas germânicas.
   d) o hebraico é uma língua que surgiu entre os nobres da Mesopotâmia, para o direito antigo daquela região.
   e) o hebraico tem estreito parentesco com os idiomas ugarítico, cananeu, fenício-púnico, moabita, amonita, edomita e aramaico.

3. Leia com atenção as seguintes afirmativas:
   I) Pela historicidade da tradição, os antepassados de Israel vieram originalmente da Alta Mesopotâmia.
   II) Uma historiografia responsável dará conta da origem de Israel, definida com uma única matriz étnica.
   III) Longe daquele Israel idealizado como um povo puro, com uma raiz identificada sem dificuldades, temos um Israel resultado da mistura de muitas raças.

   Agora, assinale a alternativa correta:

   a) Somente a afirmativa III é verdadeira.
   b) Somente as afirmativas I e III são verdadeiras.
   c) Somente a afirmativa II é verdadeira.
   d) Somente a afirmativa I e II são verdadeiras.
   e) Somente a alternativa I é verdadeira.

4. É correto afirmar que a maior influência grega na formação do Novo Testamento ocorreu:
   a) pela legislação.
   b) pela língua e pela cultura.
   c) pelo combate de muitos livros do Novo Testamento a muitas ideias religiosas e filosóficas gregas.
   d) pela filosofia clássica.
   e) pela religião politeísta.

5. As religiões da Mesopotâmia e do Egito tiveram muita influência na formação religiosa de Israel. O que melhor define essas duas grandes religiões?
   a) Um monoteísmo clássico.
   b) Religiões de mistérios.
   c) Religiões filosóficas.

d) Religiões dualísticas apenas.
e) Um politeísmo altamente desenvolvido.

Atividades de aprendizagem

Questões para reflexão

1. Qual é a importância de conhecermos o ambiente formativo das Escrituras para melhor reconhecermos suas mensagens?

2. Como o ambiente religioso nos diferentes momentos da formação das Escrituras impactou a forma de elaboração da mensagem bíblica?

3. Como os autores humanos tiveram influência na forma, na linguagem, no estilo e no gênero do texto das Sagradas Escrituras que chegaram até nós?

Atividades aplicadas: prática

1. Leia com atenção o fragmento de texto a seguir, extraído de Justo González (1980, p. 20):

   Alguns destes judeus eram descendentes dos que haviam ido ao exílio na Babilônia e, portanto, nessa cidade, como em toda a região da Mesopotâmia e Pérsia, havia fortes contingentes judeus. No Império Romano, os judeus se haviam espalhado por diversas circunstâncias, e já no século primeiro as colônias judaicas em Roma e em Alexandria eram numerosíssimas. Em quase todas as cidades do Mediterrâneo oriental havia pelo menos uma sinagoga. No Egito, chegou-se até a construir um templo por volta do século VII a.C. na cidade de Elefantina, e houve outro no Delta do Nilo no século II a.C.

> Mas em geral estes judeus da "Dispersão" ou da "Diáspora" – pois assim se lhes chamou – não construíram templos nos quais podiam oferecer sacrifícios, mas antes sinagogas nas quais estudavam as Escrituras.

Após a leitura atenta, faça uma relação entre a importância da sinagoga para o judeu da diáspora e os lugares de leitura bíblia pública na atualidade.

2. Leia com atenção o excerto a seguir:

••
A expressão *inspiração das Sagradas Escrituras* tem feito muitos pensarem em seus autores humanos como seres humanos anormais, místicos e que não se assemelhavam a pessoas deste planeta. Sempre que diminuímos a participação dos autores humanos no processo de vir a ser dos livros sagrados, distanciamos os ensinamentos da aplicação na vida real das pessoas.
••

Após a leitura, reflita com um pequeno grupo sobre a importância de todos na comunidade de fé serem considerados pessoas comuns.

capítulo três

Sagradas Escrituras: Palavra de Deus

3

Os conceitos são muito importantes, ainda que sejam reducionistas, em sua maioria, pois servem como ponto de partida para a análise das possibilidades de alguma realidade. A discussão teórica e metodológica sobre a questão do conhecer incipiente, com base nos conceitos que se impõem ou que se apresentam sobre determinada coisa, é ampla e não será nosso foco.

O caminho que trilharemos será o de relacionar os conceitos acerca dos pontos cardeais relativos ao entorno sistemático do que faz a Bíblia ser o que ela é. Não buscaremos responder sobre o seu efeito religioso ou místico na vida dos fiéis, nem se ela fará um papel essencialmente apologético, mas descritivo, desejando que você, leitor, identifique os pontos mais caros, especialmente para os ortodoxos, quando o assunto são as Sagradas Escrituras como Palavra de Deus.

Ao apresentarmos o conceito de revelação, apontaremos a natureza das falas presentes nas Escrituras, não ignorando a importante presença dos autores humanos, mas ressaltando que esses livros e textos que compõem as Sagradas Escrituras somente são considerados Palavra de Deus porque essas mensagens transformadas em textos vieram da parte de Deus em sua essência. Destacaremos o o fato de a revelação ter dois focos: revelar Deus e seus atributos, mas também o plano redentivo de sua criação.

Quanto à inspiração, você perceberá que, apesar de estar bem próxima, conceitualmente, da revelação, o fator identitário é o selo de Deus sobre aquilo que fora inscrito. Deus falou por meio de profetas, historiadores, poetas, cronistas, mas o maior diferencial desses que textos é que Deus conduzia essas pessoas e os acontecimentos e no fim é como se Ele dissesse: "é isso mesmo".

Quando trilharmos nas pegadas da unidade bíblica, veremos qual é a importância da estrutura da revelação de Deus nas mensagens encontradas nos livros canônicos e como essas mensagens estão conectados por um senso de condução consciente, não tanto pelos autores humanos, mas, sobretudo, pelo autor divino, que lhes deu sentido, não em uma construção teológica dos autores humanos, mas por meio de narrativas, preceitos e falas, apontando para o Deus da aliança e de um plano de salvação.

Por fim, veremos que, quanto à mensagem objetiva dos autógrafos, as Sagradas Escrituras não apresentam erros por se tratar de palavras de Deus e que, por essa razão, têm autoridade, não somente em matéria de fé, mas especialmente pelo que ela afirma. Isso significa que as Sagradas Escrituras não são um livro de ciências da natureza nem de ciências humanas, mas aquilo que ela afirma nessas categorias são afirmações fidedignas.

Imagine que uma pessoa próxima de seu círculo de amizades lhe relate um conflito interior. Ela trabalha há muito tempo em um órgão público, e o salário é baixo, pois ela não tem curso superior, o que indica que essa pessoa prestou concurso que exigia escolaridade fundamental a média. Essa pessoa está em crise porque surgiu uma proposta para ela ser um canal de influência e facilitação interna lhe para ganhos indevidos por parte de uma empresa terceirizada; isso trará um benefício mensal (irregular) correspondente a cinco vezes seu salário mensal. Sua amiga tem um certo temor pelo que dizem os Dez Mandamentos, mas ela quer saber como ter certeza de que os mandamentos das Sagradas Escrituras se aplicam para os dias atuais. Esperamos que ao final deste capítulo, você seja capaz de responder com maior clareza a essa pessoa.

3.1 Conceito de revelação

O conceito de revelação aponta para o ato de Deus fazer-se conhecido. Veremos que, apesar de Deus ser incompreensível, no sentido de ser alcançado, Ele deseja que o conheçam, como afirma Louis Berkhof (1990, p. 31), pois esse "é um requisito absoluto para a salvação". A revelação de Deus diz respeito ao fato de Ele se dar a conhecer, permitir que seja "visto", com o fim de trazer para perto de si sua criação e de, por sua vez, essa criação glorificá-lo.

Importante! ....

No estudo sobre a revelação de Deus, deve-se focar dois aspectos básicos: a revelação geral e a revelação especial. Quando se fala em revelação geral ou natural, faz-se referência à revelação manifestada na natureza ou pela criação e seus desdobramentos; já quando se fala em revelação especial, faz-se referência a Deus se deixando conhecer por meio das Sagradas Escrituras e finalmente na Pessoa e Obra de Jesus Cristo. Para nosso objetivo aqui, trataremos apenas da revelação especial, quanto às Sagradas Escrituras.

As Sagradas Escrituras são exatamente esse dar-se a conhecer de Deus, por meio do que Ele falou e do que Ele fez. Conforme pontuado por Bavinck, citado por Won (2020, p. 26-27), esses dois aspectos que correspondem à "dimensão religiosa e dimensão histórica, aquilo que foi falado por Deus e aquilo que foi falado por seres humanos estão tão entrelaçados e entranhados que a separação é impossível. As partes históricas da Escritura também são uma revelação de Deus".

Para analisarmos esses aspectos da revelação de Deus nas Sagradas Escrituras, trataremos de três tópicos: 1) do Deus *absconditus* para o Deus *revelatus*; 2) Deus se dá a conhecer progressivamente; e 3) o propósito da revelação de Deus.

3.1.1 Do Deus *absconditus* para o Deus *revelatus*

Os termos em latim, literalmente, apontam para a realidade do Deus que está escondido, mas que permite ser visto, quando se revela. O pesquisador Roger Marcel Wanke (2022, p. 16, grifo do original) afirma: "A Bíblia nos deixa claro que nós só podemos **falar de Deus** se deixarmos o próprio **Deus falar a nós**. Deus fala através de seu único Filho, Jesus Cristo, que não apenas se tornou carne e habitou entre nós (Jo 1.14), mas também nos ensinou como **falar a Deus**". Essa é a ideia do Deus *absconditus* (escondido) para o Deus *revelatus* (que se faz conhecer).

Vamos apontar para este primeiro aspecto (o Deus que está oculto, mas que se revela) da revelação de Deus: Ele está escondido, impossível de ser visto apenas pela ciência humana, mas, por meio da revelação, o véu que impede de vermos Deus é retirado por Ele mesmo. Isso está de acordo com a afirmação do teólogo Louis Berkhof (1990, p. 36), quando afirma que "o homem só pode conhecer a Deus na medida em que Este ativamente se faz conhecido".

Podemos dizer que a saída de Deus da condição oculta se dá, primeiramente, no ato criador; Deus revela alguns de seus atributos, com capacidade absoluta de criar para si um mundo perfeito, no que tange às atribuições cósmicas, espirituais, culturais, sociais, mas também estéticas. Porém, na decisão e no ato de dar-se a conhecer, ainda no ato criador, Ele se dá na criação peculiar do ser humano, a ideia do *imago dei*[1], isto é, Deus dá de si ao homem, ao criar o homem com características próprias suas. Seguindo o caminho da revelação, encontraremos Deus falando e agindo como ato de sair do oculto e revelar-se. Mas, definitivamente, Ele foi visto despido na Pessoa e Obra de Jesus Cristo. O evangelista João disse: "E o Verbo se fez carne e habitou entre nós, cheio de graça e de verdade, e vimos a sua glória, glória como do unigênito do Pai. [...] Ninguém jamais viu a Deus; o Deus unigênito, que está no seio do Pai, é quem o revelou" (Bíblia. João, 2018, 1,14-18).

Precisamos afirmar que Deus se revelou nas Sagradas Escrituras e que tudo o que podemos conhecer de Deus no tempo presente Ele mesmo deixou conhecer na Pessoa e Obra de Jesus Cristo, tendo sido registrado nos Evangelhos e nos demais livros bíblicos, pois Ele é o centro das Escrituras. Isso implica concordarmos que o mistério do Deus oculto, bem como seu plano, foi revelado em Jesus Cristo, conforme nos confirma o apóstolo Paulo ao escrever aos Colossenses: "o mistério que estivera oculto dos séculos e das gerações; agora, todavia, se manifestou aos seus santos; aos quais Deus quis dar a

---

1 Refere-se ao ato de Deus dar de si no ato criador e na concessão de sua imagem ao ser humano.

conhecer qual seja a riqueza da glória deste mistério entre os gentios, isto é, Cristo em vós, a esperança da glória" (Bíblia. Colossenses, 2018, 1,26-27).

Como disse João Calvino, citado por Raimundo Nonato Vieira (1999, p. 43), "O revelado é o próprio agente dessa revelação, tirando qualquer possibilidade do homem poder alguma coisa". Em Cristo, Deus é visto perfeitamente, pois nele Ele se mostrou: "Este é a imagem do Deus invisível" (Bíblia. Colossenses, 2018, 1,15). "Este" refere-se a Cristo.

3.1.2 Deus se dá a conhecer progressivamente

O que se entende por *revelação progressiva*? Respondendo a essa pergunta, em um artigo monográfico, afirmamos que "entende-se por revelação progressiva o ato ativo ou dinâmico de Deus fazer-se conhecido aos homens" (Vieira, 1999, p. 3). Ampliando o conceito, acrescentamos que

> Na história da revelação divina, o povo escolhido para ser o recipiente imediato da revelação conhecia a esse Deus somente quando este se dava e na medida que se dava. Nenhum dos patriarcas ou profetas tiveram um conhecimento de Deus sem que este administrasse o dar-se e no compasso dos tempos que desejava conceder-lhe. (Veira, 1999, p. 4)

Voltando à citação de Berkhof (1990, p. 36), quando ele diz que "não há nada de surpreendente no fato de que Deus só pode ser conhecido se Ele se revela, e na medida em que o faz", esse "na medida em que o faz" aponta para a necessidade de ser compreendido como algo que estava se dando. Agora, quando abrimos as Sagradas Escrituras, nela encontramos tudo o que é necessário para a salvação, o viver seguro na salvação, o desfrutar das bênçãos da salvação e a certeza galardoadora da salvação, mas os primeiros servos e servas de Deus conheciam apenas aquilo que era necessário para a sua corrente jornada.

A ideia de progressividade da revelação é algo compreensível, até mesmo pela lógica. Culturalmente o ser humano vem numa história evolutiva, ou seja, ele não sabia manipular tudo o que estava à sua volta. Diante das necessidades, os seres humanos foram fazendo descobertas para viverem melhor. A revelação de Deus vai acontecendo conforme os passos que podem ser dados, com base no que fora lançado, adquirido anteriormente. É como o processo de alfabetização das pessoas, elas não começam lendo. Vai sendo construído um processo de associações até que estas se estruturem cognitivamente e façam sentido na articulação mental.

A revelação foi um processo pedagógico, o qual Deus trilhou com os seres humanos para que Ele fosse concedido o suficiente para que eles viessem a adorá-lo conscientemente.

3.1.3 O propósito da revelação de Deus

O teólogo Louis Berkhof (1990, p. 31) inicia o primeiro capítulo de sua obra *Teologia sistemática* afirmando o seguinte: "A igreja cristã confessa, por um lado, que Deus é incompreensível, mas também, por outro lado, que Ele pode ser conhecido e que conhecê-lo é um requisito absoluto para a salvação". Essa afirmação de Berkhof está de acordo com o que afirma Jesus: "E a vida eterna é esta: que te conheçam a ti, o único Deus verdadeiro, e a Jesus Cristo, a quem enviaste" (Bíblia. João, 2018, 17,3).

Berkhof (1990, p. 31), referindo-se às diferentes opiniões dos primeiros Pais da Igreja cristã sobre a possibilidade ou impossibilidade de Deus ser conhecido, afirma, no entanto: "Ao mesmo tempo, eles confessavam que Deus revelou-se no logos[2] e, portanto, pode ser conhecido para a salvação". A salvação é o resultado do benefício objetivo da revelação para a criação. O texto monográfico visto anteriormente esclarece ainda que

> *Deus estava se mostrando para o homem do Velho Testamento, que desejava salvá-lo. E, aos que se mostrava ele esperava da parte do homem uma entrega para a salvação. Por esta razão Deus fala de amor, graça e misericórdia manifestados ao homem, que estava alienado da graça. Quando Deus providencia um cordeiro temporário é manifestação da graça de Deus, que não tem prazer na continuação desta alienação, por essa razão se manifesta salvador.* (Vieira, 1999, p. 14- 15)

Quando se revela, como já tem sido mencionado repetidas vezes, Ele se revela primeiramente mostrando-se, mas também revela o seu plano eterno de redenção para a sua criação. Mas o que devemos notar é que, na teologia cristã, o alvo final de Deus é que a sua criação o glorifique e que a salvação dos seres humanos e o impacto cósmico dessa salvação reverberem em glórias a Deus.

3.2 Conceito de inspiração

A doutrina da inspiração das Sagradas Escrituras, conforme veremos, está entrelaçada ao conceito de revelação e de outros que virão a seguir; porém, não se trata de um conceito dependente, ou seja, que só consegue ser definido à luz dos demais. A inspiração se baseia no fato de que "a Bíblia é a Palavra de Deus nas palavras

---

2   É referência ao termo utilizado no Evangelho de João: "E o verbo se fez carne..." (Bíblia. João, 2018, 1,14), em que a palavra *verbo* é a tradução do termo grego *logos*.

de homens, uma mensagem de um ser que está além do tempo e do espaço (porque é seu criador) para seres (criaturas) humanos terrenos" (Vanhoozer, 2015, p. 11-12).

A seguir, elencaremos alguns aspectos esclarecedores, ampliando nossa visão do que seja a inspiração, bem como sua abrangência e suas consequências. Vamos iniciar trazendo o significado propriamente dito de inspiração, assim como seus efeitos, seu senso de direção, a relação com as traduções e com as cópias, além das consequências em relação à abrangência da inspiração do cânone.

3.2.1 Significado

Como podemos ver nas palavras J. de Fraine (1992, p. 41), no periódico organizado por João Evangelista Martins Terra, "Inspiração bíblica é o termo técnico que indica a influência ativa de Deus sobre os autores humanos dos livros sagrados". Esse aspecto da influência contará com divergências, pois, para alguns estudiosos, a inspiração se dá no fato de Deus ter soprado cada palavra que os autores deveriam registrar. A ideia de influência não elimina a possibilidade de os autores terem recebido a palavra para registro, porém isso se dá em forma de profunda influência do Espírito sobre os autores, que usaram suas capacidades culturais para registrarem o que tinham certeza de terem ouvido da parte de Deus (Geisler; Nix, 2006).

Norman Geisler e William Nix (2006, p. 10), enfatizando a inspiração sobre os escritos e não sobre os escritores, dizem: "Na única vez em que o Novo Testamento usa a palavra inspiração, ela se aplica aos escritos, não aos escritores. A Bíblia é que é inspirada, e não seus autores humanos. O adequado, então, é dizer que: o produto é inspirado, os produtores não".

Uma pergunta inevitável que devemos fazer é: Como a crença nos textos inspirados se consolidou? Qual é sua origem? Para o escritor J. de Fraine (1992, p. 41), essa origem se encontraria na mística rabínica de que "todos os livros santos mancham as mãos". Disso teria nascido uma prática de lavar as mãos sempre que se manuseava um texto sagrado, e assim foi se fortalecendo a distinção de tratamento e consideração com os rolos bíblicos. Para J. MacKenzie, e João Evangelista Martins Terra, no artigo *Vaticano II e inspiração* publicado na *Revista de Cultura Bíblica*,

As raízes da doutrina teológica sobre a inspiração encontram-se na fé israelita na inspiração de Moisés, dos profetas, dos autores dos escritos sapienciais, dos sacerdotes nas suas instruções religiosas. Essas formas de inspiração não são idênticas. Moisés era o único mediador que transmitira a vontade de Deus a Israel. O profeta era aquele que exprimia a palavra do Senhor. A sabedoria era um dom de Iahweh. Os sacerdotes continuavam de forma derivada o ministério de Moisés. Jr 18.18 fala de tríplice carisma: a instrução do sacerdote, o conselho do sábio, a palavra do profeta. (MacKenzie; Terra, 1992, p. 47)

Não se pode discordar dos autores citados quanto ao fato de o texto ser considerado de origem divina e, portanto, inspirado. Entretanto, precisamos ter cuidado para não transformar essa alegação em algo que elimine a consideração histórica que veio se formando na comunidade de fé israelita sobre o valor revelacional das palavras de Javé.

Na visão mais crítica de Lee Martin McDonald (2013, p. 119), "se uma comunidade acreditava que um escrito havia surgido por inspiração ou intervenção divina, ele era considerado profético, isto é, inspirado". Essa consideração é muito reducionista quanto ao sentido que foi se formando do que seria a inspiração sobre os textos sagrados.

Para a ortodoxia cristã, os textos das Sagradas Escrituras são inspirados porque eles mesmos dão testemunha e confissão sobre essa inspiração. Esse testemunho se dá de maneira interna, com a própria Bíblia afirmando a influência divina no que veio a ser escrito, mas também há os testemunhos externos, que são aqueles testemunhos da história e outras comprovações que apoiam as afirmações internas. É bom destacar que o testemunho interno se fundamenta em base preposicional, ou seja, ele se sustenta na pressuposição de que o que está escrito é Palavra de Deus, independentemente dos testemunhos externos.

Podemos verificar dois testemunhos internos que apontam para a inspiração das Sagradas Escrituras:

- "Toda a Escritura é divinamente inspirada por Deus" (Bíblia. 2Timóteo, 2018, 3,16)

  Como bem pontuaram Geisler e Nix (2006) anteriormente, são poucas as vezes em que encontramos essa afirmação nas Escrituras, mas a temos. Nessa afirmação das Sagradas Escrituras, o apóstolo Paulo apontou para as palavras *passa graf´h* (toda escritura), provavelmente se referindo ao texto do Antigo Testamento da Septuaginta que desfrutava desse *status* entre os judeus que falavam o grego, mesmo que Paulo possa ter conhecido o hebraico e o aramaico.

- "homens falaram inspirados pelo Espírito Santo" (Bíblia. 2Pedro, 2018, 1,20-21)

  Na tradução de Almeida, edição revista e atualizada, consta assim:

  > *sabendo, primeiramente, isto: que nenhuma profecia da Escritura provém de particular elucidação; porque nunca jamais qualquer profecia foi dada por vontade humana; entretanto, homens [santos] falaram da parte de Deus, movidos pelo Espírito Santo.* (Bíblia. 2Pedro, 1989, 1,20-21)

Numa perspectiva preposicional, que qualifica o testemunho interno como palavra final em termos da natureza do texto sagrado, as declarações apontam com clareza que os escritores humanos estavam sob a influência do Espírito Santo e que, por isso, o que eles escreveram tem o selo da inspiração divina.

Preste atenção!
A inspiração das Sagradas Escrituras não implica eliminar a participação no processo de vir a ser dos textos sagrados. Um exemplo disso é como os textos do Antigo Testamento terão impacto direto sobre os autores do Novo Testamento, servindo de base fundamental para a compreensão da revelação e a transmissão da continuação dessa revelação nos moldes dos dias da Nova Aliança.

3.2.2 Inspiração e direção

Neste tópico, queremos convidar você, leitor, a perceber claramente as declarações canônicas que afirmam que a inspiração pressupõe um senso de direção sobre as Sagradas Escrituras. Tratando da formação do Novo Testamento, McDonald (2013, p. 31) vê semelhança em como Deus estava agindo na Pessoa de Jesus Cristo: "A formação do Novo Testamento se assemelha a esses desdobramentos. O que, acima de tudo, deu origem à comunidade cristã e lhe conferiu uma identidade e missão foi a história da atividade de Deus em Jesus de Nazaré".

Concordando com o exposto, Frederick F. Bruce (2011, p. 254) declara: "Os cristãos têm estado corretos ao discernir o Espírito Santo semelhantemente em operação nas Escrituras do Novo Testamento, ainda que [...] somente um livro do Novo Testamento reivindique inspiração profética de modo explícito".

Esse senso de operação, condução do Espírito Santo sobre a jornada da elaboração desse material denso e rico, chamado de Sagradas Escrituras, é fundamental para as afirmações quanto ao fato de se tratar de uma produção peculiar. Como assevera o Padre Luiz Cechinato (2014, p. 25), "Todos os 73 livros da Bíblia estão ligados entre si por um único 'fio condutor'. Esta espécie de fio condutor faz com que todos esses 73 Livros não percam de vista o seu objetivo comum: a nossa salvação".

Você poderá perceber que esse aspecto salientado pelo Padre Cechinato aponta tanto para um sentido de direção quanto para a unidade das mensagens que compõem essa diversidade literária. Alguns têm classificado essa direção de organização em forma de drama; outros, de uma história emocionante conduzida para apresentar o Deus que salva sua criação. Paulo Won (2020, p. 47), ao tratar disso, afirma que "a Bíblia lida com fatos e dados, com uma história muito mais real e palpável do que qualquer um de nós consegue imaginar".

3.2.3 Um cânone fechado

Vamos adentrar em um assunto sobre o qual muitos cristãos não estão de acordo quanto à premissa básica: depois de o último livro ter sido escrito, Apocalipse de João, em 64 d.C. ou 92 d.C., o cânone estaria fechado. Para muitos desses cristãos, também as profecias cessaram e não há mais revelações novas (Bruce, 2011). Precisamos mencionar que, para alguns cristãos, o cânone está aberto, pois está sujeito ao sopro do Espírito na comunidade. Nesse caso, o cânone é visto como um patrimônio da comunidade e faz parte de sua função natural conferir sentido dinâmico às palavras de Deus.

O pesquisador Frederick F. Bruce (2011, p. 21), apontando para a possibilidade do fechamento do cânone, afirma: "As palavras 'às quais nada se pode acrescentar... e das quais nada se pode excluir', sejam quais forem os seus significados em seu contexto original, parecem certamente implicar o princípio de um cânone fechado". O autor está se referindo às afirmações de Deuteronômio 4,2 e Apocalipse 22,18-19. Segundo Bruce (2011), Eusébio lista três tipos de livros que circulavam no seu tempo: os reconhecidos, os contestados e os espúrios. Esses livros reconhecidos serão encaminhados para a formação do cânone bíblico.

Bruce (2011, p. 227) declara o seguinte sobre a ideia de o cânone fechado ser um fato inegável:

> *Que o Novo Testamento consiste de 27 livros que desde o século IV foram reconhecidos como pertencentes a ele não é um juízo de valor, é uma declaração de fato. Indivíduos ou comunidades podem considerar que isso é muito restritivo ou muito abrangente, mas sua opinião não afetará a identidade do cânon. O cânon não será aumentado ou diminuído por causa do que eles dizem ou pensam: é um dado literário, histórico e teológico.*

A maioria dos que fazem tal afirmação buscam firmar-se em textos bíblicos como Deuteronômio 4,2, Deuteronômio 12,32 e Apocalipse 22,18-19, que indicam a reserva de considerar Palavra de Deus aquilo que fora recebido de mãos reconhecidas da tradição que se formou do povo de Deus antigo aos povos da Nova Aliança. O Didaqué[3] ressoa esse entendimento: "Não viole os mandamentos do Senhor. Guarde o que você recebeu, sem nada acrescentar ou tirar" (Didaqué, 2013, p. 12).

---

3 É considerado o primeiro catecismo cristão, no qual as questões doutrinárias e práticas da Igreja do século I e início do século II foram tratadas. É chamado também de *Doutrina dos Doze Apóstolos*.

É necessário observar, também, que aqueles que defendem o cânone fechado apontam para o cessar dos dons carismáticos (revelação, sonhos, visões, línguas, entre outros), assim como para o cessar de novas revelações que acrescentariam outras mensagens aos livros já escritos ou novos livros ao cânone. Paulo Won (2020, p. 49) destaca que a Bíblia é a Palavra de Deus, "é o livro em que toda a revelação que Deus fez sobre si, revelação suficiente para a salvação do seu povo, foi registrada".

A maioria na tradição cristã, especialmente os confessionais protestantes, afirma que o cânone fechou e que não existem mais novas revelações, não havendo, portanto, acréscimos ao que já foi composto e transmitido ao longo dos milênios e séculos de fé.

3.3 Conceito de unidade

No livro *O catecismo maior de Westminster*, na pergunta 4, inquire o catecúmeno[4]: "Como se demonstra que as Escrituras são a Palavra de Deus?". A primeira parte da resposta é: "pela sua majestade e pureza do seu conteúdo, pela **harmonia de todas as suas partes** e pelo propósito do seu conjunto, que é dar glória a Deus" (Marra, 2008, p. 9, grifo nosso). Devemos ter especial atenção à parte grifada, ou seja, a "**harmonia de todas as suas partes**", que aponta para a unidade das Sagradas Escrituras.

Para facilitar a compreensão do termo *unidade* e suas implicações, o tema será tratado de forma sistematizada.

---

4   Um iniciante na fé que recebe as primeiras instruções morais, doutrinárias e espirituais.

3.3.1 A transmissão oral primária

É bom que se equilibre a importância da tradição oral para os escritos canônicos. O que queremos dizer com isso é que, apesar da importância da tradição oral no desenvolvimento cultural dos povos, bem como da sedimentação de suas histórias, crenças, identidades, costumes e valores, ela não tem um impacto definitivo na transmissão dos textos sagrados, tendo maior impacto na tradição pré-textual. Isso não anula seu vasto uso para manter muitas tradições tribais e familiares.

Outra observação que devemos fazer é em relação à tradição oral, como bem adverte Paulo Won (2020, p. 30): "A tradição oral não foi restrita aos judeus. Os povos do Oriente Próximo (AOP)[5] já contavam as suas histórias e as transmitiam às gerações seguintes". Com isso, valoriza-se esse meio tão precioso de preservar as memórias de cada grupo das sociedades que vieram se formando ao longo dos tempos.

Qual é o papel da transmissão oral no que tange aos textos sagrados? Sem dúvida, muitas informações que chegaram até os primeiros escritores, especialmente do Pentateuco, vieram até eles por meio desse uso comum em seus dias. Stephen M. Miller e Robert V. Huber (2006, p. 12-13) citam a provável preocupação de Abraão em contar aos seus descendentes as histórias que apontavam para os atos poderosos do Deus Javé: "Abraão provavelmente tenha repetido histórias sobre como o Senhor criou o universo e salvou Noé e sua família do dilúvio".

É provável que, naqueles dias dos escritores, as histórias contadas por Abraão fossem repetidas, mas registros soltos também já circulavam, tais como o Livro das Guerras do Senhor (Bíblia.

---
5   Antigo Oriente Próximo.

Números, 2018, 21,14-15). Porém, sem dúvida, os escritores do Pentateuco foram dirigidos para o que Deus estava revelando sobre si, assim como sobre o que havia realizado e o que havia falado.

3.3.2 Um livro de vários livros

Neste tópico, vamos apenas reforçar que a Sagradas Escrituras são um códice ou um livro que recebe o nome de *Bíblia*, tendo esse nome origem na Antiguidade. Alguns dizem que o nome *byblos* tem sua origem no nome que receberam os rolos escritos em papiro, utilizado por muitos povos da Antiguidade. Esses papiros, para alguns, eram extraídos de uma cidade fenícia que levava esse nome, Byblos; para outros, essa cidade apenas tinha um porto de onde saíam as cargas de papiros utilizados nas escritas daqueles dias (Champlin; Bentes, 1995a).

O certo é que a palavra *bíblia* deriva do nome grego *byblos*, que tem sua origem no nome dado ao rolo de papiro. Na época do Antigo Testamento, os livros bíblicos estavam organizados em rolos separados, com exceção de alguns grupos de livros, como os doze profetas menores, Esdras e Neemias. Com as descobertas de outros materiais mais duráveis, flexíveis e o melhor aproveitamento dos espaços pelas escritas, criaram-se os códices, que tinham um formato primitivo do que chamamos de *livros* na atualidade (Champlin; Bentes, 1995a).

A organização da Bíblia em códices foi um ganho muito grande, pois isso ajudou, inclusive, na melhor preservação dos livros e seus conteúdos, visto que em conjunto era mais difícil o extravio. O que é certo dizer, conforme Won (2020, p. 38), é que "A Bíblia é composta de vários tipos de documentos produzidos em diversos estilos da linguagem escrita".

O Padre Luiz Cechinato (2014, p. 22), em sua linguagem simples, clareia: "Em geral, a Bíblia é um só volume, mas reúne uma porção de assuntos diferentes. Esses assuntos diferentes formam as diversas partes da Bíblia, distintas entre si. Pois bem: a cada uma dessas partes distintas dá-se o nome de 'livro'". Com isso, dizemos que a Bíblia é um livro de muitos outros livros.

3.3.3 Unidade e diversidade

Temos afirmado, em vários momentos, a unidade das Escrituras quanto à estruturação de sua mensagem, ou seja, a Bíblia tem uma unidade estrutural de Gênesis a Apocalipse, no sentido de que é possível perceber coerência em como as Escrituras apresentam Deus e seu plano de redenção. Por outro lado, devemos concordar que, metodologicamente, unidade pressupõe diversidade, mas esse é um ponto muitas vezes negligenciado, ou não percebido, como evidencia Frederick F. Bruce (2011, p. 262):

> Quando todos os livros da Bíblia são reunidos como parte de um cânon, encadernados em um volume e reconhecidos como o produto de um Espírito divino, há uma tendência inevitável de enfatizar a unidade de todo, de modo que as diferenças de idioma e perspectivas entre dois autores passam despercebidas.

Além das questões de diferença entre autores e idiomas, há de se observar a grande variedade de gêneros literários presentes em todos os cantos do cânone bíblico. Em um único livro há leis, prosa, narrativa e poesia. Mas a unidade das Sagradas Escrituras tem sua atribuição ao seu autor meticuloso e absolutamente sábio. Apesar dos muitos livros, dos muitos anos para a sua escrita, é perceptível uma unidade peculiar na reunião desses livros.

Nas palavras do Padre Luiz Cechinato (2014, p. 25-26): "Todos os 73 livros da Bíblia estão ligados por um único 'fio condutor'. Esta espécie de fio condutor faz com que todos esses 73 livros não percam de vista o seu objetivo comum: a nossa Salvação". Já mencionamos que o propósito da revelação é a salvação da criação divina, mas é necessário salientar que o caráter da unidade é sustentado por essa vigilância, de não deixar de revelar a inclinação de Deus para a salvação de seus eleitos.

Quanto à diversidade, ainda é bom ressaltar que basta ler os livros do Pentateuco e depois fazer a leitura dos livros proféticos para perceber uma grande diferença de estilo, linguagem, estrutura da mensagem, entre outros aspectos. Cabe notar que a diversidade é resultado do longo período em que o texto foi escrito e da variedade de público com demandas diferenciadas. Sobre esses distanciamentos, Daniel P. Fuller (2014, p. 23) explica que, ao nos depararmos com "textos de diferentes estilos literários, escritos por trinta ou mais pessoas que viveram em diversas situações de vida, durante um período de mais de mil anos e em lugares que se situam entre Roma e o rio Eufrates", parece uma tarefa muito difícil extrair o ensino coerente e coeso das Sagradas Escrituras. Porém, trata-se apenas de paradoxos aparentes, pois não se pode esquecer que, ainda que o propósito final das Sagradas Escrituras seja glorificar a Deus com a salvação de sua criação, a revelação se dá em meio aos dramas humanos de cada tempo cronológico e sociocultural.

3.3.4 Sentido primário e sentido pleno

Vamos seguir apontando alguns aspectos que ajudam a compreender melhor a unidade bíblica e suas implicações e alcances. A ideia de as Sagradas Escrituras terem dois sentidos não se refere àquilo que é mais considerado como literalidade e alegoria; antes aponta para o sentido primário, fazendo-se referência ao que é desejado na interpretação bíblica, que é a intenção primária do autor e o chamado *sentido pleno*; trata-se do imaginário, quando o leitor entra no mundo do autor e extrai as verdades reveladas para além dos destinatários primários.

O biblista Frederick F. Bruce (2011, p. 286) conceitua esses dois sentidos: "O sentido primário é o sentido que o autor tencionou comunicar com suas palavras, o sentido que ele esperava que seus leitores entendessem com suas palavras. O sentido pleno é algo mais rico que isso". A ligação desses dois diferentes sentidos das Sagradas Escrituras com a sua inspiração aponta para o fato de que, na circunscrição da unidade bíblica, os dois sentidos precisam se complementar e não sinalizar coisas diferentes.

Perceba que, no passado, o sentido pleno das Sagradas Escrituras foi tido como o ato criativo do leitor do texto ao se deparar com um texto tão distante, em sentido temporal, geográfico, social e cultural, e conseguir fazer a relação da revelação de Deus nos autógrafos para os destinatários primários com a realidade que rodeia o leitor de outros tempos.

3.3.5 Evidência da unidade da Bíblia

Sobre as evidências da unidade da Bíblia, devemos nos concentrar no fato de que ela se propõe a ser uma metanarrativa com um fim teleológico, ou seja, as Sagradas Escrituras se desenvolvem dentro de um plano revelador, apontando para um propósito final. Ao olhar para as mensagens da Bíblia e observar como essas mensagens estão estruturadas, aquilo que foi chamado de *fio condutor*, logo se percebem as evidências de sua unidade.

O teólogo Daniel P. Fuller (2014, p. 23), ao tratar do que nos estimula a prosseguir na busca por encontrar e expor as mensagens dos textos sagrados, afirma: "Primeiro, a Bíblia procede de acordo com um plano. Começando com a criação do mundo, ela relata e interpreta uma série de eventos históricos que conduzem a um grande clímax e ao objeto da história do mundo". Parece que o apóstolo Paulo tem isso em mente ao dizer aos presbíteros de Éfeso, quando se encontraram em Mileto: "porque jamais deixei de vos anunciar todo o desígnio de Deus" (Bíblia. Atos, 2018, 20,27). Algumas versões traduzem a expressão *desígnios* como *propósitos*, ou seja, trazem a ideia de que a revelação das Escrituras está unida por um senso de propósito do próprio Deus revelador e revelado.

Se nos ativermos à leitura de toda a Bíblia, perceberemos que ela trata de apresentar o Deus criador, poderoso, autossuficiente, pleno nele mesmo, um ser eterno que sempre existiu; em seguida, enfoca a criação do mundo e da coroa da criação, as pessoas; o pecado entra no mundo; Deus faz a promessa de salvar sua criação; o pecado aparece como uma realidade abrangente; Deus faz alianças e promessas de redenção; Deus cria um povo para si, visando nele se revelar; o ser humano é obstinado a viver contrariamente ao plano de Deus para a sua felicidade; Deus disciplina e acolhe; Deus apresenta, finalmente, sua redenção na Pessoa e Obra de Jesus e anuncia a consumação final.

Existem outras formas de estruturar as Escrituras em torno de seu propósito e com isso demonstrar as evidências de sua unidade. Essa é uma das formas de detalhar o plano de Deus apresentado nos textos sagrados.

3.3.6 Cristo é a base unificadora das Sagradas Escrituras

Como demonstramos anteriormente, a Bíblia está estruturada de modo a apresentar a solução de Deus para o problema da rebelião cósmica do ser humano; ela aponta para o ápice, que é a Pessoa e a Obra de Jesus Cristo. Ele é o ponto unificador de todas as Sagradas Escrituras, servindo de elo entre as mensagens e seus autores. Promove, assim, a unidade da Bíblia, no sentido de que Ele é aquele fio condutor que faz com que um autor bíblico posterior esteja alinhado com seu predecessor.

O teólogo Augusto Nicodemus Lopes (2004, p. 116) assevera: "Os escritores do Novo Testamento estão convencidos de que Cristo é a chave que abre o sentido do Antigo Testamento". Ele ainda acrescenta, para concluir, que "O Antigo Testamento, com suas profecias e história, encontrava cumprimento pleno e final em Cristo e na nova era inaugurada por ele" (Lopes, 2004, p. 116).

Sendo o alvo, o centro, a causa final para quem a revelação aponta, Cristo serve de elo unificador das mensagens escriturísticas:

> Se diz que a Bíblia tem unidade, e o que aponta para tal afirmação é o seu caráter **teleológico**. Essa palavra vem do termo grego telov [telos], que se refere à relação de um fato com a sua causa final. Isso aponta para a realidade de que as narrativas e os ensinamentos bíblicos fazem parte de uma peça escriturística que aponta para um fim. (Vieira, 2020, p. 34-35, grifo do original)

O fim que é apontado traduz-se como o alvo da revelação, que é demonstrar o plano de Deus para salvar e redimir sua criação. Cristo é o *telos* da revelação de Deus, o grito da declaração de Deus, dizendo que ama aquilo que fora criado. Cristo é a declaração aberta e final do que Deus planejou para o seu reino eterno de amor e vida plena. Estamos em um embate de narrativas que predominam neste mundo: a narrativa ocidental, que sugere que toda a realidade é resultado de um longo processo evolutivo, e a narrativa de um Deus que criou, sustenta e faz tudo convergir para Cristo (Goheen; Bartholomew, 2016).

3.4 Conceito de inerrância

Vamos entrar em uma área um pouco nebulosa para o ambiente teológico, pois a afirmação de que as Sagradas Escrituras são inerrantes gera conforto para uns e desconforto para outros. Nesta abordagem, consideraremos a inerrância sob dois aspectos: no que tange aos autógrafos, ou seja, o primeiro texto dos respectivos autores, e no que se refere à relação com as cópias e com as interpretações. Em outro trabalho, utilizamos as expressões "inerrância estrutural" e "inerrância teológica" (Vieira, 2020, p. 35-37); aqui seguiremos com o mesmo entendimento teológico, porém com uma abordagem diferente.

3.4.1 Inerrância em decorrência da inspiração

O caráter inerrante das Sagradas Escrituras não pode ser uma afirmação solta, resultado de simples crença; antes, precisa ser resultado da confissão teológica prévia que sirva de apoio e plataforma para essa sustentação fundamental, ou seja, fundamental para aquilo que se tem afirmado serem as Escrituras – a Palavra de Deus. Essa afirmação é dogmática, no sentido de o dogma ser, até certo ponto, parte da estrutura epistemológica da revelação de Deus e de seus eternos propósitos.

Por essa razão, Norman Geisler e William Nix (2006, p. 24) fazem a seguinte afirmação categórica: "A Bíblia não só é inspirada; é também, por causa de sua inspiração, inerrante, i.e. [isto é], não contém erro. Tudo quanto Deus declara é verdade isenta de erro. Com efeito, as Escrituras afirmam ser a declaração (aliás, as próprias palavras) de Deus". Essa afirmação dogmática é resultado de uma exigência teórica, pois, se as Sagradas Escrituras não são inspiradas, elas perdem sua chancela de Palavra de Deus.

Os autores citados seguem, com base em textos bíblicos, ampliando suas afirmações, conforme podemos observar: "Nada do que a Bíblia ensina contém erro, visto que a inerrância é consequência lógica da inspiração divina. Deus não pode mentir (Hb 6.18); sua Palavra é a verdade (Jo 17.17)" (Geisler; Nix, 2006, p. 24). Precisamos dizer que essa afirmação aponta para a ausência de erros científicos ou históricos naquilo que está afirmado na Bíblia (Geisler; Nix, 2006).

Segundo o artigo do pesquisador J. de Fraine (1992, p. 44), "o primeiro e principal efeito da inspiração é, sem dúvida, a inerrância" das Sagradas Escrituras. Geisler e Nix (2006, p. 17) descrevem como seria a divisão de atividades nesse processo: "Deus concedeu a inspiração conceitual, e os homens de Deus forneceram a expressão verbal característica de seus estilos próprios".

Ainda, é preciso dizer que, para a perspectiva de uma inspiração apenas das mensagens que dizem alguma coisa para o leitor das Sagradas Escrituras, no ato da leitura não existe a necessidade dessas afirmações dogmáticas, pois a Bíblia conteria a Palavra de Deus, mas só seria Palavra de Deus quando ela desse sentido para as demandas existenciais do leitor que a busca por necessidades existenciais.

A título de breve informação, é necessário que você tenha em mente que são muitas as escolas de pensamento teológico que negam o caráter de inspiração para toda a Bíblia. É o caso do método hermenêutico de Rudolf Bultmann, que defendia a necessidade da demitização ou desmitologização das Escrituras. Bultmann focava o Novo Testamento, pois, para ele, as narrativas do Novo Testamento eram resultado do relacionamento entre os escritores e a fé em Jesus Cristo; tratava-se mais de um discurso da fé querigmática[6]. Por isso, Bultmann argumentava que, para compreender adequadamente a Bíblia, é preciso tirar os mitos presentes nas narrativas, que seriam os milagres e algo semelhante, para que restasse apenas a mensagem (Tillich, 2000).

Com base nessa premissa, Bultmann não considerava as Escrituras inerrantes nem defendia o conceito de inspiração esboçado antes. Para ele, o Novo Testamento foi escrito como uma forma de construir uma ideia da fé em Cristo com os recursos que a sociedade de então valorizava e aos quais dava crédito, constituindo-se, até certo ponto, em uma linguagem que estava ao alcance dos escritores bíblicos (Bultmann, 2004).

Destacamos que essa é uma visão superada em muitos círculos cristãos, mas isso não significa que o método existencialista bultmanniano não tenha forte influência em muitos meios cristãos, porém muito mais pelos desdobramentos do existencialismo na experiência de fé evangélica.

3.4.2 Inerrância e as cópias

Já examinamos um aspecto da inerrância que está relacionada com a sua relação teológica, ou seja, a Bíblia não contém erros, em

---

[6] Palavra, transliterada do termo grego *kh/rugma* (*kérygma*), que significa "proclamação". Muitos entendem que esse termo aponta para a tradição oral que proclamava as obras de Jesus Cristo.

consequência de sua inspiração. Agora, convidamos você, leitor, para analisarmos um aspecto mais estrutural das Sagradas Escrituras e sua jornada de transmissão, um aspecto relacionado à inerrância estrutural.

O que buscamos demonstrar é que, quanto ao aspecto teológico, no que tange à sua mensagem, de acordo com os autógrafos, as Sagradas Escrituras desfrutam do *status* de inerrante; contudo, quanto às cópias e versões que se seguiram, não se pode arrogar esse mesmo *status*, pois o trabalho da crítica das fontes, bem como o aparato crítico em geral, tem demonstrado muitos erros de copistas. No entanto, tem sido assegurado que os textos que são utilizados atualmente são absolutamente confiáveis, já livres desses erros de copistas na longa tradição de transmissão dos textos sagrados (Paroschi, 1999).

As traduções também não gozam do mesmo grau de segurança e inerrância, pois, como explica Augusto Nicodemus Lopes (2004, p. 29), "em muitos casos os tradutores tiveram que tomar decisões relacionadas com a melhor maneira de verter um determinado termo ou expressão, e que tais decisões, não sendo inspiradas por Deus, nem sempre foram as corretas". Dependendo do distanciamento temporal e cultural, as expressões seriam manifestadas de maneiras diferentes.

Por último, quanto à inerrância das Sagradas Escrituras, vamos considerar aquilo que é chamado de *linguagem de acomodação*. O que seria isso? É provável que a palavra *acomodação* já suscite um sentido em sua mente, ou seja, aqui a referência é aos recursos de que os escritores dispunham naquele momento do nascimento do texto. Ao receberem a mensagem, não houve alguma mágica que fez com que esses escritores se tornassem conhecedores de todos os recursos culturais e de aspectos que ainda viriam a ser descobertos. Sobre isso, Augusto Nicodemus Lopes (2004, p. 28, grifo do original) afirma o seguinte:

> Eles se expressaram **nos termos e dentro do conhecimento disponível naquela época**, acomodando a verdade revelada em termos do que sabiam do mundo. Assim, eles falaram que o sol nasce de um lado do céu e se põe no outro, ou ainda mencionam que o sol parou no céu (Josué).

Essa ideia da linguagem de acomodação deve fazer sentido quando nos deparamos com as afirmações de que, com base no que conhecemos hoje, parece que estamos diante de um paradoxo. É certo que alguns textos bíblicos são desafiadores quanto à inerrância das Sagradas Escrituras, que não deixa de ser preservada ao considerarmos o que o texto revela e aquilo que o compõe (forma e conteúdo), sendo resultado de acomodação linguística e cultural dos autores, revelando para o leitor o mundo em que eles viveram e escreveram.

3.4.3 Inerrância e interpretação: o sentido pretendido pelo autor

A relação entre inerrância e interpretação passa pela identificação do sentido que o autor pretendeu dar ao escrever seu texto, conforme aquilo que temos considerado neste livro. Você pode se perguntar, com razão, em que dimensão o significado do texto bíblico está relacionado com o seu autor e o sentido pretendido. Kevin Vanhoozer (2005) afirma que, para a determinação do significado do texto, o autor é condição imprescindível.

O autor citado segue afirmando: "O significado estável baseia-se na ação autoral passada ('Paulo quis dizer **isto**, não aquilo'). Caso contrário, o significado textual não poderia ser independente da atividade do intérprete, e haveria tantos significados quantas comunidades de leitores" (Vanhoozer, 2005, p. 289, grifo do original). É importante compreender essas nuances da identificação da mensagem de um texto com base na definição das unidades que compõem as narrativas ou proposições de ensino.

O intérprete bíblico Augusto Nicodemus Lopes, focando a importância de identificar a mensagem principal, por meio da definição do sentido do autor para aquilo que escrevera, assevera: "Em lugar da *alegorese* medieval de que um único texto da Bíblia tinha quatro sentidos, os Reformadores insistiram que havia apenas um sentido em cada texto, que era o pretendido pelo seu autor humano" (Lopes, 2004, p. 164).

Você deve ter percebido que apresentamos uma descrição sobre a relação entre significado e intenção do autor. Fizemos isso, primeiramente, visando ressaltar que a interpretação e a identificação da intenção do autor de um texto, pelo leitor e intérprete, não gozam da afirmação dogmática sobre a inerrância das Sagradas Escrituras. Em seguida, precisamos afirmar que a interpretação é parte do manuseio do texto bíblico pelo fiel, que lê e interpreta com base em subjetividades latentes.

Quando, por exemplo, o biblista Daniel P. Fuller cita a divergência entre leitores e intérpretes da Carta de Paulo aos Gálatas, sobre o fato de essa carta ter mais de um tema central, isso, segundo ele, é resultado da forma como cada intérprete faz as divisões das unidades textuais dessa carta (Fuller, 2014, p. 95). Essa abordagem metodológica no trato do texto fará com que sejam ditas coisas diferentes por leitores e intérpretes. Por essa razão, o caráter da inerrância bíblica não pode estar relacionado com a interpretação que se faz do texto inspirado.

3.5 Conceito de autoridade

Iniciamos este capítulo abordando os conceitos de revelação e inspiração e suas relações. Isso foi intencional, levando-se em conta que as Sagradas Escrituras estão assentadas sobre o princípio de que elas revelam Deus e seu plano redentor – uma revelação que o próprio Deus faz de si – e que aquilo que foi escrito tem o selo da aprovação de Deus, ou seja, Ele influenciou e conduziu os autores humanos na composição dos livros que constituem o todo da Bíblia.

Tendo recapitulado essa premissa metodológica, vamos adentrar nas implicações do fato de as Sagradas Escrituras serem Palavra de Deus, no tocante à autoridade para a vida prática e às definições da realidade. Para termos um melhor aproveitamento didático, vamos nos valer de uma estruturação sistemática pautada em alguns aspectos importantes relacionados à ideia de que as Escrituras são "autoritativas"[7].

3.5.1 Deus é a fonte de autoridade das Sagradas Escrituras

É necessário enfatizar que a afirmação categórica a respeito da autoridade das Sagradas Escrituras é sustentada pela crença de que, antes de qualquer premissa, Deus é a fonte do que nos foi revelado. Essa autoridade está condicionada ao fato de que Deus falou por meio dos escritores, conduzindo-os para que aquilo que fosse registrado fosse totalmente oriundo do próprio Deus, como fonte primária de tudo o que fosse necessário ser conhecido sobre Deus e seu plano redentor.

---

7   As Escrituras Sagradas são autoridade em matéria de fé e conduta.

Com muito acerto, Kevin Vanhoozer (2015, p. 13), sobre esse aspecto da autoridade das Sagradas Escrituras, assevera: "Deus falou (a notícia vem dele, portanto, é totalmente confiável). Não há evangelho, seja em conteúdo cristológico, seja na forma bíblica, independente da fala e do ato de Deus". Ou seja, é na fala de Deus, seja pelos profetas, seja na Pessoa de Jesus Cristo, que o Evangelho tem sentido.

Deus mesmo é a fonte da revelação que o tira do *absconditus* e o traz para o *revelatus*; por essa razão, é possível dizer que, se Deus falou, Ele falou de si para a sua criação e, se tudo o que falou tem sido sustentado pelo testemunho interno da própria Escritura, ela é digna de confiança e suas palavras e afirmações são autoritativas para todas as pessoas, ainda que ela seja rejeitada por muitos.

O Padre Luiz Cechinato (2014, p. 26), nessa direção, afirma: "E, porque a Bíblia tem como autor principal Deus e não o homem, criatura alguma pode alterar os textos sagrados. Não pode nem acrescentar nem tirar". Não se pode modificar a mensagem pelo fato de esta ser de aplicação universal, mas a Bíblia tem uma mensagem primária ordenada pelo próprio autor divino.

3.5.2 A Bíblia é a Palavra de Deus

A língua grega e outras línguas cuja estrutura gramatical conta com a flexão de palavras, verbos, substantivos, entre outros elementos, têm as chamadas *declinações*. Uma das situações em que essas declinações ocorrem é com os casos, que, na língua grega, estão classificados em nominativo, genitivo, dativo, acusativo, vocativo, ablativo, instrumental e locativo. O genitivo tem a função de identificar posse, seria o equivalente ao caso possessivo em português. Quando falamos que as Sagradas Escrituras são a Palavra de Deus, na língua grega o substantivo Deus viria com a terminação de genitivo, indicando a posse, mas também a origem (Rega, 1988).

As Sagradas Escrituras são a Palavra de Deus porque é Ele a origem e fonte desses textos. Na terceira pergunta de *O catecismo maior de Westminster*, inquire o catecúmeno: "Que é a Palavra de Deus? Resposta: As Escrituras Sagradas, o Antigo e o Novo Testamento são a Palavra de Deus, a única regra de fé e prática" (Marra, 2008, p. 8). Considerando conceito de regra de fé e prática, Paulo Won (2020, p. 49) afirma que "tudo que é essencial para que o ser humano conheça a Deus e seja levado de volta à sua presença por meio da aliança redentiva está escrito de forma clara, limpa e transparente".

Essa declaração foi um grande legado da experiência da Reforma Protestante – a única regra de fé e prática –, apontando para a suficiência das Sagradas Escrituras, para que alguém viva desenvolvendo todo o potencial cultural, espiritual, afetivo, físico com o qual Deus criou o ser humano para o louvor de sua glória. Exemplificando esse legado da Reforma Protestante, Frederick F. Bruce (2011) destaca que João Calvino tinha a crença e recebia o Novo Testamento como chegou até ele, em um sinal de reconhecimento da autoridade das Escrituras.

Bruce (2011) segue afirmando que, para João Calvino, o testemunho das Sagradas Escrituras se confirmava na experiência interna do crente. Conforme Bruce (2011, p. 224), "a autoridade do Novo Testamento, como de toda a Escritura, repousava não em qualquer decreto eclesiástico, mas na qualidade em si mesma do que ali estava escrito, atestada no coração receptivo pelo testemunho interno do Espírito Santo". O testificar do coração é uma ênfase de João Calvino, o reformador de Genebra, mas podemos entender que as evidências internas e externas fornecem boas bases para a afirmação da veracidade e autoridade das Sagradas Escrituras.

3.5.3 A inspiração como selo de autoridade das Sagradas Escrituras

Já ressaltamos o quanto a unidade e a inerrância dos textos sagrados são dependentes da inspiração bíblica. Neste tópico, queremos convidar você, leitor, a ver a inspiração como um selo para o dogma da autoridade bíblica. Quando usamos o termo *dogma*, não pensamos em uma crença irrefletida, somente porque a Igreja afirmou ou afirma. Trata-se de acompanhar a tradição, a partir da qual, mediante concílios e debates teológicos com a presença do contraditório, os posicionamentos teológicos foram afirmados como um entendimento lógico, racional, mas, sem dúvida, que também exige uma atitude de fé.

Norman Geisler e William Nix (2006, p. 21), depois de apresentar alguns argumentos sobre a relação entre a inspiração e a autoridade das Sagradas Escrituras, concluem: "Fica, pois, saliente o fato de que a inspiração concede autoridade indiscutível ao texto ou documento escrito". Essa concepção é lógica no sentido de exigência – se o texto é inspirado, há uma exigência racional de que ele exerça autoridade naquilo que afirma.

O teólogo protestante Augusto Nicodemus Lopes (2004, p. 46) demonstra que a elaboração interna das mensagens bíblicas aponta para uma consciência que os autores tinham ao escrever:

> *Os autores do Antigo Testamento reconheciam o caráter profético das Escrituras, pois as mesmas anteciparam situações que só viriam a acontecer séculos depois. Junto a esse reconhecimento, vinha a consciência dos autores posteriores de estarem escrevendo com autoridade, ao declararem que determinados acontecimentos eram o cumprimento ou aplicação de princípios em seus próprios dias.*

Com base nisso, podemos compreender que o caráter autoritativo das Sagradas Escrituras passa pela comprovação interna de parte significativa da natureza profética de tudo o que estava sendo dito e registrado em forma escrita. Você poderá perceber que os profetas do Antigo Testamento, ao exortarem o povo da aliança, tinham como fundamento para essa exortação a ideia de trazer à memória aquilo que Deus havia feito e falado em tempos mais antigos (por exemplo, em Jeremias 2) (Lopes, 2004).

As profecias, as poesias, as prosas, as crônicas, os sermões, as leis, todos esses gêneros literários presentes na concepção do que vieram a ser as Sagradas Escrituras estão entrelaçados, ganham sentido histórico e de identidade com dado grupo social. Dizemos isso para nos conectarmos com as narrativas bíblicas como uma construção identitária de períodos diferentes e diferentes grupos étnicos e sociais. Imagine as narrativas bíblicas sendo semelhantes às correntes marítimas, que são capazes de fazer a ligação dos continentes por meio dos oceanos.

O escritor bíblico não estranhava o princípio da autoridade, daquilo que chegou até ele, fazendo o trabalho de seguir adiante e dar mais corpo à mensagem que vinha se formando por meio das narrativas sagradas (Goheen; Bartholomew, 2016). Você deve concordar que esse aspecto aponta para identificarmos a beleza e o tão importante senso de direção percebido na composição das Sagradas Escrituras, que temos repetidas vezes mencionado. Levando em consideração o recurso da acomodação, já descrito, não esqueça que as Sagradas Escrituras são autoridade naquilo que elas afirmam.

Temos a expectativa de que, com as informações e com os novos conhecimentos adquiridos sobre a revelação bíblica, sua autoridade e a razão pela qual é ela reconhecida como Palavra de Deus, possamos ajudar a pessoa que mencionamos no início deste capítulo, em sua reflexão diante de um dilema ético em seu ambiente de trabalho.

Síntese

Neste capítulo, tratamos de alguns conceitos muito importantes para a singularidade das Escrituras, naquilo que elas afirmam ser – a Palavra de Deus. O trabalho do qual nos ocupamos foi muito mais descritivo, baseado naquilo que a ortodoxia cristã tem defendido ao longo da história da interpretação bíblica. Não deixamos de fazer rápidos apontamentos para buscar outros olhares em relação aos temas tratados, mas não com a mesma consideração teológica.

Iniciamos abordando o conceito de revelação, no sentido teológico e histórico, bem como suas implicações para a leitura desses textos como Palavra de Deus. Afirmamos que, com o transcorrer dos tempos, a afirmação de que a Bíblia é a Palavra de Deus ganhou o *status* de dogma, sendo parte dos pilares da fé cristã o fato de a Bíblia gozar da posição de Palavra de Deus, porque é onde Ele se dá em revelação, sai do oculto e se torna revelado.

Em seguida, tratamos do conceito de inspiração, aquilo que, para muitos cristãos, constitui-se na espinha dorsal da doutrina que define o valor e o lugar das Sagradas Escrituras. Qualificamos a inspiração como sendo semelhante à declaração de que Deus influenciou e conduziu os escritores para que aquilo que fora registrado fosse exatamente o que Deus queria que soubéssemos sobre Ele e seu plano.

A terceira abordagem que fizemos foi sobre o conceito e os desdobramentos da unidade das Sagradas Escrituras. Isso aponta para dois aspectos que indicam a riqueza teológica da Bíblia: a unidade de sua mensagem e o aspecto teológico. Também nos ficou claro que esse conjunto de escritos, produzido por muitos autores, em épocas, lugares e contextos sociais e culturais muito distintos, evidencia sua diversidade, demonstrando a beleza das Sagradas

Escrituras, em relação tanto à mensagem quanto à organização daquilo que fora falado.

O penúltimo aspecto que enfocamos foi o dogma cristão que afirma a inerrância das Sagradas Escrituras. Para que você, leitor, pudesse ter um melhor ganho didático, procuramos demonstrar a inerrância das Escrituras no que se refere à inspiração e às cópias e versões, assim como a relação das Escrituras com os leitores e intérpretes. Vimos que, quanto à sua mensagem e aos seus autógrafos, a Bíblia é inerrante, mas não se pode afirmar o mesmo quanto às cópias, traduções e interpretações.

Por último, e em decorrência das afirmações anteriores, discorreremos sobre o fato de as Sagradas Escrituras serem consideradas autoridade em matéria de fé e em tudo o que elas afirmam sobre todos os campos do saber humano que se constituem em realidades, admitidas ou não, pelos critérios unicamente racionais.

Esperamos que, ao chegar a este ponto da leitura, você tenha não apenas adquirido certezas, mas também aumentado a capacidade de refletir e dialogar sobre esses temas com maior clareza, além de estar mais bem preparado para aprender sobre outros tópicos deste importante campo do saber.

Atividades de autoavaliação

1. Quanto ao estudo da revelação de Deus, assinale a alternativa que apresenta a afirmação correta:
   a) Deve-se focar apenas a experiência do leitor com o texto sagrado.
   b) Deve-se buscar um encontro místico com o autor do texto, visando à compreensão da revelação.

c) Deve-se focar os três aspectos básicos dessa revelação: a revelação geral, a revelação especial e a revelação mística.

d) Deve-se focar o fato de que a revelação é de caráter absolutamente subjetivo, cabendo a cada leitor fazer sua leitura e interpretação.

e) Só podemos falar de Deus se deixarmos o próprio Deus falar a nós.

2. Segundo J. de Fraine (1992), a inspiração bíblica pode ser definida como:

a) o ato único de um escritor bíblico ter uma visão em êxtase para escrever algo acerca de Deus.

b) o processo histórico da elaboração de um texto, levando-se em conta unicamente o contexto do escritor bíblico.

c) o ato de Deus dizer algo de forma audível para um escritor bíblico.

d) a expressão técnica que aponta para a objetiva influência de Deus sobre os autores humanos dos livros sagrados.

e) o termo técnico que indica a influência de um escritor sobre outro escritor.

3. Muito tem sido dito sobre o princípio teológico do cânone fechado, ou seja, a ideia de o cânone ter sido definido e não poder mais sofrer alteração. Sobre esse princípio, avalie as afirmações a seguir:

I) As palavras às quais nada se pode acrescentar e das quais nada se pode excluir, sejam quais forem seus significados em seu contexto original, parecem certamente implicar o princípio de um cânone fechado.

II) A maioria na tradição cristã, especialmente os confessionais protestantes, afirma que o cânone fechou e que não existem mais novas revelações, não havendo, portanto, acréscimos ao que já foi composto e transmitido ao longo dos milênios e séculos de fé.

III) O cânone não será aumentado ou diminuído por causa do que as pessoas ou comunidades dizem ou pensam, pois está fechado.

IV) Não se deve violar os mandamentos do Senhor, mas guardar o que foi recebido, sem nada acrescentar ou tirar.

Agora, assinale a alternativa que apresenta a resposta correta:

a) Somente a afirmação III é verdadeira.
b) Somente as afirmações I e III são verdadeiras.
c) Todas as afirmações são verdadeiras.
d) Somente as afirmações I e IV são verdadeiras.
e) Somente a afirmação I é verdadeira.

4. Assinale a alternativa que apresenta a afirmação correta:
a) A transmissão oral das Escrituras Sagradas ainda é o meio mais seguro para preservar sua mensagem.
b) O que mostra que as Escrituras são a Palavra de Deus são a majestade e a pureza do conteúdo, a harmonia de todas as suas partes e a intenção do conjunto, que é glorificar a Deus.
c) A palavra *bíblia* tem sua origem nos primeiros livros de ouro dos reis do Egito Antigo.
d) A Bíblia tem 81 livros, dos quais 15 são considerados pseudoepígrafos, alguns dos livros mais importantes da história das Sagradas Escrituras.
e) A Bíblia é um livro rico em sua mensagem, dirigida ao povo da aliança e ao povo de Deus das futuras gerações, e uma de suas características é ser um livro único, que não apresenta diversidade.

5. Leia o texto a seguir com bastante atenção e complete as lacunas corretamente:

....

É necessário que você tenha em mente que são muitas as escolas de pensamento teológico que negam o caráter de _____ para toda a Bíblia. É o caso do método hermenêutico de Rudolf Bultmann, que defendia a necessidade da _____ ou desmitologização das Escrituras. Bultmann focava o _____, pois, para ele, as narrativas do Novo Testamento eram resultado do de relacionamento entre os escritores e a fé em Jesus Cristo; tratava-se mais um discurso da fé _____. Por isso, Bultmann argumentava que, para compreender adequadamente a Bíblia, é preciso tirar os mitos presentes nas narrativas, que seriam os milagres e algo semelhante, para que restasse apenas a mensagem (Tillich, 2000).

....

Agora, assinale a alternativa que indica corretamente as palavras usadas para preencher as lacunas:

a) teológico, Novo Testamento, narrativas, Evangelho.
b) Evangelho, inspiração, autoridade, mensagem.
c) Bíblia, hermenêutica, unidade, mensagem.
d) inspiração, demitização, Novo Testamento, querigmática.
e) discurso, teologia, unidade, escolas.

Atividades de aprendizagem

Questões para reflexão

1. Qual é a importância da unidade das Sagradas Escrituras para a teologia?

2. Com base na leitura deste capítulo, quais são os fundamentos da inerrância bíblica?

3. Por que a autoridade bíblica é uma questão lógica e necessária?

Atividades aplicadas: prática

1. Faça uma pesquisa sobre o aspecto da inerrância das Sagradas Escrituras e resuma seus resultados em um texto dissertativo de uma página.

2. Faça um fichamento do livro *O cânon das Escrituras*, de Frederick F. Bruce (2011), indicado na seção "Referências".

capítulo quatro

A história do cânone

4

Que a Bíblia é um livro extraordinário, o mais cético não terá dúvida! Em uma declaração supostamente atribuída a Abraham Lincoln, o lendário ex-presidente teria comentado, em dado momento, que estava muito ocupado em ler a Bíblia e que cada pessoa deveria tirar o que pudesse desse livro pelo raciocínio e o resto pela fé, para poder viver e morrer um homem melhor. A divisão que é expressa nessa declaração em parte pode apontar para o que representa a Bíblia. Ela tem uma história de formação e desenvolvimento, mas também de profundo impacto na vida de leitores e intérpretes. Pode ser que o comentário atribuído a Lincoln seja uma lenda, porém expressa verdades consistentes.

Neste capítulo, convidamos você, leitor, para viajarmos pela longa jornada de formação do cânone bíblico, sua divisão, os conteúdos desses blocos que formam as Sagradas Escrituras e as particularidades da história desses textos. O objetivo é que esta abordagem auxilie na formação de uma visão geral desse compêndio formado de muitos pequenos livros que compõem a unidade da revelação de Deus e seus propósitos para a sua criação.

Neste capítulo, você verá também que existe uma história por trás dos chamados *textos apócrifos* ou *deuterocanônicos*, que não estão presentes no cânone hebraico, mas passaram a fazer parte da lista de livros presentes na tradução alexandrina, chamada de Septuaginta. Veremos que a tradução dos Setenta[1], ou seja, a tradução do Antigo Testamento hebraico para o grego, com o acréscimo de sete livros, serviu de divisor de águas, proporcionando tanto o acesso dos judeus de fala grega ao texto da *Tanak*[2] como a base para traduções que incluíram os livros chamados *textos apócrifos* no Antigo Testamento.

Nesta jornada pela história do cânone bíblico, vamos nos assentar nas cadeiras das catedrais da Antiguidade cristã e participar de algumas reuniões, chamadas de *concílios*, em que o magistério da Igreja Antiga resolvia conflitos e disputas teológicas, sendo que a definição do cânone das Sagradas Escrituras foi assunto importante em algumas dessas reuniões eclesiásticas.

Em seguida, vamos passar pela biblioteca dos samaritanos e ver a história de sua tradução do Pentateuco; de lá passaremos pelas traduções siríaca, grega, latina, inglesa e alemã. Veremos que essas traduções nem sempre surgiram com o intuito missionário, mas, em alguns casos, como o Pentateuco samaritano, como forma de fortalecimento da identidade étnica de determinado grupo. Ainda,

---

1 Nome pelo qual também é conhecida a versão Septuaginta, em referência à ideia de que os tradutores da Bíblia hebraica para a língua grega foram setenta homens.
2 Termo utilizado para denominar a Bíblia hebraica.

em alguns casos, a Bíblia foi traduzida para determinadas línguas por ser considerada uma obra de grande valor universal.

Por último, passearemos por terras que falam nossa língua, Veremos que a Bíblia que chegou ao Brasil foi resultado do esforço de tradutores portugueses, mas também chegaremos ao ponto em que traduções das Sagradas Escrituras, elaboradas por brasileiros, passaram a fazer parte do acervo das traduções disponíveis no país. E assim fecharemos o círculo da história do cânone até os dias mais recentes.

Agora, vamos considerar o caso de Marina, professora do ensino médio da disciplina de História Geral. Em uma de suas aulas, ela falou sobre a influência que a leitura e a interpretação bíblica exerceram sobre a formação de algumas ideias da Antiguidade à Idade Média. Nas discussões, indagou-se qual seria o cânone verdadeiro: o adotado pelo protestantismo ou o definido pelo Concílio de Trento, de 1545 a 1563, adotado pelo catolicismo romano.

Os alunos Fernando e Dayane procuraram a professora Marina, pretendendo que ela desse um resposta a essa questão. Como você poderia apoiar a professora Marina para que ela, com base nas pesquisas acerca da história do cânone, responda a esses estudantes?

4.1 A formação do cânone

Já podemos iniciar este tópico auxiliando a professora Marina, para que ela tenha como responder aos seus alunos. Para que eles possam entender melhor essa questão, precisarão viajar pela história da formação do cânone. A Bíblia como a conhecemos e manuseamos em cultos, missas, práticas devocionais, leituras para pesquisas e outros interesses tem uma longa e dinâmica história. A trajetória narrada por John Miller (2004, p. 14) faz muito sentido:

> *a Bíblia cristã surgiu nos dois primeiros séculos da era cristã em três estágios: o cristianismo teve início com uma Bíblia já existente em seu interior, as Escrituras Sagradas do judaísmo (estágio 1); contudo, à medida que o movimento se disseminou no mundo mais amplo, surgiram pressões para que se abandonassem essas Escrituras em favor de um cânon de escritos exclusivamente cristãos (estágio 2); isso precipitou uma reação igualmente vigorosa que resultou na manutenção das Escrituras Hebraicas com o acréscimo de escritos, o que criou a primeira Bíblia peculiarmente cristã (estágio 3).*

A formação do cânone quanto ao seu conteúdo se deu em tempos bem mais remotos do que o primeiro estágio apontado por Miller. O início do cânone remonta a algo em torno de 1300 a.C., sendo creditado à defesa de que o Pentateuco tem sua composição em torno do século XIV a XIII. Seu desenvolvimento aconteceu até o final do primeiro século da Era Cristã, se atribuirmos a data de composição do livro de Apocalipse a 92 d.C., (aproximadamente) (Bruce, 2011).

Nesta seção, descreveremos brevemente os blocos que compõem os dois cânones, o tipo de literatura que os compõe e a jornada de formação dessa literatura em livros sagrados.

4.1.1 Antigo Testamento

Segundo o pesquisador Lee Martin McDonald (2013, p. 61), "A origem das Escrituras do Antigo Testamento ocorre em um momento em que a noção de literatura sagrada havia assumido o sentido de coleções escritas autorizadas de Escrituras ou livros sagrados". O autor está pensando na composição do Antigo Testamento como uma realização tardia, ou seja, provavelmente do pós-cativeiro à Era Cristã, sem negar o desenvolvimento histórico desses livros.

O mesmo autor aponta para a classificação dos livros do Antigo Testamento na perspectiva dos judeus: "parece que, no séc. I EC[3], todos os livros sagrados, com exceção da Lei, faziam parte da categoria 'profetas', como vemos em toda a literatura do Novo Testamento" (McDonald, 2013, p. 61). Porém, conforme o pesquisador Frederick F. Bruce (2011, p. 29), "Jesus e os apóstolos indicam uma divisão em três partes do cânone antigo".

Vamos considerar a estrutura hebraica para a classificação e descrição dos blocos que compõem a Bíblia hebraica, chamada de *Tanak* pelos judeus. Não deixaremos, contudo, de fazer relações, quando necessárias, com a divisão da Bíblia cristã, que, diferentemente da divisão da Bíblia hebraica em três blocos, contempla quatro blocos, a saber: Pentateuco, livros históricos, livros sapienciais e livros proféticos.

Os Livros da Lei

O bloco que compõe a primeira parte das Sagradas Escrituras recebe vários nomes, tais como: Livros da Lei, Pentateuco, Livros de Moisés e Torá. O nome *pentateuco* é de origem helenista, pois a expressão vem do grego e significa "cinco rolos" ou "cinco livros". Devemos lembrar que o contexto do surgimento da Septuaginta é tangido pela dominação da cultura helênica, por volta dos séculos III a I a.C. (Hoff, 2006).

Importante!

Pensando no valor da Torá, Paulo Won (2020, p. 143) ressalta: "A Torá sempre ocupou e continuará a ocupar o lugar central dentro do judaísmo, nas suas mais variadas formas. Isso não muda muito

---

3   Era Cristã.

no caso do cristianismo". O mesmo autor enfatiza que "O Pentateuco também foi a primeira coleção literária considerada inspirada e autoritativa, ou seja, tida como Escritura pelos judeus" (Won, 2020, p. 143).

....

Podemos afirmar com segurança que a Torá estava relacionada aos afetos religiosos dos judeus, e seu significado literal é "instrução" ou "ensino" (Gusso, 2011). Trata-se de um bloco de livros compostos de muitas formas diferentes de organizar ou estruturar a história de um povo e sua relação direta com Javé. O Pentateuco lança a base da revelação de Deus para os demais blocos bíblicos, com os temas principais a serem desenvolvidos no restante do cânone hebraico, como aliança, promessas, eleição e redenção, entre outros.

Os Profetas
Como bem pontua Paulo Won (2020, p. 171), "Essa divisão da *Tanak* não contém apenas as palavras proféticas (oráculos) dos profetas literários; ela também registra grande parte da história de Israel". Na Bíblia hebraica, os profetas estão divididos em dois blocos: profetas anteriores e profetas posteriores.

Conforme a descrição de Won (2020, p. 171), os **profetas anteriores** iniciam com a narrativa da conquista da terra de Canaã pelos hebreus, sob a liderança de Josué, "com todos os fatos que levam o estabelecimento da monarquia com Saul, a consolidação do reino unido com Davi e Salomão, a divisão desse reino e a decadência moral e política dos Reinos do Norte e do Sul". Essas narrativas justificam a monarquia, mas também fazem uma descrição da qualidade de vida dos monarcas e de como os bons reis levavam o povo para servir a Javé e os maus reis distanciavam o povo de seu Deus.

Os **profetas posteriores** são assim chamados pela percepção de que os livros que denominamos *históricos* estão dentro do ambiente de revelação que aponta para a continuidade da mensagem dos profetas. Paulo Won (2020, p. 175) assim nos apresenta o conteúdo desse bloco: "Temos nessa divisão os livros de Isaías, Jeremias, Lamentações e Ezequiel. Os doze profetas, conhecidos na tradição cristã como *profetas menores*, formam um único bloco chamado de Livro do Doze Profetas".

Os pesquisadores do Antigo Testamento William Lasor, David Hubbard e Frederic Bush (1999, p. 143) lançam luz sobre esse tópico ao afirmarem que "o elemento histórico nos Profetas Anteriores – ou em todo o Antigo Testamento – está ligado à sua mensagem espiritual. [...] seguiram o exemplo do movimento profético e interpretaram os eventos de acordo com a vontade profética de Deus".

Os Escritos

A diversidade das Sagradas Escrituras é flagrantemente revelada nesse bloco da Bíblia hebraica ou cristã. Como indica Won (2020, p. 198), "Essa composição de pelo menos dois milênios é o retrato de como a revelação de Deus se acomodou à linguagem humana". Essa diversidade é a clara manifestação da riqueza cultural da qual se fez uso no trajeto do registro da revelação. Won (2020, p. 198) explica que "Tal expressão da comunicação humana pode se manifestar de várias formas, muitas delas com beleza e estética peculiar".

O mesmo autor faz um interessante paralelo, ao afirmar: "Se na Torá encontramos um texto árido e direto (principalmente nas partes legais), nos *Escritos* da Bíblia Hebraica encontramos a expressão artística do povo escolhido por Deus para receber sua revelação" (Won, 2020, p. 198).

Os três blocos da divisão da Bíblia Hebraica demonstram beleza, riqueza literária, história e um profundo senso de pertencimento ao mesmo fluxo de revelação em curso. Uma leitura dos Escritos, ainda que superficial, não deixa dúvida de que um autor sábio e poderoso dirigiu toda a elaboração dessa obra maravilhosa, seja para a vida de quem se aproxima dela com fé, seja para aqueles que se aproximam dela como uma peça literária com reconhecimento de sua historicidade e como parte da demonstração do que o ser humano é capaz de expressar em palavras e manifestações culturais.

4.1.2 Novo Testamento

A composição e a história da formação do Novo Testamento são diferentes em vários aspectos. Primeiro, há de se observar que a literatura do Novo Testamento surge com o benefício da herança da revelação do Antigo Testamento; também deve ser observado que muitos desses livros foram compostos por elaborações doutrinárias com o fim de orientar as novas comunidades de fé sobre aliar a revelação da Antiga Aliança com a Pessoa e a Obra de Jesus Cristo, segundo o que foi estabelecido pelos apóstolos.

Nas palavras de Lee Martin McDonald (2013, p. 129): "A Igreja Primitiva assumiu desde o início a noção de Escritura sagrada, cuja autoridade era incontestável – apesar da nossa incerteza quanto à extensão final dessa coletânea de escritos." Ou seja, o Antigo Testamento gozou, desde o início da Igreja, do *status* de Palavra de Deus. Na sequência, vamos descrever brevemente cada bloco que compõe o cânone do Novo Testamento.

Os Evangelhos

Como bem ressalta Paulo Won (2020, p. 284), "O cerne do Novo Testamento é a pessoa de Jesus, sua história – especialmente sua morte e ressurreição – e a implicação disso na vida de todos aqueles que, por causa dele, são chamados cristãos (cf. Atos 11.26)". Vemos que o primeiro bloco do Novo Testamento tem muito conteúdo do Antigo Testamento, pois Jesus faz várias menções àqueles conteúdos e entende que sua Pessoa e sua Obra são continuidades e cumprimentos do que fora anunciado profeticamente na primeira parte do cânone bíblico.

Além do mais, percebemos que os Evangelhos inauguram um novo gênero literário, pois seus escritos vão muito além de mera narrativa, da descrição de um personagem; trata-se de gênero biográfico, narrativo e apologético, pois visa apresentar a Pessoa e a Obra de Cristo e convidar os leitores a se lançarem em confiança nele, crendo que Ele é o Messias prometido.

Atos dos Apóstolos
Esse bloco está separado dos Evangelhos porque sua característica é puramente narrativa, pois é obra de um historiador que pesquisa e apresenta o resultado de seu trabalho, obviamente tendo um propósito querigmático. É um bloco com um único livro, uma narrativa brilhante, emocionante e muito bem escrita, com demonstração de escolhas bem definidas para o roteiro do livro, conforme os propósitos do autor. Paulo Won (2020, p. 314) resume muito bem do que trata esse livro:

> Em termos cronológicos, Atos nos conta os fatos vivenciados pela igreja entre os anos 33 e 64, da ascensão de Jesus até a primeira prisão de Paulo em Roma. Nesse período de três décadas, o evangelho originado na pequena e periférica província da Judeia atingiu a capital do Império Romano. Lá, a narrativa tem um final "abrupto" ou, talvez, reticente.

A maneira como o livro de Atos dos Apóstolos termina é debatida por muitos, pois passa a impressão de uma obra não finalizada. Podemos argumentar que esse final indica a natureza da obra narrada pelo escritor, uma obra do Espírito Santo que deveria continuar, um como de fato continuou e continua. Isso não aponta para a ideia de cânone aberto, mas para a Obra de Deus sempre adiante, como um movimento que não pode ser totalmente emoldurado por um livro.

As epístolas

As epístolas têm características de cartas com atributos próprios, como saudação, introdução, desenvolvimento e conclusão. Elas trazem a definição dos destinatários, mesmo as chamadas *cartas gerais*, bem como apontam para um contexto e seu propósito. Teologicamente, a literatura epistolar tem a função de, com base na revelação do Antigo Testamento e da vida e dos ensinamentos de Jesus, ainda que algumas cartas tenham sido escritas antes dos Evangelhos, como é o caso de Tessalonicenses, fazer apontamentos normativos ou doutrinários para a vida dos que confessavam sua fé em Jesus Cristo.

Ainda, cabe observar que as epístolas do Novo Testamento são textos que fazem parte do que a Igreja do primeiro século chamou de *ensino dos apóstolos*, ou seja, tinham o selo da autoridade apostólica no sentido de reconhecimento de que estavam no fluxo da revelação de Deus para os seus eleitos. Daí vem o princípio da Reforma Protestante: "A Bíblia é a nossa regra de fé e prática" (Marra, 2008, p. 35). Ela oferece a base para que Cristo seja revelado, mas também a base da conduta ética e espiritual para os discípulos de Jesus Cristo, especialmente pelo ensino epistolar.

O Apocalipse

A literatura apocalíptica não está presente apenas no livro de Apocalipse, mas em alguns capítulos dos Evangelhos e das epístolas, como é o caso das Cartas aos Tessalonicenses. Mas devemos concordar que nenhuma literatura bíblica está totalmente orientada pelo gênero da literatura apocalíptica como o livro de Apocalipse. Paulo Won (2020, p. 359) afirma que "O Apocalipse não é um livro que nos faz querer escapar da realidade para ter um encontro com o Cristo nos ares. Mais do que isso, é um livro que inspira esperança e confiança no presente, de um futuro que não chegará sem passar pela realidade do hoje".

Precisamos observar que, pelo fato de ser caracterizada pela presença de símbolos, alegorias, visões, a literatura apocalíptica é bastante evitada por muitos fiéis da fé cristã. Muitos têm julgado esse é um livro de difícil interpretação e com uma linguagem que afasta o leitor. Devemos pontuar que a literatura apocalíptica é mais adequada para tratar da realidade escatológica em virtude da riqueza de imagens metafóricas para abordar o futuro à luz do que já é conhecido de Deus no passado e no presente.

Tendo feito essa breve descrição daquilo que é responsável, em termos de conteúdo, pela formação do cânone bíblico, esperamos que, ao se deparar com ele, você tenha uma visão do todo que o ajudará a compreender melhor as mensagens em particular de cada livro.

4.2 Os textos apócrifos ou deuterocanônicos

Iniciamos este tópico esclarecendo que o propósito aqui é oferecer uma visão geral de como os chamados *textos apócrifos* ou *deuterocanônicos* vieram a se tornar parte do cânone da Bíblia católica romana, principalmente, e quais são esses livros. Para isso, primeiramente, devemos conceituar os termos: *apócrifo* é a designação usada pelos protestantes para fazer referência aos livros considerados não inspirados; *deuterocanônico* é o termo utilizado pelos católicos romanos para denominar os mesmos livros, mas com o sentido de inspirados, porém recebidos no cânone tardiamente ou posteriormente (Bruce, 2011).

Apontando para a realidade do Novo Testamento, Lee Martin McDonald (2013) afirma que muitos textos que eram lidos pelas igrejas, paralelamente aos livros que vieram a ser considerados canônicos do Novo Testamento, foram deixados de lado em razão de não atenderem às exigências ou pelo fato de serem obras escritas por pessoas de fé que atribuíam a autoria a nomes proeminentes da fé cristã, como os apóstolos. As maiores implicações quanto aos livros apócrifos estão relacionadas ao Antigo Testamento, pois é somente nesse cânone que há distinção entre a lista dos livros bíblicos protestantes e a lista da Bíblia católica romana.

4.2.1 Os apócrifos do Antigo Testamento

A palavra *apócrifo*, mais detalhadamente, *apokryphos*, significa "falso", "suspeito", "difícil de entender"; mais tarde veio a indicar a ideia de "exotérico", algo acessível apenas para os iniciados; no século III e posteriormente, com a segunda geração dos Pais da Igreja e, mais tarde, com Jerônimo, por influência da tradução latina deste, o termo veio a ser aplicado aos livros considerados não canônicos, presentes na tradução grega (Septuaginta), mas ausentes no cânone hebraico (Geisler; Nix, 2006).

Como observam Norman Geisler e William Nix (2006, p. 91), "Esses livros são aceitos pelos católicos romanos como canônicos e rejeitados por protestantes e judeus". Contudo, é bom dizer que, apesar dessa consideração sobre esses livros, conforme salientam Stephen M. Miller e Robert V. Huber (2006, p. 58), "Os livros incluídos no cânone oficial da Bíblia Hebraica não foram os únicos textos judaicos antigos lidos amplamente pelos judeus e, mais tarde, pelos cristãos".

Uma parte desses livros foram inclusos na tradução da Bíblia hebraica para o grego, a Septuaginta, mas uma quantidade muito grande circulava entre os judeus; entretanto, ficaram de fora do cânone hebraico (Bruce, 2011).

Para fins didáticos, relacionamos a seguir os livros da Septuaginta: Gênesis; Êxodo; Levítico; Números; Deuteronômio; Josué; Juízes; Rute; 1Samuel; 2Samuel; 1Reis; 2Reis; 1Crônicas; 2Crônicas; 1Esdras; 2Esdras (Esdras e Neemias); Ester; Judite; Tobias; 1Macabeus; 2Macabeus; 3Macabeus; 4Macabeus; Salmos; Odes; Provérbios; Eclesiastes; Cântico dos Cânticos; Jó; Sabedoria; Eclesiástico; Salmos de Salomão; Oseias; Amós; Miqueias; Joel; Obadias; Jonas; Naum; Habacuque; Sofonias; Ageu; Zacarias; Malaquias; Isaías; Jeremias; Lamentações; Baruque; Epístola de Jeremias; Ezequiel; Suzana; Daniel; Bel e o Dragão.

Cabe destacar que alguns textos que estão na Septuaginta integraram, parte deles com modificações, o cânone ortodoxo e católico romano: Tobias; Judite; acréscimos ao Livro de Ester; Sabedoria de Salomão; Eclesiástico ou A Sabedoria de Jesus, Filho de Siraque; Baruque; Carta de Jeremias; adições ao Livro de Daniel (A Oração de Azarias, A Canção dos Três Moços, Susana, Bel e o Dragão); 1Macabeus; 2Macabeus (Bruce, 2011).

Ainda, convém distinguir os livros da Septuaginta que não estão incluídos no cânone católico romano, mas são aceitos pelas igrejas ortodoxas, a saber: 1Esdras (consta como um apêndice da Vulgata[4] latina, a tradução da Bíblia feita por Jerônimo para o latim),

---

4   Trata-se da tradução feita por Jerônimo, a partir do texto da Septuaginta. Devemos lembrar que o trabalho de Jerônimo parte de uma tradução latina já existente, a pedido do Bispo Dâmaso.

A Oração de Manassés (consta como um apêndice da Vulgata latina), Salmo 151, 3Macabeus e 4Macabeus (Geisler; Nix, 2006).

4.2.2 Os apócrifos dos primeiros séculos e o Novo Testamento

Quando tratarmos da relação do estabelecimento do cânone bíblico com os concílios, detalharemos os critérios e os processos estabelecidos para a definição do cânone que é conhecido e utilizado em nossos dias. Por ora, apontaremos apenas alguns aspectos introdutórios sobre os livros considerados apócrifos nos dois primeiros séculos e a relação canônica do Novo Testamento. Os teólogos Norman Geisler e William Nix (2006, p. 108) apresentam um bom apanhado dessa relação:

> *Cânon muratório*[5] *(170 d.C.). Além do cânon obviamente abreviado do herege Marcião (140 d.C.), a lista canônica mais antiga encontra-se no fragmento muratório. A lista de livros do Novo Testamento corresponde exatamente à da Antiga latina, omitindo-se apenas Hebreus, Tiago e 2Pedro. Westcott sustenta que provavelmente houve uma falha nos manuscritos com a possível inclusão de tais livros em alguma época. É um tanto inusitado que Hebreus e 1Pedro estivessem ausentes, ao passo que os livros menos frequentemente citados, Filemom e 3João, estivessem incluídos.*

---

5 Refere-se ao que Frederick F. Bruce (2011, p. 143) assim descreve: "Em 1740, foi publicada uma lista dos livros do Novo Testamento em latim por Lodovico Antonio Muratori, distinto antiquário e teólogo em sua época, a partir de um códice copiado no século VII ou VIII no mosteiro de Bobbio, na Lombardia, mas que depois veio a ser guardado na Biblioteca Ambrosiana (da qual Muratori fora, por algum tempo, curador), em Milão".

Havia muitos livros nas igrejas locais do primeiro e segundo séculos que eram lidos e respeitados, porém, quando foram estabelecidos os critérios para um livro ser considerado inspirado, portanto, canônico, muitos desses livros ficaram de fora do cânone atual. Alguns desses livros seguiram sendo lidos por algumas igrejas locais, mas sem desfrutar da mesma autoridade que desfrutava a lista definida pelos concílios.

4.2.3 As epístolas dos Pais Apostólicos[6]

Outro aspecto importante sobre a relação dos livros não canônicos com a lista oficial dos magistérios cristãos são as epístolas dos Pais Apostólicos. São inúmeros livros, muitos endereçados a igrejas específicas e que gozaram, durante muito tempo, do *status* de livros importantes do ensino daquelas comunidades. É importante observar que, quando surgiu a literatura dos Pais Apostólicos, os escritos do Novo Testamento já estavam compostos e circulavam entre as igrejas do primeiro século e início do segundo; entretanto, essas escrituras (Novo Testamento) ainda não eram consideradas as canônicas. Vejamos alguns escritos dos Pais Apostólicos:

- **Policarpo** (Epístola aos Filipenses) – Segundo o renomado biblista Joseph B. Lightfoot (1990), que elaborou um trabalho que une os principais livros apócrifos, essa epístola teria sido escrita como resposta a uma carta enviada da igreja de Filipo, que solicitava que Policarpo enviasse algumas palavras de exortação aos Filipenses. Além disso, teria sido solicitado que

---

[6] Pais Apostólicos são aqueles Pais da Igreja que viveram nos dois primeiros séculos da Igreja. São Pais da Igreja por terem sido discípulos ou por estarem ligados à primeira ou segunda geração dos apóstolos bíblicos.

a carta fosse remetida pelo mesmo mensageiro e que Policarpo enviasse alguma carta de Inácio que, por acaso, houvesse chegado em suas mãos.

- **Inácio de Antioquia** – Quatro cartas foram escritas a partir de Esmirna para as Igrejas de Éfeso, Magnésia, Trales e Roma, nas quais Inácio agradece o carinho que recebera, adverte o povo para que permaneça firme contra as heresias e o encoraja a manter-se unido com seus bispos. Outras cartas ele escreveu de Trôade à Igreja de Esmirna, ao Bispo Policarpo e à Igreja da Filadélfia (Miller; Huber, 2006).
- **Didaqué** – Outro livro que chegou a desfrutar do *status* de inspirado foi o Didaqué, ou Ensino dos Doze Apóstolos, datado de cerca de 100-120 d.C. "Clemente de Alexandria a mencionava [essa doutrina] como Escritura, e Atanásio afirma ser ela usada na instrução ou catequese. No entanto, Eusébio a colocou entre os 'escritos rejeitados', como o fariam os primitivos pais mais importantes, depois dele, e a igreja em geral" (Geisler; Nix, 2006, p. 120).
- **Pastor de Hermas** – Os teólogos Norman Geisler e William Nix (2006, p. 120) fazem uma observação sobre o livro O Pastor de Hermas: "O pastor de Hermas (c. 15-140) foi o livro não canônico mais popular da Igreja Primitiva. Encontrava-se no Códice sinaítico (X), no sumário de Beza (D), em algumas Bíblias latinas, sendo citado como inspirado por Ireneu e por Orígenes". Lightfoot (1990, p. 364, tradução nossa) afirma que "Esta obra é intitulada em suas versões mais antigas <El Pastor> ou <El Pastor de Hermas>. Hermas é tanto o narrador quanto o herói da história".
- **Clemente de Roma** (Epístola aos Coríntios) – Conforme Lightfoot (1990, p. 11, tradução nossa), "A Epístola foi escrita em nome da Igreja de Roma e da irmandade cristã de Corinto. O

autor foi Clemente, o bispo dos cristãos de Roma". Para Lightfoot (1990), essa epístola teria sido escrita por volta do ano 95 d.C., por ocasião do fim da perseguição que o Imperador Romano Domiciano emplacara contra os cristãos.

É importante mencionar ainda outras sete epístolas de Inácio (aproximadamente no ano 110) que foram enviadas para Roma e Éfeso, entre outras (González, 1995).

4.3 O cânone e os concílios

Tem sido pesquisado e considerado como o caminho para a identificação do ambiente histórico para a formação do cânone o surgimento de certas heresias, tais como as ideias de Marcião, o gnosticismo e o montanismo. No combate a essas heresias, teria despontado a necessidade de definir passos para a formação do cânone bíblico (McDonald, 2013). É correto afirmar que, sempre que a heresia foi uma ameaça para a Igreja, houve a formação de concílios, que buscavam definir a "doutrina correta".

Sobre o falso ensino de Marcião, Earle E. Cairns (1995) explica que, provavelmente, Marcião e seu grupo tenham sido os mais influenciados pela doutrina gnóstica. Cairns (1995, p. 80) afirma: "Marcião deixou sua cidade natal, Ponto, em 138 e foi para Roma, onde se tornou influente na igreja romana. Por entender que o Judaísmo era mau, rejeitou a Bíblia hebraica e o Javé nela apresentado".

Marcião fundou a própria Igreja depois de ser expulso da Igreja Romana, pelo fato de ter formado o próprio cânone. Conforme Cairns (1995, p. 80), essa lista "incluía o Evangelho de Lucas, os Atos e dez das cartas identificadas com o nome de Paulo".

Preste atenção!

Nas palavras de Earle E. Cairns (1995, p. 79): "O gnosticismo surgiu do desejo humano natural de criar uma teodiceia, isto é, uma explicação para a origem do mal. [...] Se os gnósticos tivessem vencido, o cristianismo não teria passado de uma mera religião filosófica do mundo antigo". O gnosticismo não suportava a ideia da cruz como um lugar central para a redenção dos seres humanos.

Por sua vez, o montanismo deriva de Montano, o qual, na tentativa de eliminar o extremo formalismo que tomava conta da Igreja, propôs que esta dependesse unicamente do Espírito Santo. Nessa ênfase, ele chegou a considerar a ideia da revelação como algo contínuo, defendendo que suas próprias palavras poderiam ser inspiradas, tais como foram as de Paulo e as dos demais apóstolos. As ideias do montanismo tiveram muitos adeptos e tornaram-se um problema doutrinário para a Igreja (Cairns, 1995).

4.3.1 A questão dos critérios

Vamos prosseguir em nossa trajetória pela história da formação do cânone bíblico, agora examinando uma importante decisão na fixação da lista dos livros considerados inspirados – os critérios a que todo livro deveria atender. Esses critérios passaram por várias alterações, mas a base foi mantida até os concílios, os quais definiram a lista que foi considerada fechada.

Sobre o Antigo Testamento, existiam duas questões básicas. Primeiramente, havia o fator da língua, isto é, o livro deveria ter sido escrito em hebraico (para alguns, em aramaico também). Além disso, algumas escolas judaicas acreditavam que os livros inspirados eram aqueles que haviam sido escritos antes do reinado de

Artaxexes, pois, após esse período, Israel haveria perdido a proximidade com o Espírito de Deus (McDonald, 2013).

Quanto ao Novo Testamento, alguns critérios foram estabelecidos: apostolicidade e profecia, ortodoxia, antiguidade, inspiração e universalidade (McDonald, 2013). Vamos fazer uma breve descrição de cada uma dessas exigências.

Apostolicidade e profecia

O critério de apostolicidade e profecia aponta para uma linha de tradição na transmissão dos textos herdados. Os apóstolos teriam recebido as profecias (o Antigo Testamento), com base nas quais teriam elaborado suas mensagens e as transmitido. Segundo Lee Martin McDonald (2013, p. 216), "os apóstolos que receberam a fé e os ensinamentos de Jesus transmitiram-nos aos líderes da Igreja que os sucederam". Não se tratava, necessariamente, da exigência de um apóstolo ter escrito o livro ou a carta, mas de o texto estar de acordo com o ensinamento dos apóstolos.

Ortodoxia

McDonald (2013) evidencia inúmeras incongruências nas mensagens dos autores do Novo Testamento, argumentando que é difícil identificar uma unificação teológica; porém, aceita a unidade na diversidade das mensagens e aponta uma razoabilidade para uma ortodoxia unificadora:

> *Se o Novo Testamento tem um núcleo teológico reconhecido ou razoavelmente aceito em toda parte, este consiste pelo menos no fato de que o homem chamado Jesus está agora exaltado em sua ressurreição e merece ser fielmente obedecido, e de que aqueles que o reverenciam e o seguem receberão a recompensa divina.* (McDonald, 2013, p. 220)

A necessidade de o livro desfrutar da unidade teológica, que será chamada de *ortodoxia*, era importante, especialmente diante da onda crescente de heresias no seio da Igreja Antiga. Uma das finalidades da elaboração de uma lista definitiva dos livros bíblicos era, exatamente, estabelecer um corpo coerente e que apontasse para a unidade da Igreja universal (Geisler; Nix, 2006).

Antiguidade
A antiguidade não era um dos mais importantes critérios, mas exercia grande peso na decisão pela canonicidade de um livro ou carta. "Para muitos cristãos primitivos, somente a tradição mais próxima do tempo de Jesus podia ser aceita na forma de escritos sagrados, autorizados para a igreja" (McDonald, 2013, p. 223). Provavelmente, essa perspectiva estava muito associada àquela ideia de que os apóstolos precisariam ter vivido a experiência de fé com Jesus Cristo.

Conforme Lee Martin McDonald (2013, p. 223), "Tudo indica que a Antiguidade, associada à Apostolicidade e a uma 'regra de fé' (ortodoxia), constituiu critério importante para a canonicidade em algumas igrejas". Segundo esse autor, pesquisas atuais têm demonstrado que alguns livros canônicos, como Apocalipse, poderiam ter sido escritos mais tarde em relação a textos não canônicos, como o Didaqué, por exemplo (McDonald, 2013).

Inspiração
A inspiração estava muito relacionada ao testemunho que o texto candidato à lista recebia e dava de outros livros considerados inspirados. Era muito importante que a mensagem do Antigo Testamento fosse percebida no conteúdo daquele material.

Universalidade

O princípio de universalidade apontava para o fato de o livro (ou carta) já ser lido e reconhecido pelas Igrejas cristãs de então. Esse foi um princípio importante, uma vez que a definição do cânone também era uma questão política, pois cada bispo e cada colégio de autoridade eclesiástica regional queria defender livros de autores ligados àquelas comunidades ou livros com ligações afetivas com determinadas igrejas locais. Por essa razão, esse foi um critério muito relevante para a observação do princípio da isonomia na escolha dos livros (Cairns, 1995).

4.3.2 Concílio de Laodiceia (regional)

O Concílio de Laodiceia ocorreu em 363 d.C. e é considerado um concílio regional e não ecumênico universal, pois foi realizado fora de Roma, em uma cidade grega, e tinha como foco uma preocupação localizada, que era a judaização da fé cristã. Nesse concílio, foi definido o primeiro dia da semana como o dia do Senhor, algo que já era observado por algumas comunidades cristãs (Champlin; Bentes, 1995b). É provável que do Concílio de Laodiceia tenha saído uma lista incipiente, conforme Geisler e Nix (2006, p. 109): "Também existe uma lista proveniente do Sínodo de Laodiceia (343-381), que inclui todos os livros, menos o Apocalipse; mas onze estudiosos têm questionado a genuinidade dessa lista".

4.3.3 Concílio de Hipona (393) e Concílio de Cartago (397)

O Concílio de Hipona e o Concílio de Cartago, convocados por Agostinho de Hipona, foram reuniões conciliares locais ou regionais, com o propósito de responder a questões que afetavam igrejas de regiões próximas. Um tema muito importante tratado naquelas reuniões conciliares foi a questão do cânone, quando, influenciado por Agostinho, havia um ambiente para seguir a lista da Septuaginta para o Antigo Testamento. Norman Geisler e William Nix (2006, p. 95), ao comentarem o cânone de Agostinho definido nesses concílios, afirmam:

> Nenhum estudioso hebreu qualificado esteve presente em nenhum desses dois concílios. O especialista hebreu mais qualificado da época, Jerônimo, argumentou fortemente contra Agostinho, ao rejeitar a canonicidade dos apócrifos. Jerônimo chegou a recusar-se a traduzir os apócrifos para o latim, ou mesmo incluí-los em suas versões em latim vulgar (Vulgata latina). Só depois da morte de Jerônimo e praticamente por cima de seu cadáver, é que os livros apócrifos foram incorporados à Vulgata latina (v. cap. 18). (Geisler; Nix, 2006, p. 95)

Foi a partir desses concílios que as igrejas ocidentais passaram a dotar os livros apócrifos no cânone do Antigo Testamento. Com a ratificação desses encontros conciliares a respeito da aceitação do cânone da Septuaginta (diferenças já observadas), a lista de Agostinho se consolidou naqueles círculos regionais. No livro *A doutrina cristã* (Agostinho, 2002, p. 96-97), ele apresenta sua lista, tal como será adotada pela Igreja Católica Romana.

4.3.4 Concílio de Éfeso (Ecumênico – 431 d.C.)

O Concílio de Éfeso entra em nossa lista de encontros conciliares a serem considerados porque representou a base para o rompimento entre Igreja Oriental e a Igreja Ocidental. O foco nesse concílio foi a cristologia, seguir ou não algumas definições do Concílio de Niceia, mas secundariamente foi tratado do cânone, quando ficou claro que a Igreja Siríaca Ortodoxa permaneceria com um cânone distinto, que é a *Peshitta* – adoção do cânone hebraico, traduzido para o aramaico, e do Novo Testamento, com algumas variações do cânone ocidental (Geisler; Nix, 2006).

4.3.5 Concílio de Trento (Ecumênico – 1546 d.C.)

O Concílio de Trento é o chamado *Concílio da Contrarreforma*. Quando havia uma expectativa de que o magistério da Igreja Romana iria considerar algumas alegações da Reforma Protestante, esse concílio fez afirmações contundentes no sentido oposto (Cairns, 1995). Quanto ao seu impacto para a definição do cânone católico, os teólogos Norman Geisler e William Nix (2006, p. 93) observam: "Em 1546, o concílio católico romano do pós-Reforma, realizado em Trento, proclamou os livros apócrifos como canônicos".

O teólogo Paul Tillich, na obra *História do pensamento cristão*, destaca algumas definições do Concílio de Trento; entre elas está a doutrina das autoridades, sobre a qual o autor citado pontua as decisões do magistério da Igreja Romana:

> *1. As Santas Escrituras e a Apócrifa do Antigo Testamento são igualmente Escrituras e têm a mesma autoridade [...]; 2. A Escritura e a Tradição estão no mesmo pé de igualdade [...]; 3. Declarou-se a Vulgata de São Jerônimo, a única tradução autorizada da Bíblia [...]; 4. Quando prevalece o princípio bíblico, pergunta-se: quem interpreta a Bíblia? A resposta, sem ambiguidades, de Trento era esta: a Santa Mãe Igreja interpreta a Bíblia.* (Tillich, 2000, p. 213-214)

4.4 As traduções

As traduções foram ferramentas muito importantes para a transmissão e a popularização das Escrituras. Sem as traduções, os interessados nos textos sagrados teriam de aprender o hebraico, o aramaico e o grego, o que, sem dúvida, seria um grande desafio e afastaria a maioria dos possíveis leitores do conhecimento do conteúdo das Escrituras e da revelação de Deus, capaz de apontar para a redenção em Jesus Cristo.

Neste tópico de nossa jornada pela história do cânone bíblico, faremos uma breve, mas necessária, descrição das principais traduções e seus impactos no tempo em que foram elaboradas. Iremos das incipientes traduções, como é o caso do Pentateuco samaritano, até algumas traduções das Sagradas Escrituras para a língua portuguesa.

4.4.1 O que é uma tradução?

Iniciaremos com uma reflexão sobre o conceito de tradução. Norman Geisler e William Nix (2006, p. 183-184) definem *tradução* do seguinte modo: "Tradução é simplesmente a transposição de uma composição literária de uma língua para outra". Os autores citam um exemplo: "se a Bíblia fosse transcrita dos originais hebraico e grego para o latim, ou do latim para o português, chamaríamos esse trabalho tradução. Se esses textos traduzidos fossem vertidos de volta para as línguas originais, também chamaríamos isso tradução" (Geisler; Nix, 2006, p. 184).

No processo de tradução, podemos identificar três estágios: 1) a tradução **literal**; 2) a tradução como **transliteração**; e 3) a tradução de **acomodação**. Geisler e Nix (2006, p. 184) definem a tradução literal da seguinte forma: "é uma tentativa de expressar, com toda a fidelidade possível e o máximo de exatidão, o sentido das palavras originais do texto que está sendo traduzido. Trata-se de uma transcrição textual, palavra por palavra".

Segundo Geisler e Nix (2006, p. 184), "A transliteração é a versão das letras de um texto em certa língua para as letras correspondentes de outra língua". A transliteração ajuda o leitor a fazer a leitura das palavras com a fonética da língua original, porém não confere significado. Ou seja, as palavras ou os termos saem da forma original, dando algum ganho a quem se aproxima do texto, porém não é uma tradução.

Por último, com o termo *acomodação*, estamos nos referindo àquela tarefa de quem traduz em busca de trazer o texto do mundo social e cultural no qual ele foi concebido para o mundo social e cultural de quem o lê. Quando é feito esse trabalho de tradução, o novo texto é beneficiado por construções textuais que facilitam a compreensão por meio de termos contextualizados (Lopes, 2004).

4.4.2 O Pentateuco samaritano

Nas palavras do biblista Antonio Gilberto (1986, p. 83), o Pentateuco samaritano não chega a ser bem uma tradução, pois "não é propriamente uma versão. É o texto hebraico do Pentateuco, escritos nos velhos caracteres hebraicos ou em samaritano". Esse autor ressalta que "o samaritano é um dialeto oriundo do hebraico antigo, surgido com a mistura do povo assírio trazido para Samaria por Sargão II, por ocasião do cativeiro das 10 tribos" (Gilberto, 1986, p. 83).

Segundo os estudiosos Norman Geisler e William Nix (2006, p. 187), "o Pentateuco samaritano pode ter se originado no período de Neemias, em que se reedificou Jerusalém". Devemos observar que essa data faz sentido, pois estaria relacionada ao período do retorno e definição clara da distinção étnica entre judeus e samaritanos.

O Pentateuco samaritano contém os cinco livros do Pentateuco hebraico, em um tipo de arranjo de tradução para justificar as crenças samaritanas de pontos importantes para eles, como o lugar central de adoração no Monte Gerizim, e não em Jerusalém (Geisler; Nix, 2006).

Vale ainda ressaltar que a língua utilizada para a escrita não era bem um hebraico, mas o que alguns têm chamado de *paleo-hebraico*, um arranjo entre o hebraico e dialetos cananeus. O texto não teve como base o texto massorético[7], que já estava em curso nesse período e, talvez pelo fato de não estar em uma língua mais popular, ficou desconhecido por muito tempo. O pesquisador Alexander Achilles Fischer (2013, p. 80) fornece um excelente resumo do que seria esse Pentateuco, bem como de suas limitações e de seu uso:

> *Os samaritanos dispõem da Torá numa versão textual própria, designada de Pentateuco samaritano (Smr = Samaritanus). Nela, aparecem cerca de 6.000 diferenças em relação ao texto massorético. É verdade que a maioria se refere a peculiaridades ortográficas (principalmente um número maior de casos com escrita* plene*) e outras variantes de caráter oral, que não afetam o significado do texto. Em contrapartida, é significativo o fato de que, em cerca de um terço dos casos, essas diferenças concordam com leituras encontradas na Septuaginta. Essas concordâncias certamente não são acidentais. Por isso, em cada um desses casos é preciso verificar se esses dois testemunhos textuais, na medida em que discordam do texto massorético, não preservam uma tradição textual mais antiga.*

---

7   Família de manuscritos do Antigo Testamento hebraico caracterizados, especialmente, pela adição de sinais vocálicos, chamados também de *sistema massorético*, pois são textos vocalizados. Esse conjunto de textos é também denominado *massorá* ou *massorah* (Fischer, 2013).

Uma vez que esse documento foi publicado em 1645 e 1657 na "obra *Poliglota de Paris* [...] e, depois, na *Poliglota de Londres*" (Geisler; Nix, 2006, p. 187), a pessoa que trabalha com exegese pode ter acesso a essa tradução do Pentateuco e fazer comparações com a Septuaginta, da qual o texto do Pentateuco samaritano se aproxima mais, se considerado o Pentateuco hebraico, de modo a poder pontuar as diferenças e as influências políticas e ideológicas nessas nuances das traduções.

4.4.3 As traduções para o aramaico: os *targuns*, o Talmude e o Midrash

Vamos considerar separadamente os *targuns*, o Talmude e o Midrash. Os *targuns* se referem à paráfrase e aos comentários que eram feitos do texto hebraico na língua aramaica, a fim de facilitar a compreensão dos textos da Lei. Segundo os teólogos Norman Geisler e William Nix (2006, p. 188-189), "Há evidências de que os escribas, já nos tempos de Esdras (Ne 8.1-8), estavam escrevendo paráfrases das Escrituras hebraicas em aramaico".

Cabe lembrar que o povo hebreu estava no cativeiro e a maioria havia perdido o hebraico como a língua falada do dia a dia; portanto, os hebreus precisavam de recursos que facilitassem a compreensão dos textos sagrados. Os *targuns* faziam o trabalho de interpretação e simplificação do que estava escrito em hebraico. Os autores citados concluem que, "antes do nascimento de Cristo, quase todos os livros do Antigo Testamento tinham suas paráfrases ou interpretações (targuns)" (Geisler; Nix, 2006, p. 189).

Aquilo que surgira incipientemente, para ser apenas um recurso informal que facilitasse a compreensão dos Livros da Lei, tornou-se uma literatura oficial do judaísmo e chegou a conter quase todos os livros da *Tanak*; porém, ao longo do tempo, foram surgindo famílias de textos explicativos – os *targuns* – até serem formados os *targuns* oficiais que eram utilizados formalmente na liturgia e escolas de ensino da Lei ou Torá (Lopes, 2004).

Quanto ao Talmude, Geisler e Nix (2006, p. 190) explicam que "surgiu um segundo período na tradição dos escribas do Antigo Testamento, entre 100 e 500 d.C., conhecido como o período talmúdico. O Talmude (lit., instrução) desenvolveu-se como um corpo da lei civil e canônica hebraica, com base na Tora".

Esses escritos continham o que os mestres judeus entendiam como sendo o sentido e a interpretação dos textos da *Tanak*. O Talmude estava dividido em duas partes básicas: o Mishna e a Gemara (Lopes, 2004). Conforme Geisler e Nix (2006, p. 190), "A Mishna (repetição, explicação) completou-se perto de 200 d.C., como se fora um digesto hebraico de todas as leis orais, desde o tempo de Moisés". Gozava de alta consideração entre os hebreus, estando abaixo apenas da Torá escrita.

Sobre a Gemara, que literalmente significa "completado", "finalizado", "apreendido", segundo os autores citados, "era um comentário ampliado, em aramaico, da Mishna. Foi transmitida em duas tradições: a Gemara palestina (c. 200) e a Gemara babilônica, maior, dotada de mais autoridade (c. 500)" (Geisler; Nix; 2006, p..190). A Gemara contemplava as discussões em torno da Mishna, principalmente sobre as definições legais.

Já o Midrash aponta para perguntas às narrativas orais do Pentateuco, especialmente. Conforme Geisler e Nix (2006, p. 190), literalmente significaria "estudo textual" e seria "uma exposição formal, doutrinária e homilética das Sagradas Escrituras, redigida em hebraico ou em aramaico". As exposições em forma de narrativas estão organizadas como notas homiléticas e podem ser encontrados partes de vários blocos e gêneros literários nesses documentos.

4.4.4 As traduções siríacas

São muitas as traduções, sejam completas, sejam fragmentos, elaboradas na língua siríaca, mas nesta jornada pela história das traduções das Sagradas Escrituras descreveremos brevemente apenas a Peshita. É bom que se diga que a língua siríaca foi muito importante na expansão das Sagradas Escrituras desde o segundo século da Era Cristã.

Quando tratamos dos concílios e seus impactos para a definição do cânone da Bíblia cristã, mencionamos a tradução do Antigo Testamento, no segundo século, para a língua siríaca e, posteriormente, de parte do que veio a ser conhecido como Novo Testamento. Os pesquisadores Norman Geisler e William Nix (2006, p. 190, 192) descrevem a Peshita da seguinte forma:

> era comparável à Vulgata latina. Era conhecida como Peshita (lit., simples). O texto do Antigo Testamento da Peshita deriva de um texto surgido em meados do século II ou início do III, embora a designação Peshita date do século IX. É provável que o Antigo Testamento houvesse sido traduzido do hebraico, mas recebeu revisão a fim de conformar-se com a LXX. A Peshita segue o Texto massorético, supre excelente apoio textual, mas não é tão confiável, como testemunha independente do texto genuíno do Antigo Testamento.

No cisma entre as Igrejas do Oriente e do Ocidente, as traduções escolhidas pelas duas tradições cristãs demarcaram como cada uma considerou o cânone bíblico. A Igreja Ocidental adotou a versão de Jerônimo amplamente, e a Igreja Oriental, especialmente a Igreja Siríaca, adotou a Peshita como sua principal tradução e definição de cânone sagrado (Geisler; Nix, 2006).

4.4.5 As traduções gregas

A principal tradução grega da Bíblia, oriunda da língua hebraica, já foi mencionada abundantemente, e você, leitor, já deve estar bem familiarizado com essa tradução que serviu de base para a maioria das traduções posteriores – quando não sozinha, sempre servindo de aparato para a tradução do Antigo Testamento hebraico para outras línguas.

A Septuaginta é a tradução que se originou no período do faraó egípcio Ptolomeu II Filadelfo, no século III a.C. Por causa da história que se popularizou de que ele teria encomendado essa tradução e que 70 escribas teriam feito esse trabalho em separado e depois verificado a semelhança entre as traduções, essa tradução recebeu o nome de Septuaginta, ou versão dos Setenta. Tudo indica que a tradução feita no período do monarca que a encomendara foi apenas do Pentateuco hebraico para o grego, sendo concluída posteriormente. Segundo os teólogos Norman Geisler e William Nix (2006, p. 196),

> *A própria comunidade judaica mais tarde perdeu o interesse de preservar a sua versão grega, quando os cristãos começaram a usá-la extensivamente como seu Antigo Testamento. Exclusão feita ao Pentateuco, o resto do Antigo Testamento provavelmente foi traduzido durante os séculos II e III a.C. É certo que se tenha concluído antes de 150 a.C., porque a obra é discutida numa carta de Aristeias a Filócrates (c. 130-100 a.C.).*

Mesmo com a perda do interesse pela obra por parte dos hebreus, no primeiro século da fé cristã, a tradução da Septuaginta foi muito importante para os judeus helênicos seguirem conhecendo a literatura do Antigo Testamento. Esse texto também deve ter servido aos primeiros convertidos à fé cristã e mesmo aos apóstolos que, provavelmente, não falavam a língua hebraica e, portanto, não tinham acesso ao texto da Bíblia hebraica, recorrendo ao Antigo Testamento grego.

4.4.6 A versão de Orígenes

Orígenes foi um importante Pai da Igreja que viveu entre os anos 185 e 254 d.C., sendo um dos maiores pensadores da escola catequética de Alexandria, muito conhecido pelo uso do método da alegorese[8] na interpretação das Escrituras, mas também por muitos comentários bíblicos, escritos apologéticos e uma grande obra de apoio para a exegese bíblica – a *Héxapla*[9] (Lopes, 2004). Orígenes também é importante na discussão sobre a formação do cânone, com sua consideração sobre os livros bíblicos indisputáveis (aqueles aceitos sem reservas) e os contestáveis (aqueles que levantavam dúvidas) (Bruce, 2011).

Considera-se que Orígenes produziu a *Héxapla* entre os anos de 240 e 250, um período em que já circulavam algumas traduções do Antigo Testamento a partir da LXX (Septuaginta), ou tentativas de traduções hebraicas, porém de pouca qualidade. A *Héxapla* é um trabalho de auxílio para a crítica textual, a primeira iniciativa séria do gênero. Esse trabalho colocou seis versões diferentes dos textos do Antigo Testamento lado a lado, em colunas, possibilitando a comparação e correções nas corruptelas ou ausências de algum texto do hebraico original (Geisler, Nix, 2006).

As seis versões eram as seguintes, de acordo com Geisler e Nix (2006):

- uma versão em hebraico;
- a conhecida como Secunda (era uma versão em hebraico transliterado em caracteres da língua grega);

---

8   Trata-se de um método de interpretação que valoriza a alegoria. Partia do pressuposto de que todo texto tem um sentido mais profundo do que o aparente.
9   Foi um modelo da Bíblia com seis versões diferentes, organizadas em colunas. Constituiu-se em um grande avanço para a época.

- a tradução de Áquila de Sinope (tradução do hebraico para o grego);
- a tradução de Símaco, o Ebionita (tradução da Bíblia hebraica para o grego);
- uma a versão de Teodócio (tradução da Bíblia hebraica para o grego);
- uma recensão da Septuaginta (buscava indicar onde, na Septuaginta, faltavam palavras ou expressões ou, ainda, apontava palavras ou expressões presentes na Septuaginta que não correspondiam ao que estava no texto hebraico).

Para os teólogos Norman Geisler e William Nix (2006, p. 199-200), "Ele [Orígenes] tinha um objetivo duplo: mostrar a superioridade das várias revisões do Antigo Testamento sobre o texto corrompido da LXX e prover uma visão comparativa dos textos hebraicos corretos, contra os textos divergentes da LXX".

4.4.7 A tradução de Jerônimo para o latim: a Vulgata latina

Já mencionamos a Vulgata latina em alguns pontos deste texto, mas aqui queremos destacar seu surgimento: "em resposta a uma ordem de Dâmaso, bispo de Roma, Jerônimo produziu sua versão latina revisada dos quatro evangelhos por volta de 383 d.C." (Bruce, 2011, p. 204).

Segundo um artigo publicado no *site* da Sociedade Bíblica do Brasil (SBB, 2022), "A tradução mais importante ao latim é a (Vulgata), feita pelo eminente biblista Jerônimo, no final do quarto século e começo do quinto século (mais ou menos 400 d.C.). Tudo indica que Jerônimo fez apenas uma revisão do texto latino do Novo Testamento". Conforme observam Miller e Huber (2006, p. 108),

"Até a época de Jerônimo, a maioria dos cristãos usava a Bíblia em grego, que era a língua das pessoas estudadas na época de Jesus".

De acordo com esses estudiosos, depois de receber a incumbência dessa tradução, "ele, rapidamente, traduziu os quatro Evangelhos, usando uma tradução antiga latina como base para o seu trabalho e corrigindo-a depois de estudar os textos originais em grego" (Miller; Huber, 2006, p. 108). Ainda conforme esses autores,

> *Sua intenção ao fazer a tradução, ele disse, era "corrigir os erros feitos por tradutores imprecisos e as alterações desastradas feitas por críticos confiantes e ignorantes e, mais ainda, tudo o que havia sido inserido ou mudado por copistas que trabalhavam mais dormindo do que acordados".*

(Miller; Huber, 2006, p. 108)

Realmente, Jerônimo fez um grande trabalho! Entre os muitos debates e artigos sobre a Vulgata latina, há os que pensam que o trabalho de Jerônimo foi mais uma revisão do que uma tradução propriamente, mas não é sem motivo que essa versão permanece sendo reconhecida pela Igreja Católica Romana como a mais utilizada entre as principais versões (Gilberto, 1986).

4.4.8 Traduções para o inglês

Quando estudamos a história da língua inglesa e dos povos associados a ela, podemos perceber que sua faixa de ocupação geográfica, é muito vasta, ainda que, durante a primeira parte da Idade Média, a não fosse uma língua estruturada e unificada. A estruturação e a unidade da língua inglesa ocorreram com o fortalecimento dos Estados independentes ou nacionais, quando ganharam relevância os fatores identitários, tais como ter a própria língua. Para que você, leitor, se situe, isso aconteceu na Renascença, por volta do século XIV (Miller; Huber, 2006).

Sobre a tradução de uma Bíblia para a língua saxônica, Stephen M. Miller e Robert V. Huber (2006, p. 133) afirmam: "Mesmo que antes do século XIV não houvesse uma Bíblia completa em inglês, havia muitas traduções anteriores de partes da Bíblia em antigos dialetos ingleses". Como a língua estava se desenvolvendo em meio aos desafios de se conceber a ideia de popularizar a Bíblia nas mãos de pessoas comuns, o que havia eram traduções de pedaços ou até livros bíblicos inteiros para o inglês. Com essas pequenas partes, alguns grupos, como os lolardos, atravessavam a Inglaterra lendo e pregando as Escrituras (Cairns, 1995).

Foi diante desse apelo da pregação e da disponibilização das Sagradas Escrituras John para as pessoas simples que surgiu a tradução atribuída a John Wycliffe, concluída pelos seus seguidores após sua morte, especialmente por Nicholas de Hereford (Geisler; Nix, 2006). Segundo Geisler e Nix (2006, p. 223), "a tradução do Novo Testamento foi completada em 1380, e o Antigo Testamento apareceu em 1388".

A tradução de John Wycliffe

John Wycliffe, professor da Universidade de Oxford e fervoroso sacerdote da Igreja, viu-se compelido a pressionar todas as instâncias ao seu alcance para que houvesse uma tradução completa da Bíblia para a língua inglesa. Isso pode ter ocorrido pelo enfraquecimento de sua confiança no rumo em que a Igreja seguia e pelo fato de ele ter a crença de que os ingleses precisavam descobrir as riquezas das Sagradas Letras em sua própria língua (Cairns, 1995).

É dito que "Wycliffe pode não ter traduzido muito ou talvez nada da Bíblia que leva o seu nome. Mas, no mínimo, ele foi a força motivadora por trás do projeto" (Miller; Huber, 2006, p. 154). Stephen M. Miller e Robert V. Huber (2006, p. 154) afirmam: "Trabalhando a partir da versão latina Vulgata, os seguidores de Wycliffe produziram duas traduções inglesas".

A história do cânone

Como já mencionamos a contribuição de Wycliffe para a proliferação das Sagradas Escrituras na qualidade de pré-reformador, esses breves comentários são suficientes para que você dimensione a importância desse servo de Deus para que a Bíblia fosse lida e ouvida pelos ingleses em sua própria língua. Cabe lembrar que a Igreja e a sociedade consideravam o latim a língua culta, nobre, e as pessoas falavam em suas línguas locais no dia a dia. A Bíblia deveria ser lida e copiada para o latim, que era a língua oficial das liturgias; ademais, a Constituição de Oxford, em 1408, proibiu a tradução da Bíblia para o inglês (Brake; Beach, 2013).

William Tyndale

Neste ponto, basta dizer que William Tyndale (cerca de 1492-1536) foi o responsável pela melhor e mais completa tradução da Bíblia para a língua inglesa. Esse importante tradutor das Sagradas Escrituras fez um trabalho primoroso, ainda que posteriormente novas edições tenham melhorado a versão inicial. William Tyndale é um personagem admirável no que ele fez; além do grande legado material, deixou um grande legado de fé, pois, para que o povo inglês contasse com uma tradução completa e bem-feita da Bíblia para a sua língua, Tyndale perdeu a própria vida como mártir da fé (Gilberto, 1986).

Os teólogos Norman Geisler e William Nix (2006, p. 224) sintetizam o trajeto do trabalho de Tyndale:

> *Em 1534, Tyndale publicou sua revisão do Gênesis e começou a trabalhar numa revisão do Novo Testamento. Pouco depois de completar essa revisão, foi sequestrado na Antuérpia e levado à fortaleza de Vilvorde, em Flandres. Ali continuou a traduzir o Antigo Testamento. Em agosto de 1536, foi condenado por heresia, destituído do seu ofício sacerdotal e*

entregue às autoridades seculares para ser executado. A execução deu-se no dia 6 de outubro. Na hora da execução, Tyndale clamou: "Senhor, abre os olhos do rei da Inglaterra".

Na história dessa tradução, conta-se que um determinado bispo, Tunstall, teria ficado furioso ao saber da tradução de Tyndale e ordenado que todas as cópias encontradas em sua diocese fossem queimadas. Não se contentando em apenas queimar uma grande quantidade de cópias, Tunstall teria planejado comprar todas as cópias disponíveis, dizendo a um vendedor, amigo de Tyndale, que tinha a intenção de comprar todas aquelas cópias. Conforme antecipamos no primeiro capítulo deste livro, o tradutor teria concordado em vender as cópias e investir todo o recurso em uma nova edição com melhor qualidade (Miller; Huber, 2006).

Tyndale vivia se mudando para não ser capturado, prosseguindo com a tradução do Antigo Testamento. Em 1536, Tyndale foi considerado um herege, o que resultou em sua condenação à morte na fogueira, porém ele foi estrangulado e posteriormente queimado publicamente. Sua versão foi a base da tradução da chamada Bíblia King James, pois o Rei Tiago IV, coroado rei da Escócia, ainda aos 12 anos de idade e sob a forte influência do teólogo reformado John Knox, teria enviado a tradução de Tyndale para um grupo de 50 estudiosos, para realizarem uma versão daquela tradução. Essa versão é comumente chamada de *texto autorizado* (Brake; Beach, 2013).

4.4.9 A Bíblia de Genebra

A Bíblia de Genebra (1557-1560) é uma obra que resultou de revisões do Novo Testamento e também do Antigo Testamento em inglês. Norman Geisler e William Nix (2006) descrevem brevemente a perseguição que os puritanos ingleses sofreram no reinado de Mary Tudor, fazendo com que muitos desses reformados fugissem para Genebra em busca de proteção; entres eles se encontravam John Knox e outros amantes das Sagradas Escrituras, que fomentaram esse trabalho impactante.

Mas teria sido em 1557 que o cunhado de João Calvino, Guilherme Whittingham, conduziu a primeira revisão do Novo Testamento. Geisler e Nix (2006, p. 227) observam que "essa foi a primeira vez que o Novo Testamento em inglês se dividia em versículos, embora tivesse sido assim dividido no Novo Testamento grego de Estéfano, bem como em edições anteriores em latim e em hebraico". Segundo os autores citados,

> Em 1644, a Bíblia de Genebra já havia passado por 140 edições. Ela foi tão popular, que fez frente à Bíblia dos bispos (1568) e à primeira geração da chamada Versão autorizada (1611). Foi largamente usada entre os puritanos, citada repetidamente nas páginas de Shakespeare e usada até mesmo na mensagem extraída de "Os tradutores aos leitores", na tradução de 1611. (Geisler; Nix, 2006, p. 227)

A Bíblia de Genebra é amplamente usada na atualidade, especialmente entre os reformados. Em particular, tem sido procurada por grupos de jovens, em razão do grande interesse que tem surgido pela teologia dos reformadores entre os mais jovens e em diversos grupos etários em geral. É o que se pode concluir a partir da experiência e da vivência da fé com grupos mais identificados com a Reforma Protestante e suas teologias.

4.4.10 A tradução de Lutero

Já tratamos da tradução de Lutero com relação a eventos históricos por meio dos quais a Bíblia conferiu sentido àquele mundo social.

É importante observar que a tradução de Lutero foi muito além de uma simples tradução – ela foi um dos maiores benefícios culturais para a estruturação e a unificação da língua e da nação alemã. Vale destacar que a língua alemã, no tempo do reformador, não era abrangente nem estruturada, e os vários condados e principados tinham os próprios dialetos.

É admirável, na história da tradução de Lutero, que, em apenas 11 semanas, Lutero tenha aprontado o rascunho de sua tradução do Novo Testamento para o alemão (Miller; Huber, 2006), demostrando o quanto sua reclusão fora produtiva e benéfica para que os alemães lessem e ouvissem as Sagradas Escrituras em sua própria língua e, assim, Cristo fosse revelado a mentes e corações de milhares dos povos germânicos.

Outro fator importante para que você vá fechando a jornada da tradução da Bíblia para o alemão é o fato de Lutero ter feito sua tradução do Novo Testamento partindo da tradução do pensador holandês Erasmo de Roterdã, a qual esse estudioso havia elaborado por cinco anos, antes da tradução de Lutero (Miller; Huber, 2006). Relevante, também, é o fato de Erasmo ter se tornado um relutante confesso das ideias da Reforma Protestante, apesar de sua obra e muitos de seus pensamentos terem contribuído grandemente para esse feito histórico, teológico e religioso (González, 2004).

4.5 A Bíblia para o português

A história das traduções da Bíblia para a língua portuguesa não começa com João Ferreira de Almeida, mas remonta aos anos 1279 a 1325, que compreendem o período do reinado de Dom Diniz, rei de Portugal e de Algarve, o primeiro a empreender a tradução da Bíblia direto da Vulgata latina para a língua portuguesa. Não trataremos da tradução de Dom Diniz, pois já vale sua menção pelo fato de ter impulsionado aquilo que aconteceria de forma mais ampla em torno de 500 anos depois. Dom Diniz traduziu apenas uma parte do livro de Gênesis (Gilberto, 1986).

4.5.1 As primeiras traduções

Primeiramente, convém citar uma relação das traduções mais significativas. Antes, é bom atentar para a importante observação histórica dos pesquisadores da história da Bíblia Stephen M. Miller e Robert V. Huber (2006, p. 224): "Em 1320, durante o reinado de Dom Dinis, foram publicados os Atos dos Apóstolos e uma história abreviada do Antigo Testamento".

Os mesmos autores nos fornecem uma lista das traduções da Bíblia para o português e, na maioria delas, para o português do Brasil, bem como as respectivas datas. Essa lista contempla traduções completas e parciais:

1753: Tradução de João Ferreira de Almeida

1790: Versão de Figueiredo

1898: Versão Revista e Corrigida de Almeida

1917: Tradução Brasileira

1932: Versão de Matos Soares

1959: Versão Revista e Atualizada de Almeida

1959: Versão dos Monges Beneditinos

1968: Versão dos Padres Capuchinhos

1981: Bíblia de Jerusalém

1981: A Bíblia Viva

1988: Bíblia na Linguagem de Hoje

1993: Tradução em Português Corrente

1993: Segunda Edição da versão Revista e Atualizada de Almeida

1994: Tradução Ecumênica da Bíblia
1995: Segunda Edição da versão Revista e Corrigida de Almeida
2000: Nova Tradução na Linguagem de Hoje
2001: Nova Versão Internacional
2002: Tradução da CNBB (Miller; Huber, 2006, p. 224)

Entre as traduções e versões elencadas pelos pesquisadores citados, vamos destacar algumas delas nos tópicos a seguir.

A tradução de João Ferreira de Almeida

Segundo Miller e Huber (2006, p. 224), João Ferreira de Almeida "nasceu em Torres de Tavares, Portugal, em 1628. Em 1644, converteu-se ao protestantismo, sendo ordenado ao ministério na Igreja Reformada Holandesa, em 1656". Ele serviu como missionário em alguns lugares fora de Portugal, como Índia, na antiga Ilha de Java, pertencente à Indonésia atualmente. Como observam os autores citados:

> *Sua tradução da Bíblia foi obra de uma vida toda. O Novo Testamento foi lançado em 1681, impresso na Holanda. Almeida não conseguiu terminar a tradução do Antigo Testamento: faleceu em 1691, deixando a tradução em Ezequiel 48.21. O trabalho foi concluído por Jacobus op den Akker, colega de Almeida. A Bíblia toda foi publicada em 1753.* (Miller; Huber, 2006, p. 224)

Apesar de João Ferreira de Almeida não ter concluído sua tradução, deixou o caminho pronto para ser trilhado e concluído por Jacobus. Stephen M. Miller e Robert V. Huber (2006, p. 224) ainda dão uma importante informação sobre João Ferreira de Almeida e sua tradução: "O primeiro a traduzir o Novo Testamento para o português, baseando-se no original grego, foi João Ferreira de Almeida".

O pesquisador Leonardo Agostini Fernandes (2015) explica que, "em português, houve, desde antes do concílio de Trento, várias iniciativas de tradução da Bíblia, mas nunca chegaram a uma edição completa em Portugal". Fazendo uma comparação, Fernandes (2015) afirma: "o que a tradução de Lutero foi para o alemão, a tradução de João Ferreira representou para o português".

A tradução de Pedro Rahmeyer

Segundo os teólogos Norman Geisler e William Nix (2006, p. 250), essa foi uma tradução completa das Sagradas Escrituras, considerada "ainda hoje inédita, feita em meados do século XVIII pelo comerciante hamburguês Pedro Rahmeyer, que residiu em Lisboa por 30 anos. O manuscrito dessa Bíblia se encontra na Biblioteca do Senado de Hamburgo, na Alemanha" e serve de fonte comparativa para novas traduções.

A tradução do Padre Antônio Pereira de Figueiredo

Apresentando a obra e seu autor, Norman Geisler e William Nix (2006, p. 250) afirmam: "Nascido em 1725, em Tomar, nas proximidades de Lisboa, o padre Antônio Pereira de Figueiredo, partindo da Vulgata latina, traduziu integralmente o Novo e o Antigo Testamento, gastando dezoito anos nessa laboriosa tarefa". O Novo Testamento completo foi publicado em seis volumes, em 1778, enquanto o Antigo Testamento completo saiu em dezesseis volumes, no período de 1783 a 1790. No ano de 1819 foi publicada a tradução de Figueiredo da Bíblia completa em sete volumes, mas em 1821 saiu a edição em um único volume (Geisler; Nix, 2006). Miller e Huber (2006, p. 224) observam que "essa tradução foi editada no Brasil em 1864, sendo a primeira Bíblia completa publicada no Brasil".

Traduções brasileiras

Neste ponto de nossa jornada pela história das traduções da Bíblia Sagrada, será de bom proveito que você busque na obra *Introdução Bíblica: como a Bíblia chegou até nós*, de Norman Geisler e William Nix (2006), nas páginas 251-253, uma lista com as traduções parciais e completas para o português do Brasil. Por se tratar de uma extensa lista com comentários e descrições, não a reproduziremos aqui.

O pesquisador Leonardo Agostini Fernandes (2015) nos conta sobre a primeira tradução completa da Bíblia para o português do Brasil: "a primeira tradução completa da Bíblia, erudita nas suas características e bem literal a partir das línguas originais, surgiu em 1917; contou não somente com a participação de teólogos, mas com a revisão linguística e literária de Ruy Barbosa". A Bíblia despertou a curiosidade e o interesse de muitos eruditos ao longo de sua história e, por isso mesmo, nem sempre as pessoas envolvidas nessa gloriosa tarefa de tradução eram de confissões cristãs ou religiosos vocacionados.

Síntese

Neste capítulo, fizemos uma jornada pela história de como a Bíblia chegou até nós em nossa própria língua, mas também a muitos outros povos, que igualmente puderam e podem ler as Sagradas Escrituras em seu próprio idioma. Iniciamos tratando da formação do cânone do Antigo e do Novo Testamento, com suas partes constituintes, como sua mensagem principal e suas características.

Em seguida, examinamos a trajetória da inclusão dos livros apócrifos ou deuterocanônicos ao cânone da Septuaginta e, posteriormente, de muitas outras versões bíblicas. Também viajamos pela era conciliar da Igreja Antiga e analisamos os processos que culminaram no fechamento do cânone das Sagradas Escrituras, de modo a compreender como esses processos precisaram de longos anos até uma definição que apaziguaria a maioria das tradições cristãs.

Prosseguimos em nossa viagem pela Antiguidade até os dias mais próximos e vimos a riqueza das muitas traduções, destacando que várias pessoas chegaram a sacrificar a própria vida para que a Bíblia chegasse às mãos da maior quantidade de fiéis possível. Finalmente, tratamos das traduções da Bíblia para a língua portuguesa.

Esperamos que o caso mencionado no início deste capítulo, sobre uma professora e seus alunos, tenha recebido luz a partir de nosso passeio histórico pela formação dos canônes das Sagradas Escrituras.

Atividades de autoavaliação

1. Quantos blocos compõem a Bíblia hebraica e quais são eles?
    a) Cinco blocos: Pentateuco, livros históricos, Profetas, poesias e Escritos.
    b) Três blocos: Lei, Profetas e Escritos.
    c) Dois blocos: Lei, Profetas e livros históricos.
    d) Um bloco: a Torá.
    e) Quatro blocos: Leis, Sabedoria de Salomão, profetas antigos e textos apócrifos.

2. Quanto à divergência entre a Bíblia protestante e a Bíblia católica romana em relação ao número de livros dos dois Testamentos, assinale a alternativa que apresenta a afirmação correta:

a) As maiores implicações quanto aos livros apócrifos estão relacionadas ao Antigo Testamento, pois é somente nesse cânone que há distinção entre a lista dos livros bíblicos protestantes e a lista da Bíblia católica romana.
b) Não existem diferenças substanciais entre o cânone católico e o cânone protestante.
c) Todos os livros do Antigo Testamento, na Bíblia católica, foram aceitos pelos protestantes no período da Reforma Protestante, no século XVI.
d) Os cânones católicos e protestantes seguiram, na íntegra, o cânone da Bíblia hebraica.
e) O cânone protestante tem sete livros a mais em relação ao cânone católico.

3. Segundo os teólogos Norman Geisler e William Nix (2006), qual livro não ca.nônico é mais popular na Igreja Primitiva?
   a) Didaqué.
   b) Carta de Inácio à Igreja de Éfeso.
   c) Apocalipse de Pedro.
   d) Epístolas de Clemente aos Coríntios.
   e) O Pastor de Hermas.

4. Assinale a alternativa que indica corretamente uma destacada heresia do século II que acabou por contribuir para impulsionar o trabalho teológico da Igreja Antiga:
   a) Pluralismo.
   b) Marcionismo.
   c) Neoplatonismo.
   d) Agnosticismo moderno.
   e) Nestorianismo.

5. É correto afirmar que a tradução de Jerônimo ficou conhecida como:
   a) Héxapla.
   b) Peshita.
   c) versão filoxênia.
   d) Vulgata latina.
   e) Gerônima.

Atividades de aprendizagem

Questões para reflexão

1. Qual é a importância dos Pais da Igreja e dos concílios da Igreja para a definição da ortodoxia? Justifique sua resposta.

2. De acordo com o que você estudou, qual é a importância das traduções para a popularização da Bíblia? Justifique sua resposta.

Atividade aplicada: prática

1. Neste capítulo, vimos que as traduções foram muito importantes para a popularização da Bíblia. Disserte sobre os aspectos positivos e negativos das tantas traduções e versões da Bíblia na atualidade.

capítulo cinco

Sagradas Escrituras:
uma obra literária

5

Agora, convidamos você, leitor, para visitarmos os gêneros literários que possibilitam que o texto sagrado faça conexões culturais com cada pessoa, em tempos e circunstâncias culturais distintas. Vamos examinar a riqueza de gêneros literários presentes na composição bíblica.

Daremos atenção especial a dois tipos textuais específicos, por considerarmos que eles são dominantes na composição bíblica: 1) os textos normativos ou prescritivos; e 2) os textos narrativos. No caso dos Evangelhos, veremos que se trata de um tipo de narrativa, porém com caracterização muito distinta.

Faremos uma inquirição sobre a leitura das Escrituras pelo cientista e pelo teólogo, ou pelo teólogo na condição de cientista, pois veremos que o fazer teológico exige uma epistemologia, assim como passos metodológicos em sua elaboração. Também consideraremos como o cientista de outros saberes lida com as Sagradas Escrituras.

Prosseguindo em nossa jornada sobre as Escrituras em seu aspecto literário, faremos uma parada na estação que nos mostrará a forma como o fiel se aproxima do texto bíblico, os benefícios do texto para o leitor e a tendência de este tratar a revelação de Deus nas Sagradas Escrituras pelo olhar do senso comum. Veremos que o fiel faz uma defesa dogmática das Sagradas Escrituras, mas se beneficia piedosamente dela.

Finalmente, buscaremos levar o leitor a enxergar nas Sagradas Letras não somente valores morais, espirituais e éticos, com o seu fim supremo, que é apontar para a salvação que Deus providenciou para a sua criação, em Cristo Jesus, mas também um texto de extrema beleza literária.

Antes de iniciarmos nossa abordagem, suponha que você é um professor ou uma professora do ensino médio e, ao ensinar sobre história das artes, uma pessoa de seu grupo de estudantes diz que gostaria de escrever e dirigir uma peça de uma narrativa bíblica que tivesse características do gênero literário novela. Então, essa pessoa pergunta: "Existe na Bíblia alguma história contada por meio desse gênero?". Neste capítulo, esperamos ajudá-lo a dar uma resposta a esse estudante.

5.1 Gêneros literários

Imagine uma mãe ou um pai que desenvolva o hábito de, em certa hora da noite, em um dia específico da semana, contar a história da família para o filho. Enquanto esse filho for um bebê, esses pais precisarão usar de muita criatividade para que ele consiga imaginar com os pais e se interessar pela história. À medida que a criança for crescendo, os pais terão de utilizar novos recursos de linguagem, fazendo uso de metáforas mais elaboradas, envolvendo outros estilos para contar a mesma história, mas sempre tentando encantar aquela criança.

De certa forma, a Bíblia possibilita que o leitor mergulhe em suas histórias, seus dramas e louvores, suas crônicas e leis, de maneira diferente em cada fase da vida, mas sempre com uma riqueza impressionante de recursos literários. Nesta seção, descreveremos alguns gêneros literários, principalmente suas acepções. Abordaremos alguns que mencionamos no capítulo anterior, quando tratamos dos blocos que formam o compêndio das Sagradas Escrituras, porém ali os enfocamos como blocos de textos e não como gêneros propriamente.

Vamos iniciar nosso passeio pelos gêneros literários definindo e caracterizando esse conceito. Segundo o hermeneuta Roy B. Zuck (1994, p. 147), "Gênero, palavra derivada do latim *genus*, significa estilo literário. 'Gênero literário' refere-se à categoria ou ao tipo de escrito caracterizado por determinada(s) forma(s) e conteúdo ou um dos dois". Perceba que não se trata do conteúdo, mas do modo como esse conteúdo é apresentado. É como se quiséssemos construir uma parede que tenha uma estética agradável, então escolhemos a cor da tinta, os efeitos, os detalhes, definimos se será pintada com rolo, pincel ou uma pistola pulverizadora.

Os exegetas Douglas Stuart e Gordon D. Fee (2008, p. 95), em seu *Manual de exegese bíblica*, apresentam as diferenças entre gêneros e formas literárias:

> A crítica ou análise dos gêneros (tipos literários) é normalmente limitada às grandes unidades literárias e estilos tais como lei, história e sabedoria. Frequentemente, no entanto, eruditos podem usar "gênero" como sinônimo de "forma", de modo que não haja diferença entre análise da forma [...] e análise do gênero. Assim, não é feita uma distinção entre tipos literários maiores (gêneros) e tipos específicos individuais menores

(formas). A decisão se um tipo literário qualquer é geral e grande o bastante para ser um gênero, ou pequeno e específico o suficiente para ser uma forma, é subjetiva.

Compreender essas nuances presentes na comunicação verbal ou escrita é importante para que o sentido comunicado pretendido não se perca, conforme observa Kevin Vanhoozer (2005, p. 402): "A linguagem é, em essência, um meio de comunicação. Se o ouvinte recebe as palavras em um sentido não pretendido pelo falante, isso não é uma ampliação do significado, mas uma ruptura na comunicação". O mesmo autor afirma que "aquilo que a escrita separa – autor, contexto, texto, leitor – o gênero une" (Vanhoozer, 2005, p. 407).

Ampliando nossa compreensão sobre o que é um gênero literário, Paulo Won (2020, p. 38) pontua: "Gênero literário é uma categoria de composição de texto cuja classificação pode ser feita de acordo com critérios semânticos, sintáticos, fonológicos, formais, contextuais e outros". Essas definições apontam para o quanto é importante que o estudante ou simples leitor das Sagradas Escrituras tenha uma noção dos elementos literários que fazem parte do livro bíblico, pois, quanto maior for o conhecimento desses elementos, mais próximo se chegará do sentido do texto pretendido pelo seu autor (Zuck, 1994).

5.1.1 A história como plataforma para a revelação

A história é um dos elementos culturais e imateriais mais entranhados na formação das pessoas. A maioria absoluta gosta de ouvir uma história empolgante, por isso talvez exista um certo fetichismo relacionado ao interesse em saber sobre a vida dos outros, pois isso envolve ouvir histórias. A Bíblia se propõe a apresentar, revelar um Deus não criado, não havendo uma genealogia, mas também se propõe a falar sobre o relacionamento desse Deus com a criação que Ele fez para si, dotada de capacidade moral e que, portanto, o abandonou.

As Sagradas Escrituras iniciam apresentando esse quadro dramático da relação entre Deus e a criação. Suas páginas contam a história da criação, da queda, da providência, da redenção e apontam para a consumação. Como os muitos autores humanos da Bíblia contam essa história? O biblista Graeme Goldsworthy (2013, p. 169-171), em seu livro *Pregando toda a Bíblia como Escritura Cristã*, explica:

> *A humanidade do mundo bíblico exige que procuremos entender os métodos antigos de historiografia. Em última análise, é a autoridade do evangelho que tem de determinar como vemos estas coisas. Por exemplo, com base no uso da analogia Adão-Cristo, [...] em Romanos 5 e 1Coríntios 15, é claro que Adão tem de ser considerado como uma referência a um ser humano real, como progenitor da raça humana, que se rebelou contra seu Criador.*

É com essa compreensão que os escritores do livro *Introdução à cosmovisão cristã*, Michael W. Goheen e Craig G. Bartgolomew (2016, p. 25), apontam para Jesus como o sentido cósmico da história: "Ele afirmou que em sua pessoa e obra o sentido da história e do próprio mundo estava se tornando conhecido e se completando". A história não é a revelação, mas ela é o veículo cultural, ao lado da língua de cada povo, para que a revelação seja alcançada e gere os resultados pretendidos pelo revelado e pelo revelador.

Essa premissa parte da afirmação de que "o processo de seleção na história bíblica se baseia na teologia da redenção e na vinda do reino de Deus" (Goldsworthy, 2013, p. 166). De acordo com Eldon

Ladd (2003, p. 39), "o elo entre o Antigo e o Novo Testamento é esse sentido da atividade divina na história".

Gerhard Hasel (1988), interpretando Oscar Cullmann, afirma que este entende essa atividade dinâmica, por parte de Deus, como uma revelação histórica linear. Para Cullmann, Cristo é o centro do tempo ou ponto central do tempo, o que deve ser entendido como uma concepção linear da história. Não se trata, contudo, de uma linha reta, mas de uma linha flutuante, que pode mostrar uma ampla variação.

Segundo Hasel (1988, p. 89), Cullmann não entende a história "como uma história ao longo da História [...]; ela se revela na História e neste sentido pertence a ela". A história da revelação de Deus que descreve o trajeto da história da salvação aponta para uma supra-história, ou seja, uma história acima da história. Ela está permeada na história. É como se a história fosse, à semelhança do que diz Cullmann, conforme Hasel (1988), linear, mas a história da, salvação estivesse em um constante alto-relevo. Em um momento está agindo dentro da história, mas, em outros, ela é supratemporal.

5.1.2 A profecia

A profecia se constitui em um gênero literário, provavelmente iniciado com o profeta e juiz Samuel. Para garantir que a forma de chamar Israel ao arrependimento acontecesse por meios proféticos, havia, entre os religiosos hebreus do período da monarquia judaica, escolas de profetas (Bíblia. 1Samuel, 2018, 10,5; 19,20), com vistas a transmitir uma preparação teológica e a compreensão de seu trabalho peculiar, de profetizar. Voltando nossa atenção para o conceito, o hermeneuta Roy B. Zuck (1994, p. 156) afirma: "A literatura profética consiste em textos que trazem predições feitas na época de sua redação e, com frequência, incluem determinações para que os ouvintes da profecia modifiquem suas vidas em função das predições".

Importante!

Qual é o papel da profecia no mosaico literário quanto à função de conduzir a mensagem da revelação divina? De acordo com o biblista Graeme Goldsworthy (2013, p. 175), "a palavra profética interpreta a história e designa que aspectos da história do mundo podem ser entendidos como parte da história da salvação". Por essa razão, a profecia tem uma peculiaridade metodológica, que é servir como uma fonte de memória para o relembrar da identidade geracional do povo da aliança.

Nesse sentido, Graeme Goldsworthy (2013, p. 175) aponta para a história da profecia e sua função:

> *Podemos dizer que no Antigo Testamento a profecia começou com Moisés, embora haja um sentido em que qualquer Palavra de Deus mediada por homens possa ser chamada de profecia. No entanto, Moisés é visto como o profeta definitivo que media a Palavra de Deus para o povo de Deus no contexto da história da salvação.*

Conforme mencionamos anteriormente, a profecia é o conteúdo para relembrar quem é o povo da aliança e em que seu relacionamento com Deus está fundamentado, rememorando a aliança, as promessas e a eleição que Deus outorga a seu povo. É muito importante a compreensão desse gênero para se compreender adequadamente a mensagem dos profetas, no contexto da Igreja do Antigo Testamento. Tomando a mensagem de Jonas como exemplo, os exegetas Douglas Stuart e Gordon D. Fee (2008, p. 95) ressaltam a importância de saber identificar adequadamente esse gênero:

"O conhecimento da forma e suas características leva à constatação de que Jonas está, na verdade, ainda que relutantemente, pregando uma mensagem de esperança para Nínive".

A profecia pode carregar consigo as formas do drama e do sarcasmo, bem como figuras de linguagens variadas, como a hipérbole, quando aponta exageradamente para as tragédias, com o fim de chamar atenção para mensagem que Deus deseja transmitir.

5.1.3 A poesia dos salmos e a literatura de sabedoria

A poesia é caracterizada pela estrutura do pensamento em versos que relacionam estrutura rítmica e harmonia. É um gênero literário usado na Bíblia, na maioria das vezes, para expressar os dramas humanos, manifestando a angústia nos dias de sofrimento, com a expressão da alma que só a poesia poderia permitir. Já a sabedoria bíblica considerada como gênero são as formas de mensagem de instrução, tal como constam em muitos apartes de Eclesiastes, Provérbios e Cantares de Salomão. A literatura sapiencial é uma forma de expressão poética na literatura bíblica.

O hermeneuta Roy B. Zuck (1994, p. 153) nos auxilia nessa compreensão ao dizer que "Toda literatura sapiencial tem caráter poético, mas nem todo texto poético pertence à literatura sapiencial". Ele também faz sua lista dos livros poéticos com literatura sapiencial também: "Jó, Salmos, Provérbios, Eclesiastes e Cantares são os cinco principais livros poéticos do Antigo Testamento. Contudo, há poesia em muitos dos livros proféticos" (Zuck, 1994, p. 161).

Um exemplo da presença da literatura sapiencial na poesia é encontrado em Provérbios. O início desse livro, especialmente nos sete primeiros versos, aponta para a finalidade dos Escritos

Sagrados, sendo carregado dos dois gêneros, conforme salienta o biblista Graeme Goldsworthy (2013, p. 291-292):

> *Esta passagem é importante porque indica um propósito para toda a coleção de provérbios, que, de outro modo, pareceria ser uma coletânea arbitrária de diferentes passagens de sabedoria. Provérbios é, de fato, um livro composto, mas o prólogo mostra que há um plano para a maneira como ele foi reunido.*

Apesar da impressão de seleção de versos soltos, o livro é orientado por um senso de propósito. Zuck (1994) nos ajuda a perceber essa perspectiva, ao apontar para a identificação de dois tipos básicos de literatura sapiencial nos livros que estamos considerando: a literatura proverbial e a literatura sapiencial. Sobre a literatura proverbial, encontrada no livro de Provérbios, "são verdades gerais fundamentadas na larga experiência e na observação" (Zuck, 1994, p. 153). A literatura sapiencial seria a reflexiva: "ela compreende uma discussão sobre os mistérios da vida, como acontece em Jó e em Eclesiastes" (Zuck, 1994, p. 153).

Anteriormente, destacamos o fato de que a poesia está presente na profecia, por exemplo. Os exegetas Douglas Stuart e Gordon D. Fee (2008), descrevendo essa relação, citam o caso do salmo acerca de Jonas, em Jonas 2,3-10. Por causa dos muitos questionamentos acerca do lugar desse salmo no livro, os escritores, citando Bernhard W. Anderson, elencam cinco características que compõem a maioria dos salmos de ações de graças, por exemplo:

> *As cinco características são: (a) uma introdução que resume o testemunho do salmista (v.3[2]); (b) o trecho principal que descreve as aflições passadas (v.4-7a[3-6a]); (c) a súplica por auxílio (v.8[7]); (d) uma descrição do livramento (v.7b[6b]); (e) uma conclusão, na qual a graça de*

Deus é louvada e o salmista promete demonstrar sua apreciação por Deus (v. 9-10[8-9]). (Anderson, citado por Stuart; Fee, 2008, p. 70)

Essas características reforçam o que havíamos salientado antes, sobre o fato de a poesia e a literatura sapiencial serem instrumentos literários para as expressões mais profundas dos dramas das pessoas de fé, mas também para as suas confissões em meio a crises pessoais. Goldsworthy (2013, p. 303) reforça essa perspectiva: "Os Salmos, juntamente com a literatura de sabedoria, nos proveem a melhor evidência de como os israelitas fiéis eram encorajados a relacionar sua fé pactual com as atividades da vida diária".

5.1.4 Os Evangelhos

Talvez você se faça a seguinte pergunta: Por que vamos abordar aqui o gênero literário evangelho, se trataremos das narrativas mais adiante? Duas são as razões: a primeira é que consideramos que os Evangelhos se enquadram em um gênero próprio por terem a peculiaridade do **testemunho**; a segunda é que se trata de um tipo de narrativa muito mais **intensa**, rica em figuras de linguagem.

O hermeneuta Roy Zuck, citando Ricken, esclarece essa distinção: "Os evangelhos são conjuntos de histórias com uma carga de ação bem maior do que seria normal encontrar numa narrativa". Quanto ao objetivo das histórias narradas nos evangelhos, trata-se de "explicar e louvar a Pessoa e a Obra de Jesus [...] mediante seus atos, suas palavras e as reações dos outros para com ele" (Ricken, citado por Zuck, 1994, p. 154).

Por essa razão, podemos reforçar que os Evangelhos estão estruturados em histórias selecionadas que cumprirão o propósito de apresentar a Pessoa e a Obra de Jesus, apontando para a sua vocação redentiva. Ao mesmo tempo, eles são os testemunhos, até certo ponto, apologéticos da Pessoa e da Obra de Jesus, tendo como propósito levar as pessoas a crer em quem foi Jesus, em sua origem divina e no que ele fez, ao ponto de se comprometerem com ele, tornando-o o centro de todos os seus interesses.

Os exegetas Douglas Stuart e Gordon D. Fee (2008, p. 219) nos ajudam a visualizar essa dimensão dos Evangelhos:

> Os autores dos Evangelhos, por outro lado, têm um contexto histórico bi ou tridimensional, o que, por seu turno, afeta o contexto literário. Ou seja, eles passam adiante, agora na forma permanente da escrita, os ditos e as narrativas sobre Jesus (nível 1) disponíveis a eles do modo em que foram preservados pela tradição da igreja (nível 2). Por exemplo, compare ICo 11.23. "Pois recebi do Senhor o que também lhes entreguei" (escrito em 54 d.C.) com Lc 22.17-20 (escrito em cerca de 75 d.C.?). A contribuição do autor do Evangelho (nível 3) é a de seleção, arranjo e adaptação (apesar de tal atividade já estar em andamento no período da transmissão oral)".
> [...] Portanto, é com Jesus que Teófilo se encontra, mas Jesus mediado pela memória da igreja primitiva e por Lucas.

Teologicamente, podemos afirmar que os Evangelhos são aquilo que ficou de registro sobre a realização das promessas de Deus para a Igreja do Antigo Testamento, sobre o Messias restaurador e redentor. Kevin Vanhoozer (2005, p. 341), fazendo uma crítica aos críticos do Evangelho como testemunho básico para a salvação, assevera: "No caso dos Evangelhos, os textos são o único acesso que temos aos eventos em questão. [...] A tentativa de ir além desses testemunhos não nos capacita a dizer mais, mas a dizer menos do que eles o fazem". Pensando nos Evangelhos como gênero literário, sua força em expressar com vivacidade e precisão que Jesus é o Messias prometido e que seus feitos são as obras redentivas de Deus na história justifica a necessidade de sua atenção.

5.1.5 A literatura apocalíptica

Já descrevemos a literatura apocalíptica com certa suficiência, quando tratamos dos blocos que formam o códice bíblico. Essa literatura está associada ao gênero profecia, algumas vezes visto como uma subcategoria da profecia bíblica, como nos aponta Roy B. Zuck (1994, p. 156): "Há um tipo especial de literatura profética – os textos apocalípticos. A ênfase neste caso recai exclusivamente no fim dos tempos, e o estilo é simbólico".

É importante atentar para as observações feitas pelos exegetas Douglas Stuart e Gordon D. Fee (2008) sobre a importância de se dar a devida atenção ao contexto histórico e às preocupações teológicas que orientam a mensagem do livro de Apocalipse, por exemplo, para se entender como o gênero literário apocalíptico é usado na elaboração das mensagens presentes nos livros bíblicos. Para eles, "não raro Apocalipse é considerado um livro fechado, parcialmente, por causa das dificuldades próprias do estilo no qual se apresenta e, em parte, porque aplicações especulativas têm sido feitas por pessoas que não entendem o gênero apocalíptico" (Stuart; Fee, 2008, p. 226).

Esses mesmos autores ressaltam a importância de estarmos atentos ao fato de que, no livro de Apocalipse, como a maior unidade do gênero no Novo Testamento, há a presença de elementos epistolares e proféticos. Isso significa que, "ao abordar uma visão (ou carta), deve-se estar sempre atento aos dois pontos focais: a perseguição da igreja, de um lado, e o juízo de Deus contra os perseguidores, de outro (Stuart; Fee, 2008, p. 228).

Douglas Stuart e Gordon D. Fee (2008) ainda destacam o fato de que alguns aspectos das cartas (escritas às sete Igrejas da Ásia Menor) e as visões, parte dominante no livro de Apocalipse, apontariam para o sofrimento da Igreja; esses elementos pertencem, segundo eles, à história de seu autor e dos respectivos leitores. Douglas Stuart e Gordon D. Fee (2008, p. 228) prosseguem definindo como a literatura dominante nesse livro deve ser tratada: "As visões da ira vindoura de Deus, tipicamente à moda profética, devem ser mantidas na tensão entre história e escatologia (julgamento temporal contra o pano de fundo do julgamento escatológico)".

5.2 Normas ou narrativas?

Nesta seção, o convite está lançado para navegarmos por dois dos mais comuns tipos textuais presentes nas Sagradas Escrituras: os textos prescritivos ou normativos e os textos narrativos. Os textos normativos se encontram no Pentateuco, nos sermões de Samuel, em Eclesiastes e em abundância nos textos epistolares. A Bíblia foi escrita, como vimos no tópico anterior, por meio de muitas formas e gêneros literários, porém a prescrição e a narração dominam sua elaboração.

Nas palavras do exegeta Robert B. Chisholm Junior (2016, p. 147): "A estrutura de uma narrativa confere à história seu arranjo básico". Existem muitas formas de as narrativas tratarem de seu conteúdo, com muitos arranjos estéticos, com as figuras de linguagem, as parábolas, entre outros recursos, ou de maneira seca, direta, sem a preocupação com a participação do leitor com a criação imaginativa.

Na sequência, apresentaremos alguns exemplos de textos normativos e de textos narrativos. O objetivo é que você identifique as principais características textuais que perpassam pelos dois cânones das Sagradas Escrituras.

5.2.1 Textos normativos

Para abordarmos os textos normativos, ou aqueles textos que apontam para um ensino claro ou que estabelecem uma norma ou preceito para a crença e para a conduta, vamos descrever as leis, os sermões e as epístolas. Não trataremos de minúcias das principais características desses escritos, mas focaremos aquilo que seja importante e poderá servir na distinção entre um gênero e outro.

Leis

O Pentateuco é chamado pelos judeus, ainda hoje, de Livro da Lei, pois nesse primeiro bloco do Antigo Testamento se encontram em abundância leis que apontam para as áreas cível e religiosa; porém, ambas as áreas estão associadas ao relacionamento da pessoa e do povo eleito com o seu Deus. Elas são caracterizadas por estabelecimento um normativo de crença e de conduta. Crença quando aponta para a resposta da pessoa para Deus, com base na aliança firmada; conduta quando aponta para o agir na comunidade.

As Leis versam sobre algo que está relacionado à raiz da palavra em hebraico – *hāqaq*, que significava "inscrever" ou "talhar". Isso lembra o costume de talhar as leis ou normas locais em tábuas ou pedras e expor para que todos pudessem ver. Por essa razão, as leis apontam para aquilo que se refere a uma regra a ser observada tacitamente, como é o caso dos Dez Mandamentos (Harris; Archer Junior; Waltke, 1998).

Sermões

Como gênero textual, o sermão diz respeito a um discurso oralizado transmitido em forma escrita, mas não é fácil defini-lo claramente. Podemos afirmar que constitui um apelo às pessoas para se comprometerem, no caso bíblico, com a aliança e seus elementos e exigências. O sermão sempre terá como parte invariável de seus elementos a prescrição, ou seja, aponta para uma necessidade de uma tomada de decisão com base no exposto.

O exegeta Leland Ryken (2017, p. 179) entende que o sermão é "discurso falado sobre um assunto moral ou religioso. No entanto, o sermão é uma modalidade difícil de definir com precisão". Esse autor ainda salienta que "poucos discursos nas Escrituras se assemelham aos sermões pregados nas igrejas cristãs de hoje" (Ryken, 2017, p. 179). Entendemos que o livro de Deuteronômio, em grande parte, poderia enquadrar-se no gênero sermão, bem como alguns discursos de Samuel, parte de Eclesiastes e, sem dúvida, algumas exposições de Jesus, como é o caso do Sermão do Monte.

Epístolas

As epístolas representam um dos textos literários mais presentes nas páginas das Sagradas Escrituras, apesar haver diferenças internas entre uma epístola e outra. No Novo Testamento, esse tipo textual identifica as Cartas de Romanos até Judas. Segundo o hermeneuta Roy B. Zuck (1994, p. 154), podemos identificar, quase sempre, dois tipos de textos ou discursos nas epístolas do Novo Testamento: "a) [...] expositivo, que explica determinadas verdades ou doutrinas, quase sempre apoiado na lógica, e b) [...] exortativo, que exorta a seguir determinados comportamentos ou a aquisição de certas características em face das verdades expostas no texto".

Os exegetas Douglas Stuart e Gordon D. Fee (2008, p. 215) advertem quanto à caracterização das epístolas:

> *Embora todos os documentos neotestamentários de Romanos a Judas (21 no total) sejam epístolas, eles são de caráter diferente. Alguns são totalmente ad hoc, ocasionados por situações bem específicas (e.g., Filemom, ICoríntios, Judas e Gálatas), enquanto outros se parecem mais*

com panfletos em geral. Aqui é importante a sensibilidade ao grau em que alguns são mais parecidos com verdadeiras "cartas" mesmo, e alguns são mais públicos e, portanto, verdadeiras "epístolas".

As características mencionadas servem para confirmarmos a diversidade encontrada nas epístolas e para termos o cuidado de observar as diferenças entre elas.

O renomado biblista e exegeta Leland Ryken (2017, p. 54) elenca cinco aspectos que, segundo ele, constituem as partes fixas das epístolas do Novo Testamento:

Abertura ou saudação (remetente, endereço, cumprimentos).

Ações de graça (incluindo elementos tais como oração por bem-estar espiritual, recordação dos destinatários e clímax escatológico).

Corpo da carta (começando com fórmulas introdutórias e concluindo com conteúdo escatológico ou sobre viagem).

Parêntese (exortação moral).

Conclusão (cumprimentos finais e bênção).

Levando em consideração o que apontamos, com base na afirmação dos exegetas Douglas Stuart e Gordon D. Fee (2008) de que temos, de Romanos até Judas, cartas e epístolas, essa caracterização elaborada por Ryken (2017) é aplicável em qualquer dos casos. O que você precisa ter em mente, sobretudo, é o fato de que cartas ou epístolas têm características de texto prescritivo.

5.2.2 Textos narrativos

Conhecemos nossa história, seja pessoal, seja comunitária, em termos de família, cidade, Estado ou país, por meio das narrativas históricas que chegaram até nós. As narrativas históricas são verdadeiras supridoras de memórias identitárias e afetivas. É bem provável que possamos dizer que as narrativas bíblicas, em primeira instância, visavam registrar a história de um povo na relação religiosa com o seu Deus, que provia ao povo identidade e senso de pertencimento histórico.

Para tratarmos das narrativas, não faremos uma classificação, como fizemos com os textos normativos; em vez disso, apresentaremos uma descrição e caraterização geral.

Iniciamos identificando a narrativa conceitualmente, segundo a perspectiva de Roy B. Zuck (1994, p. 149): "Uma narrativa é uma história, evidentemente, mas uma narrativa bíblica é uma história relatada com o intuito de transmitir uma mensagem por meio das pessoas e de seus problemas e circunstâncias".

De acordo com Zuck (1994, p. 150), as narrativas obedecem a uma sequência, em sua maioria: "acontece um problema logo no início, que traz complicações cada vez maiores, e chega-se ao clímax. Daí em diante, a narrativa segue em direção a uma solução e termina com o problema resolvido". Podemos ver esse tipo de texto abundantemente nas Escrituras do Antigo Testamento; às vezes a narrativa é apresentada em formas literárias, como a novela, conforme pode ser observado em Rute e Jó.

O exegeta Robert B. Chisholm Junior (2016, p. 185-186) aponta para a diversidade de formas nas narrativas bíblicas: "A narrativa do Antigo Testamento, definida em seu sentido mais geral, abrange várias formas literárias (e.g., registros e genealogias, entre outras), mas as histórias (neste caso verdadeiras) são o cerne desse gênero". Como podemos identificar a estrutura de uma narrativa e perceber seu movimento, visando chegar a um clímax? Douglas Stuart e Gordon D. Fee (2008, p. 225) esclarecem isso ao tratar de Lucas na relação com Atos dos Apóstolos, por exemplo:

Qual é o propósito desta narrativa ou discurso? Qual é sua relação com o que acabou de ser narrado? Qual é sua função na narrativa de Lucas como um todo? Por que ele inclui isso aqui (a questão da seletividade)? Existem quaisquer peculiaridades na narrativa ou discurso, em comparação com outros em Atos, que possam sugerir pistas quanto aos interesses específicos de Lucas neste ponto?

Essa relação de um Evangelho com um gênero puramente narrativo evidencia o fato de a narrativa ser um gênero complexo, apesar de dominar a literatura bíblica, pois, em uma narrativa, podemos ter muitas formas, discursos, biografias, prosas e muitos outros elementos da literatura (Ryken, 2017). Precisamos ficar atentos à estrutura descrita por Zuck (1994) anteriormente: um problema logo no início, em seguida complicações cada vez maiores, o clímax, a solução e, por fim, o problema resolvido.

5.3 A Bíblia entre o teólogo e o cientista

Vamos considerar as possibilidades de as Sagradas Escrituras proverem conteúdo para a elaboração teológica, seja para fundamentar as razões da fé e da esperança do crente, seja para servir de mediadora na compreensão da sociedade e seus conflitos ou demandas, como a família, o trabalho, a ação de Deus no mundo e as respostas humanas. Também vamos considerar a capacidade de a Bíblia ser provedora epistemológica para o cientista identificar as muitas realidades que se apresentam para serem compreendidas.

Sobre essas muitas possibilidades das Sagradas Escrituras, o pensador cristão Kevin Vanhoozer (2005, p. 19) inquire: "existe alguma coisa no texto que reflita uma realidade independentemente da atividade interpretativa do leitor, ou o texto apenas reflete a realidade do leitor?".

5.3.1 A Bíblia como fonte epistemológica

Depois de Santo Agostinho tratar das condições anteriores (necessárias) para desfrutar do conhecimento das Escrituras e dizer que elas são o supremo saber ou ciência, ele fala da capacidade dessa ciência de levar o ser humano a descobrir o sentido da vida e da realidade. Ele chama o que é gerado no leitor da Bíblia, nesse estágio (quarto grau), de *fortaleza* (Agostinho, 2002).

Você pode encontrar essa argumentação do hiponense na obra *A doutrina cristã: manual de exegese e formação cristã*. Segundo Agostinho (2002, P. 93), "essa ciência que leva à santa esperança não torna o homem presunçoso, mas antes o faz suplicante. Com esse afeto obtém, mediante diligentes súplicas, a consolação do auxílio divino, para que não caia no desespero".

O teólogo de Hipona afirma que essa é a entrada do estudante das Escrituras no que ele chamou de *quarto grau*, que seria a fortaleza, identificado por ele como sendo o instrumento para se ter fome e sede de justiça. Ele diz que, "graças a essa força, ele afasta-se de toda alegria mortífera das coisas temporais e, apartando-se delas, dirige-se ao amor dos bens eternos, isto é, da imutável Unidade que é a Trindade, idêntica a ela própria" (Agostinho, 2002, p. 93). Para Agostinho, esse conhecimento levaria a pessoa que se aproxima das Escrituras a ver nelas a possibilidade de se conhecer realmente.

Kevin Vanhoozer (2005, p. 334), citando Havery, assevera que, para este último, "a 'moralidade' do conhecimento é uma questão de cumprimento das obrigações epistêmicas de quem conhece. A crença não comprovada não é só irracional, mas também imoral". Com isso queremos ver as possibilidades de as Sagradas Escrituras, na qualidade de revelação de Deus, serem base epistêmica sólida para se conhecer a Deus, a nós mesmos e as realidades subjacentes.

Se partimos do que apontou Agostinho, temos de dizer que o objetivo de nossa aproximação das Sagradas Escrituras, primeiramente, é conhecer a Deus, e esse conhecimento é a base de qualquer outro, conforme pondera Kevin Vanhoozer (2005, p. 443), citando Calvino: "Note-se que esse também é o nível de entendimento no qual encontramos o verdadeiro autoconhecimento; como diz Calvino, não existe conhecimento de si mesmo sem conhecimento de Deus". Partimos da pressuposição de que a Bíblia é a Palavra de Deus; portanto, é a maior autoridade para se conhecer a Deus e sobre Deus, mas também sua criação e seus desdobramentos cósmicos, materiais e imateriais.

Kevin Vanhoozer (2005) explica que a resposta que as pessoas dão a essa revelação recebida pelas Sagradas Escrituras é mediada pelos textos sagrados, que são o instrumento de Deus para dar-se a conhecer. Os discípulos, no caminho de Emaús, demonstraram que entenderam a revelação quando decidiram seguir aquele (Jesus) que acabara de ser revelado. "Atingir o entendimento é uma questão de saber como responder a alguma coisa (ou a alguém) segundo a natureza dessa coisa (ou pessoa)" (Vanhoozer, 2005, p. 443).

Kevin Vanhoozer (2005) apresenta um exemplo para transmitir seu raciocínio de maneira prática, ao dizer que nós **mostramos** que apreendemos sobre o que é um martelo quando o **reconhecemos** e fazemos o uso correto dele. Tal qual a demonstração com o martelo, a evidência que que **entendemos** as Sagradas Escrituras se dá na medida em que reconhecemos "Cristo, a sabedoria de Deus, e o seguimos" (Vanhoozer, 2005, p. 443).

Vamos nos valer do belíssimo poder de síntese de Vanhoozer (2005) para apresentar, com base no autor Plantinga, as três visões dominantes que buscam dar sentido à realidade: o naturalismo perene, o antirrealismo criativo e o cristianismo. Sobre o **naturalismo perene**, Plantinga, citado por Vanhoozer (2005, p. 336), afirma: "vê a condição humana em pé de igualdade com a realidade não humana; está propenso a explicações evolucionárias e sociobiológicas de toda experiência humana, do amor à linguagem".

A segunda visão, o **antirrealismo criativo**, "sustenta que são os seres humanos fundamentalmente os responsáveis pela estruturação do mundo 'natural' e também do cultural. Os antirrealistas criativos atribuem à mente humana, e não à divina, o papel de ordenar a realidade" (Plantinga, citado por Vanhoozer, 2005, p. 336).

Sobre a **visão cristã**, o autor aponta para o fato de que "a mente humana também foi projetada por Deus para uma finalidade específica: 'A finalidade do coração é bombear o sangue; a de nossas faculdades cognitivas (no todo), é nos fornecer informações confiáveis'" (Plantinga, citado por Vanhoozer, 2005, p. 336), assim como a linguagem visa servir de mediadora para as relações. O autor segue observando que nós dispomos de uma grande diversidade de instrumentos fomentadores de crenças, como "a percepção, a memória, a intuição – que são projetados para produzir crenças verdadeiras quando estão funcionando adequadamente em um ambiente cognitivamente limpo" (Plantinga, citado por Vanhoozer, 2005, p. 337).

Essa afirmação direciona para a seguinte conclusão: se o texto das Sagradas Escrituras for tratado, em um ambiente limpo, no sentido de considerá-lo com objetividade de intenção dentro de uma esfera que visa conferir sentido às realidades, ele se provará como ponto de partida e de chegada para se obter um conhecimento autêntico. Vanhoozer (2005, p. 337, grifo do original) conclui:

> *Com base em Plantinga, minha tese é a de que a mente é projetada para **interpretar** quando está funcionando adequadamente em um ambiente **linguístico** e **literário** adequado. Quando nos defrontamos com comportamento humano, ou com textos escritos, não precisamos provar intencionalidade, mas podemos legitimamente pressupô-la. **Interpretar – isto é, atribuir significados intencionados ao discurso – é adequadamente básico.***

Vanhoozer (2005) está tratando, principalmente, da objetividade do texto, quando considera sua intencionalidade como fonte para a identificação das realidades dos seres humanos e das realidades subjacentes a eles. Utilizamos sua abordagem para qualificar a visão cristã de mundo, a partir das Sagradas Escrituras, como a única que dá conta de identificar o real significado da existência e suas manifestações. Portanto, a revelação é uma linguagem objetiva e serve de episteme para dialogar com outros saberes na definição do que é real e seus desdobramentos.

5.3.2 O trato das Sagradas Escrituras como fonte teológica

O que consideramos que seja teologia? Karl Barth, em seu trabalho incipiente de teologia, *Introdução à teologia evangélica*, uma série de preleções que fez no final de seu profícuo magistério, assim define *teologia*:

> *A teologia representa um dos empreendimentos humanos costumeiramente qualificados de "científicos" que têm por finalidade perceber um objeto ou uma área como fenômeno, compreendê-lo em seu sentido e tematizá-lo em todo o alcance de sua existência – e isso, dentro do caminho indicado pelo próprio objeto em questão. O termo "teologia" parece*

indicar que ela, por ser uma ciência particular (e muito particular!) visaria perceber, compreender e tematizar a "Deus". (Barth, 1996, p. 5)

Logo em seguida, Barth (1996, p. 5) observa que "ao termo 'Deus' podem ser atribuídos os mais variados sentidos". Com isso se aponta para o sentido alargado do conteúdo teológico, pois não se trata de refletir sobre o Deus cristão e suas relações subjacentes, mas sobre todo discurso que busca explicar a realidade por meio da afirmação ou negação de crenças "religiosas". Na atualidade, esse discurso vai além do termo *religioso*, isto é, sempre que exista a necessidade de que variados saberes se "juntem" para responder a uma questão de interesse comum da sociedade, será possível fazer teologia.

A história do pensamento cristão nos mostra que a filosofia grega, nos primeiros séculos da Igreja cristã, teve um impacto muito profundo na elaboração teológica, pois a filosofia era a base da elaboração da teologia da Igreja. Os reformadores apresentaram uma grande guinada nesse sentido, visto que consideraram que as Sagradas Escrituras seriam a fonte básica para a produção do pensamento teológico.

Sobre João Calvino, por exemplo, Vanhoozer (2015, p. 22) afirma: "embora Calvino defendesse uma revelação geral de Deus disponível à parte de Jesus Cristo, ele também insistia que, em última instância, não conseguimos alcançar o verdadeiro conhecimento de Deus sem os 'óculos de fé' das Escrituras". As Sagradas Escrituras devem ser a matéria-prima na oficina daquela pessoa que esteja envolvida no labor teológico. Para isso, a posição que defende a revelação proposicional das Escrituras partirá sempre da premissa de que tudo que a Bíblia afirma é verdade e suficiente para lançar luz sobre o que precisamos para a nossa salvação e para viver neste mundo com esperança (Schaeffer, 2008).

Nas palavras de Vanhoozer (2005, p. 443): "Todo entendimento textual é uma questão teológica – um encontro com alguma coisa que nos transcende e tem a capacidade de nos transformar, contanto que o abordemos com o espírito correto". Essa é a razão de nossa insistente afirmação de que as Sagradas Escrituras são a fonte primária para dar sentido último a toda a realidade.

5.3.3 O trato do cientista com as Sagradas Escrituras

Para conhecermos determinada realidade, partimos dos universais (Deus, por exemplo) para os particulares (homens, por exemplo), ou dos particulares para os universais, utilizando os métodos dedutivo (parte-se do que já é conhecido e busca-se comprová-lo) ou indutivo (parte-se da observação). Esses são os pontos de partida mais comuns e antigos no campo das ciências. De acordo com Schaeffer (2008), Platão desenvolveu longamente esse pensamento e podemos dizer que a grande preocupação dele teria sido buscar universais[1] que dessem conta de explicar toda a realidade. Francis Schaeffer (2008, p. 75) afirma que Platão "compreendeu o problema básico, que é o que se encontra no campo do conhecimento, bem como no campo da moral, de que deve haver mais particulares, se quisermos que haja sentido".

Os particulares são todas as coisas que vemos, que ganham sentido a partir de algo que se sobrepõe a elas. Schaeffer (2008, p. 76) pergunta: "O que são os universais que atribuem sentido a

---
[1] "De acordo com a linguagem platônica, o universal é aquilo que pertence ao 'mundo transcendental', o mundo das ideias, formas ou realidades metafísicas, enquanto os particulares são os objetos deste mundo material" (Champlin; Bentes, 1995d, p. 675).

estes particulares?". Segundo ele, "os gregos entendiam que, se quisermos realmente saber o que é certo e o que é errado, temos de ter um universal que cubra todos os particulares" (Schaeffer, 2008, p. 77). Os gregos buscaram isso incansavelmente e Platão defendia que um universal é a ideia perfeita sobre algo. Ou seja, não pode haver algo mais perfeito do que a ideia que se tem sobre aquilo. Por exemplo, um sofá representa uma ideia universal sobre o que é um sofá; portanto, não pode haver um sofá que transcenda o que se sabe que seja um sofá a partir da ideia protótipo.

Não vamos adiante com essa questão da teoria do conhecimento, pois teríamos de fazer uma visita a outras escolas de pensamento da epistemologia. Porém, com essas primeiras palavras, temos o fundamento para a afirmação de que Deus é o universal que confere sentido a tudo e não se poderá imaginar nada maior do que Ele. As coisas que vemos e com as quais nos relacionamos ganham sentido de um universal perfeito que criou os cosmos e todo o potencial de qualquer realidade perceptível ou não; quem afirma isso são as Sagradas Escrituras.

Os cientistas têm se relacionado com as Escrituras negando-as como base capaz de conceder o vislumbre de algo que dê sentido às realidades humanas e subjacentes a elas ou concebendo que elas revelam a realidade universal, de onde provêm os entendimentos dos particulares. Muitas vezes, no caminho teórico, é feito o contrário, os particulares exigem receber o sentido a partir do universal revelado nas Sagradas Escrituras. Nesse campo estão os cientistas que aceitam o caráter proposicional das Sagradas Escrituras.

Kevin Vanhoozer (2015, p. 24) cita, por exemplo, que "Schleiermacher aceitou o argumento de Kant de que não podemos conhecer Deus em sua essência, mas apenas à medida que ele é experimentado por nós". Ele prossegue na descrição sobre esse pensador alemão e o grupo de liberais do tempo de Schleiermacher, dizendo: "Schleiermacher e os liberais, em geral, viam a Bíblia não como Palavra de Deus, mas como uma expressão da experiência religiosa humana" (Vanhoozer, 2015, p. 24).

Deus não pode ser conhecido plenamente, mas Ele pode ser conhecido absolutamente naquilo que deu a conhecer nas Sagradas Escrituras pela sua revelação. A experiência cristã é muito importante para adquirir percepções sobre Deus, mas essas experiências são subjetivas. Entretanto, a revelação nas Sagradas Escrituras é objetiva, pois é possível conhecer a Deus e as realidades subjacentes a partir do que fora revelado, e a ciência pode partir desse conhecimento e considerá-lo como aporte epistêmico.

Não podemos nos esquecer da advertência de Karl Barth (1996, p. 7) quanto ao que se pode conhecer de Deus e em qual medida: "em qualquer circunstância só poderá ser obra sua – obra que não poderá ser substituída por nenhum a ciência humana, também não por uma teologia que tenha justamente a ele por objeto". Deus não pode ser exclusividade de ninguém, nem de grupos religiosos, nem de teólogos ou teologias. Ele se dá a conhecer à sua criação, nas Sagradas Escrituras.

5.3.4 Diálogo entre as ciências e as Sagradas Escrituras

Quando Tomás de Aquino trouxe a natureza como parte importante para se conhecer, houve um crescente interesse por aplicar esse relacionamento entre natureza e graça. Antes de Tomás, havia interesse apenas pela graça que apontava para os universais, as questões da alma em sua relação com o eterno. Com a natureza ganhando destaque, os particulares ganham ascensão. O problema é que a ênfase passou a ser mais na natureza do que na graça, como elementos que conferem, juntos, sentidos à realidade; então surgiu a tensão entre graça e natureza (Schaeffer, 2008).

O teólogo Kevin Vanhoozer (2005, p. 381), argumentando contra a neutralidade interpretativa do filósofo Stanley Fish, lança uma perspectiva para a busca do entendimento do texto bíblico como autoridade na emissão de sentido:

> *Na verdade, diversos filósofos da ciência argumentam, com Fish, que aquilo que a ciência descobre depende de um "esquema" específico com o qual o cientista vê o mundo. O que vemos (nossas observações) está condicionado por nossas teorias (nossas formas de ver; nossas "visões" do mundo). A interpretação está no cerne de todas as nossas tentativas de fazer contato cognitivo com a realidade, incluindo a realidade física. Tanto na ciência quanto na interpretação textual, abordamos os dados com um esquema interpretativo e procuramos por um* feedback.

Com ênfase na natureza e não na interação entre graça e natureza para se conhecer, não considerando a revelação como a base primária epistêmica para conhecer, nem mesmo como colaboradora, muitos cientistas erram ao caracterizar a ciência como isenta de perspectivas interpretativas de suas premissas metodológicas. Vanhoozer pontua que isso não é verdade, pois, sempre que nos aproximamos da tentativa de descrever ou identificar a realidade, trazemos uma carga de crenças e premissas constituídas previamente em nossa mente.

O teólogo Afonso Murad (2010), na tentativa de esboçar a importância da consideração interdisciplinar no fazer teológico, argumenta que é necessário que se dialogue com outros saberes na tarefa de fazer teologia. Para ele, esses saberes podem vir antes da teologia, o que, aliás, é um ponto de perigo, pois, se a revelação é o ponto de partida para esse fazer, pode ser algo comprometedor iniciar a tarefa da elaboração teológica por outros saberes que podem ter premissas puramente humanistas.

Murad (2010) entende que esses saberes podem auxiliar no fazer teológico, especialmente em áreas da teologia que precisam destravar os condicionamentos. "Em outros casos, é necessário o diálogo da teologia com diferentes disciplinas e áreas do saber, a respeito de um tema que interessa a todos" (Murad, 2010, p. 36). Temos certeza de que você concordará com a importância da interdisciplinaridade, mas deixando que a revelação nas Sagradas Escrituras fale com clareza.

5.4 O manuseio do texto pelo fiel

Kevin Vanhoozer (2005), fazendo uma descrição histórica no que tange às elaborações filosóficas sobre o lugar do leitor, menciona os estruturalistas, que, até 1960, tratavam o leitor de forma passiva. O autor salienta que, "desde o final daquele período, a atenção tem se voltado para a atividade do leitor de codificação e recodificação. Um texto está incompleto até que evoque uma resposta do leitor" (Vanhoozer, 2005, p. 175).

Os teóricos da comunicação Richard Dimbleby e Graeme Burton (1990, p. 48), em seu livro *Mais do que palavras*, ao abordarem os modelos de comunicação contextualizados, afirmam: "devemos ver o que significa o que o outro está dizendo. Somos, todos os dias, intérpretes de mensagens". Dizemos isso para destacar que vivemos o momento do leitor, como aquele que confere sentido a um texto, que estará sempre aberto até que lhe seja atribuído o que ele diz.

5.4.1 As Sagradas Escrituras como fonte de explicação do propósito da vida

A primeira inquirição da obra *O catecismo maior de Westminster* está assim formulada: "Qual é o fim supremo e principal do homem?". A resposta é logo imediata: "O fim supremo e principal do homem é glorificar a Deus e gozá-lo para sempre" (Marra, 2008, p. 7). Essa resposta está amparada na fonte escriturística: "Porque dele, e por meio dele, e para ele são todas as coisas. A ele seja a glória para sempre. Amém!" (Bíblia. Romanos, 2018, 11,36); "Tu me guias com o teu conselho e depois me recebes na glória. Quem tenho eu no céu além de ti? E quem poderia eu querer na terra além de ti?" (Bíblia. Salmos, 2018, 73,24-26).

Seguindo essa mesma perspectiva, o teólogo Kevin Vanhoozer (2015, p. 13) declara: "A boa notícia sobre o que Deus fez em Jesus Cristo em favor do mundo pressupõe duas verdades teológicas centrais: 1) Deus agiu (há algo de bom para anunciar); 2) Deus falou (a notícia vem dele, portanto é totalmente confiável". Esses dois elementos são básicos na revelação de Deus: seus atos e sua fala. Logo, "Não há evangelho, seja em conteúdo cristológico, seja na forma bíblica, independente da fala e do ato de Deus" (Vanhoozer, 2015, p. 13).

Partindo desse princípio, vamos descrever a trajetória, nas Sagradas Escrituras, da revelação que resume o sentido da vida e da história. Com isso, afirmaremos que não se está na dependência das contingências naturais que governam o mundo sem perspectiva de um sentido meta-histórico.

Criação
Cabe observar que as Sagradas Escrituras apontam para o surgimento do mundo como resultado de intencionalidade e propósito.

O texto sagrado não está preocupado em determinar quando isso aconteceu, se foi em um único ato ou se essa é uma linguagem metafórica. O que não é metafórico é quem criou e em que circunstância esse Criador trouxe tudo à existência. No propósito do Criador existia a intenção do belo, moralmente, culturalmente e mesmo esteticamente, pois Ele deu forma ao ser humano com as próprias mãos e sempre disse: "e viu o que havia sido criado, eis que era muito bom!" (Bíblia. Gênesis, 2018, 1,31).

Essa criação deveria viver muito bem! O ser humano, como representante da criação, é colocado em um *habitat* digno, com beleza, segurança, agradável e rico em água e alimentos. O Criador planejou todas as condições para que sua criação vivesse dignamente, plenamente, para alegria e gozo daquele que a criou.

Queda

Agora convidamos você, leitor, para ler a nota triste de uma catástrofe, na narrativa que o autor do livro de Gênesis escolheu. Trata-se da nota de falecimento da criação – o pecado entra na história. Você pode ler o triste relato em todo o capítulo 3 do livro de Gênesis. Mas o versículo 23 desse capítulo dá o tom dessa nota triste: "O Senhor Deus, pois, o lançou fora do jardim do Éden para lavrar a terra, de que fora tomado" (Bíblia. Gênesis, 2018, 3,23).

O restante do Antigo Testamento se ocupará em demonstrar como o pecado é uma realidade abrangente e afeta o ser humano em sua individualidade, sua percepção da realidade, seu fazer cultural, mas também em todos os seus relacionamentos, tanto com Deus como com os seus semelhantes. Além disso, será mostrado que o Criador já havia estabelecido um plano de redenção para a sua criação. Apesar de esses seres humanos buscarem se aproximar de Deus por vários meios equivocados, Deus revela que Ele fará essa criação viver de verdade outra vez.

Redenção

As Sagradas Escrituras revelam um senso de direção impressionante! Por essa razão, o apóstolo Paulo escreveu aos Gálatas dizendo: "Mas, quando chegou a plenitude do tempo, Deus enviou o seu Filho, nascido de mulher, nascido sob a lei" (Bíblia. Gálatas, 2018, 4,4). O escritor da Carta aos Hebreus entendeu que o sacrifício de Jesus Cristo na cruz foi oferecido para a redenção da criação de Deus. Em Hebreus 10,12-14 encontramos escrito:

> *Jesus, porém, tendo oferecido, para sempre, um único sacrifício pelos pecados, assentou-se à direita de Deus, aguardando, daí em diante, até que os seus inimigos sejam postos por estrado dos seus pés. Porque, com uma única oferta, aperfeiçoou para sempre os que estão sendo santificados.* (Bíblia. Hebreus, 2018, 10,12-14)

A história revelada nas Escrituras apontava para esse desfecho, não como um ato final, mas de acordo com o entendimento de que Deus faria renascer a esperança de todos os que se encontravam longe, pois, por meio da redenção, Ele os trouxe para perto de si e agora o ser humano, criado à imagem e semelhança de Deus, encontra novamente o sentido da vida, conforme é apresentado nas Sagradas Escrituras.

Consumação

No texto do livro de Apocalipse, os capítulos 4 e 5 são a chave para entendermos a ideia bíblica de que a história caminha para a consumação que o Deus revelado nas Sagradas Escrituras planejara. Esses dois capítulos estão no contexto do anúncio dos selos do apocalipse, mas o drama descrito pelo autor é algo que atinge o leitor, pois não há quem possa abrir o livro, que se encontra selado, sem abrir os selos que serão reveladores da história passada, presente e futura.

Mas a cena se desenvolve e eis que aparece o Cordeiro (Cristo) que fora morto para abrir os selos, ou seja, conferir o sentido total da história. A consumação é a realização plena do plano do Deus revelado, plano no qual a esperança é materializada na qualidade de vida anunciada posteriormente em Apocalipse 21,3-5:

Então ouvi uma voz forte que vinha do trono e dizia: — Eis o tabernáculo de Deus com os seres humanos. Deus habitará com eles. Eles serão povos de Deus, e Deus mesmo estará com eles e será o Deus deles. E lhes enxugará dos olhos toda lágrima. E já não existirá mais morte, já não haverá luto, nem pranto, nem dor, porque as primeiras coisas passaram. E aquele que estava sentado no trono disse: — Eis que faço novas todas as coisas. E acrescentou: — Escreva, porque estas palavras são fiéis e verdadeiras. (Bíblia. Apocalipse, 2018, 21,3-5)

E assim as Sagradas Escrituras finalizam, dando sentido para a vida dos seres humanos e conferindo um sentido para a história, contrariando o niilismo que alimenta um mundo sem esperança, em que só resta o desespero existencial diante dos dramas da vida.

5.4.2 As Sagradas Escrituras como fonte de alimento espiritual

As Sagradas Escrituras são a revelação de Deus, apresentando ao ser humano o que lhe é suficiente para a salvação e para viver com firmeza de propósito durante toda a sua vida; isso inclui a provisão de alegria e gozo espiritual, por ter sua identidade firmada em Jesus Cristo, mas também a provisão do que é necessário para viver uma "vida justa, sensata e piedosa, até que Cristo venha" (Bíblia. Tito, 2018, 2,12-13). Então, partimos dessa conversa para abordar as Sagradas Escrituras na condição de alimento espiritual para o fiel.

Com base em uma comparação feita por S. S. Lewis, Vanhoozer (2015, p. 433) afirma que "A primeira exigência que qualquer obra de qualquer arte faz sobre nós é: Rendam-se. Olhem. Escutem. Recebam". Vanhoozer (2015, p. 432) segue citando Lewis, de acordo com o qual, quando recebemos uma obra, "usamos nossos sentidos e imaginação e diversos outros poderes segundo um padrão inventado pelo artista".

Vanhoozer (2015, p. 433), ainda citando Lewis, acrescenta: "Quando Lewis fala em 'recepção', ele está se referindo não a um estado de passividade ou atividade, mas, sim, um estado de obediência ativa. O leitor responde ao chamado do texto: 'olhe. Ouça'". O fiel tem a provisão para crer na providência divina para a sua redenção; isso impacta sua visão de mundo, mas também o fiel é impactado pela leitura das Sagradas Letras na devoção, na prudência e no viver dignamente em todas as esferas da vida.

5.4.3 As Sagradas Escrituras como a base de construção de uma cosmovisão cristã

Deve ser perceptível que, quando se considera que as Sagradas Escrituras são a revelação de Deus, sobre Ele mesmo e sobre o seu plano, se ganha uma visão de mundo que é orientada pelo fato de esse mundo ser propriedade de Deus, pelo fato de Ele ter criado, sustentado e definido um propósito imutável para a sua criação. A partir dessa perspectiva, o biblista Graeme Goldsworthy (2013, p. 279) afirma que "o cânon do Antigo Testamento acaba com um reconhecimento franco de que a história não está completa".

Por que a história não estaria completa? Porque, na metanarrativa, a criação vive na expectativa da consumação da história, que se constitui na consumação do plano de Deus para este mundo.

É nesse sentido que Kevin Vanhoozer (2005, p. 443) nos ajuda a pensar no cânone e provedor de uma visão adequada da realidade:

> o cânone funciona como um instrumento de crítica à ideologia. Além do mais, o cânone exige interpretação continuada, uma exigência que mais uma vez questiona a finalidade das formulações (e instituições) humanas. Por fim, o cânone fornece um modelo interpretativo por meio do qual o passado pode iluminar o presente. O cânone não gera uma tradição estática, imutável e absoluta, mas, sim, uma tradição bastante dinâmica de interpretação crítica.

Os textos sagrados devem ser lidos como sendo vivos e como textos que tratam de realidades vivas, no sentido de apontarem o sentido último, mas também de serem sempre capazes de dizer o que foi dito há tempos, isto é, dizer a mesma coisa, porém por meios atuais, dinâmicos, que possam levar a mensagem do texto desde que foi proposta, desde seu nascimento. Então o texto serve de base para todos os fiéis, de todos os tempos, enxergarem o mundo como Deus o enxerga.

Vanhoozer (2005, p. 441, grifo do original) enfatiza a qualidade da leitura do texto, dizendo que "não deveríamos ler a Bíblia como qualquer outro livro, mas deveríamos ler cada um dos outros livros da maneira como aprendemos a ler a Bíblia, **ou seja, em um espírito de entendimento que deixa o texto ser o que ele é e fazer o que pretende**".

5.5 Beleza literária

Nesta última seção, vamos falar de beleza, no campo da estética literária. Não trataremos desse tema como campo filosófico, mas literário, como abordamos em alguns momentos deste escrito. Na estética filosófica, um de seus grandes nomes, Friedrich Wilhelm Joseph von Schelling (1984), dá uma grande contribuição para o avanço do estudo da estética da vida, em termos filosóficos. Kevin Vanhoozer (2005, p. 513) prefere se referir a um filósofo mais recente: "Nietzsche é um dos pensadores preeminentemente 'estéticos' da modernidade. Para Nietzsche, então, uma existência estética é a única opção humana, e ele se esforçou muito para fazê-la parecer libertadora".

Não pensamos em estética na perspectiva da ética, buscando o *telos*[2] significativo, mas como a beleza da arte de se comunicar pela escrita. Quando abordamos os gêneros literários, descrevemos as variadas formas pelas quais esses estilos de transmitir conhecimentos, pensamentos ou visões são utilizados nos escritos das Sagradas Escrituras. A esta altura de nossa elaboração, vamos considerar esses gêneros na perspectiva da beleza literária que aparece por meio deles.

Roy B. Zuck faz uma pergunta retoricamente se "a Bíblia apresenta brilho literário"; ele responde afirmativamente e argumenta citando Ryken: "A literatura bíblica está repleta de aventuras, fatos maravilhosos, batalhas, personagens sobrenaturais, vilões [...] heróis valentes, heroínas belas e corajosas [...] cárceres, sagas, histórias de resgates, romantismo, heróis juvenis. [...] A literatura bíblica tem vida" (Ryken, citado por Zuck, 1994, p. 145).

---

2   Termo grego que se refere à ideia de finalidade ou objetivo de uma vida, por exemplo. Nesse caso, o termo está aplicado ao campo da ética, expressando a ideia de uma vida que é orientada, em relação ao comportamento, por determinados valores.

5.5.1 Deus criou o belo

Analisando as primeiras narrativas das Sagradas Escrituras, de Gêneses, nos capítulos 1 a 3, perceberemos que esses textos iniciam envolvidos por beleza no estilo de conduzir as pessoas que os leem para bem próximo do que é apresentado, em um misto de euforia e lamento. O texto inicia com uma mistura de narrativa e poesia, conferindo brilho à história e buscando despertar interesse, o que dá a entender que o autor tinha consciência de que estava descrevendo o maior acontecimento da história, até aquele momento.

Essas narrativas estão envolvidas pela beleza criada, demonstrando que o Criador tem interesse no belo, pois Ele criou o mundo com estética moral e espiritual e ética. Com base no que já mencionamos, o belo é significado a partir de uma referência universal – o Criador, que é moralmente, espiritualmente e eticamente perfeito. Mesmo que Deus não seja visto fisicamente, Ele se deixou ver na Pessoa de Jesus Cristo (Bíblia. Colossenses, 2018, 2,15). Ele criou todas as realidades materiais e imateriais e disse: "eis que é muito bom" (Bíblia. Gênesis, 2018, 1,31).

A aprovação do Criador é para o conjunto da obra! No ato criador das condições físicas e espirituais para que o homem e a mulher vivessem dignamente e plenamente, não são criadas todas as coisas, mas o Criador cria as condições e a potencialidade de tudo o que, culturalmente e psicologicamente, viesse a ser necessário para que a criação humana cumprisse o mandato divino: "Então Deus os abençoou e lhes disse: Frutificai e multiplicai-vos; enchei a terra e sujeitai-a; dominai sobre os peixes do mar, sobre as aves do céu e sobre todos os animais que se arrastam sobre a terra" (Bíblia. Gênesis, 2018, 1,28).

É necessário observar isso para não se atribuir a outra fonte a beleza na arte de dizer as coisas, seja pela escrita, seja pela oralidade. Na narrativa bíblica, muito cedo nos deparamos com as pessoas descobrindo suas habilidades para as artes, como no caso de Jubal, que é, provavelmente, o inventor dos instrumentos musicais e quem primeiro os tocou (Bíblia, Gênesis, 2018, 4,21), e Tubalcaim, aquele que inventou os primeiros utensílios de metal (Bíblia. Gênesis, 2018, 4,22). No tempo de Noé, já eram conhecidas as técnicas da construção naval, e o restante do Antigo Testamento vai nos mostrando o desenvolvimento cultural da criação. Com isso, afirmamos que o belo tem sua origem e referência em Deus.

5.5.2 A estética literária

Os cristãos de muitas épocas não deram a importância devida ao lugar das formas literárias presentes no modo de estruturar a mensagem em texto, para ser transmitido até as gerações que vieram e que virão. Segundo Leland Ryken (2017, p. 11, grifo do original), essa atitude se baseia em uma premissa básica: "as formas literárias da Bíblia são 'meramente o veículo' daquilo que é realmente importante: a mensagem. Nessa linha de pensamento, as formas literárias da Bíblia são **somente as formas** em que a mensagem vem até nós".

Ryken (2017, p. 11) afirma que é justamente o contrário contrário, as formas literárias "são as **formas únicas** em que o conteúdo é comunicado. Sem a forma, não há conteúdo. A forma é o sentido. O sentido está representado pela forma". Ainda defendendo a riqueza das formas e técnicas presentes nos textos das Sagradas Escrituras, esse autor segue afirmando: "Essa sofisticação da técnica literária evidencia certo grau de consciente habilidade artística por parte dos escritores, como a iniciação desses autores nas formas e técnicas da literatura que eram partilhadas pelos escritores dos tempos bíblicos" (Ryken, 2017, p. 11).

Podemos perceber isso quando Robert B. Chisholm Junior (2016, p. 312) trata da estrutura dos textos na consideração com as formas ou gêneros que os compõem: "os textos hínicos, didáticos e proféticos frequentemente apresentam um argumento ou uma estrutura lógica". Roy Zuck (1994, p. 146-147), citando Ryken, exalta a riqueza literária das Sagradas Escrituras: "A maestria bíblica, com relação tanto à forma quanto ao estilo, torna-a obra-prima da literatura. Suas histórias e poemas são 'frutos de riqueza de habilidade verbal e imaginação', o que a coloca na condição de livro de notável excelência literária".

Essa perspectiva das Sagradas Escrituras deve deixar o leitor eufórico, uma vez que apresentam um texto milenar, sempre atual, pois foi elaborado com uma preocupação com os mínimos detalhes.

5.5.3 As Sagradas Escrituras expressam vida por meio da arte literária

Quando lemos o poema *Canção do exílio*, de 1846, escrito por Gonçalves Dias, é impossível não fazer uma viagem imaginativa, quando o autor declara, nas primeiras estrofes:

Minha terra tem palmeiras,
Onde canta o Sabiá;
As aves, que aqui gorjeiam,
Não gorjeiam como lá.
Nosso céu tem mais estrelas,
Nossas várzeas têm mais flores,
Nossos bosques têm mais vida,
Nossa vida mais amores [...]. (Dias, 2022)

Faça o mesmo exercício lendo os poemas do escritor de Cantares de Salomão, por exemplo:

> 7 Dize-me, ó tu, a quem ama a minha alma:
> Onde apascentas o teu rebanho, onde o fazes deitar pelo meio-dia;
> pois, por que razão seria eu como a que anda errante pelos rebanhos de teus companheiros?
> 8 Se não o sabes, ó tu, a mais formosa entre as mulheres,
> vai seguindo as pisadas das ovelhas,
> e apascenta os teus cabritos junto às tendas dos pastores. (Bíblia. Cântico dos Cânticos, 2018, 1,7-8)

Podemos iniciar um exercício imagético de visualização de um campo, com mato baixo, mas algumas árvores de sombras maiores; nesse campo há ovelhas e locais de acomodação dos pastores que cuidam do rebanho. Assim, podemos observar como as poesias apresentadas transmitem vida, criatividade na escolha certa do ritmo, das palavras, das imagens a serem criadas, levando a pessoa ao mundo do escritor e dos personagens, sem deixar de transmitir o que desejava.

O teólogo Kevin Vanhoozer (2005) faz uma inferência acerca da relação da vida com as narrativas que vinculam histórias e criam alianças, com base em uma leitura de Habermas[3]. Mesmo sendo uma citação longa, queremos convidar você, leitor, para montarmos o esquema racional de nossa percepção de que **as Sagradas Escrituras expressam vida por meio da arte literária**:

> *A maneira pela qual nos envolvemos em uma ação comunicativa – na fala e no entendimento – diz alguma coisa não só sobre nossa visão de interpretação, mas sobre como vemos nossa **vocação** como seres humanos.*

---

3   Filosofo, historiador, teórico de muitas das ciências sociais (Habermas, 2004).

> *De uma perspectiva cristã da ação comunicativa e da interpretação, um indivíduo não é nem uma vontade absoluta de potência nem o lugar de um conflito de discurso, mas, sim, um agente comunicativo em uma relação de aliança. Estar em uma relação de aliança é estar ligado a outros por meio das palavras; é lançar um chamado ao outro e responder ao chamado do outro. A fé também é fundamentalmente uma relação de aliança, mediada em grande parte por palavras ("... a fé vem por se ouvir..." – Rm 10.17). O fato de o self[4] possuir um formato narrativo decorre em grande parte da aliança do discurso; o presente de uma pessoa é constituído por seu passado e por seu futuro, especialmente pela maneira pela qual a pessoa assume a própria palavra.* (Vanhoozer, 2005, p. 515, grifo do original)

Isso ressoa nas palavras de Roy B. Zuck (1994, p. 146): "Como literatura, a Bíblia traz o registro de experiências humanas. Ela fala de emoções e conflitos, vitórias e derrotas, alegrias e tristezas, defeitos e pecados, prejuízos e benefícios espirituais. Intrigas, suspense, emoções, fraquezas, desilusões, contratempos". Por fim, Robert B. Chisholm Junior (2016, p. 313) sela essa perspectiva, ao afirmar que "Os salmos de petição (ou lamento) são gritos de socorro que vêm das profundezas. Salmistas sofredores lamentam as circunstâncias que enfrentam, suplicam a Deus por libertação e expressam sua fé e esperança".

Temos uma tendência de ver os dramas como o lado feio da vida, mas a poesia, como o autor deste livro prefere dizer, é o gênero literário com maior capacidade de expressar sofrimento, dor e esperança ao mesmo tempo. A Bíblia narra o grande drama da humanidade, não escondendo os sofrimentos, os desencontros

---

4   Na perspectiva abordada pelo autor, *self* refere-se à consciência que o indivíduo tem de si mesmo e à forma como essa consciência é externalizada.

desastrosos, os assassinatos e as ambições maléficas, sem, contudo, deixar de transmitir tudo isso com beleza e de afirmar a esperança de renovo – uma realidade messiânica.

Síntese

Neste capítulo, abordamos o conceito de gênero literário e elencamos alguns gêneros presentes nos escritos das Sagradas Escrituras, algumas vezes citando exemplos de suas aplicações. Em seguida, enfocamos as normas e as narrativas. Para atender a esse propósito, conceituamos suas aplicações e demonstramos o quanto elas estão presentes nos textos sagrados.

O terceiro aspecto examinado foi a relação entre a Bíblia, o teólogo e o cientista. Buscamos mostrar que as Sagradas Escrituras são base e subsídio para a reflexão teológica. Também procuramos estabelecer a possibilidade de a revelação ser a linguagem epistemológica para a elaboração do saber teológico, mas também de auxiliar outros saberes. Ainda, argumentamos que as Sagradas Escrituras oferecem um referencial para que as coisas sejam compreendidas e a realidade ganhe sentido a partir da realidade de Deus, revelado nas Sagradas Escrituras.

Em seguida, fizemos uma reflexão sobre o manuseio do texto bíblico pelo fiel, sendo a provisão para se entender o sentido da vida, conceber uma cosmovisão bíblica, mas também provendo ao fiel o conteúdo para sua devoção e espiritualidade. Finalizamos o capítulo aplaudindo o belo. Discorremos sobre o fato de as Sagradas Escrituras manifestarem beleza literária e apresentarem vida e dinamismo em sua forma de transmissão do conteúdo sagrado.

Neste ponto, podemos afirmar que o professor e o aluno que mencionamos no início deste capítulo receberam subsídios suficientes para, com segurança, vislumbrar a montagem de uma peça teatral sobre uma narrativa bíblica que foi escrita utilizando o gênero novela. Esperamos que este estudo tenha ajudado na percepção de que os gêneros e tipos textuais foram usados amplamente para a elaboração dos textos sagrados.

Atividades de autoavaliação

1. O que caracteriza os gêneros literários, segundo Roy B. Zuck (1994)?
    a) São caracterizados por algumas formas, como é o caso das narrativas, e conteúdo, como é o caso do discurso lógico, ou um dos dois, separadamente.
    b) São caracterizados pelo ritmo e pelo conteúdo.
    c) São caracterizados pela estrutura de linhas e pelo conteúdo.
    d) São caracterizados pelo ritmo e pela forma.
    e) São caracterizados pela estrutura rítmica e pela forma.

2. Quais são os livros que compõem o bloco dos livros poéticos?
    a) Jó, Salmos, Cantares, Rute, Ezequiel e Lamentações.
    b) Jó, Salmos, Ester, Deuteronômio e Lamentações de Jeremias.
    c) Jó, Salmos, Lamentações de Jeremias, Esdras e Neemias.
    d) Jó, Salmos, Cantares, Jeremias, Esdras e Neemias.
    e) Jó, Salmos, Provérbios, Eclesiastes e Cantares.

3. O exegeta Leland Ryken (2017) trata o sermão como forma literária. Com base na abordagem desse autor, o sermão pode ser definido como:
   a) uma preleção que não pode ultrapassar 30 minutos de duração.
   b) uma apresentação oral que visa ao convencimento de uma ideia pessoal.
   c) um discurso oralizado cujo tema é moral ou religioso.
   d) um discurso em torno de um personagem.
   e) sempre uma abordagem filosófica sobre uma verdade religiosa.

4. Leia com atenção as seguintes afirmativas:
   I) A crença não comprovada é não só irracional como também imoral.
   II) A revelação está distante de qualquer conversa epistemológica.
   III) As Sagradas Escrituras, na qualidade de revelação de Deus, são a base epistêmica sólida para se conhecer a Deus, a nós mesmos e todas as realidades subjacentes.
   IV) O único meio de conhecer as realidades filosóficas e religiosas é pelos métodos das ciências naturais.

   Agora, assinale a alternativa correta:

   a) Somente as afirmativas I e II são verdadeiras.
   b) Somente as afirmativas I e III são verdadeiras.
   c) Somente a afirmativa I é verdadeira.
   d) Somente as afirmativas II e IV são verdadeiras.
   e) Nenhuma das afirmativas é verdadeira.

5. Quais verdades da fé cristã são pressupostas na mensagem acerca do que Deus fez em favor das pessoas por meio de Jesus Cristo, segundo Vanhoozer (2015)?

   a) 1) Deus amou (não recusará ninguém); 2) Deus se ausentou de Jesus (existe pouca esperança).
   b) 1) Deus estava em Cristo (mistério indecifrável); 2) Deus irou-se (dependerá unicamente do ser humano).
   c) 1) A fé é um passo no escuro; 2) Deus providenciou tudo e se ausentou.
   d) 1) Deus veio na direção do ser humano (temos uma boa notícia para anunciar); 2) Deus se comunicou com o ser humano (a notícia vem de Deus; assim, é confiável).
   e) 1) As boas obras são fundamentais para a paz humana; 2) Deus está sempre agindo (não existem definições sobre o futuro).

Atividades de aprendizagem

Questões para reflexão

1. Qual é a importância da abundância da narrativa na composição das Sagradas Escrituras?

2. É possível que as Sagradas Escrituras sejam uma fonte confiável para a identificação dos universais que dão sentido aos particulares da ciência?

3. O que se pode dizer sobre a relação entre a beleza literária presente na composição das Sagradas Escrituras e Deus como a fonte do belo?

Atividade aplicada: prática

1. Elabore um quadro com as parábolas do Novo Testamento e registre as principais características encontradas em cada uma delas. Faça uma síntese dos benefícios das parábolas para a comunicação das verdades religiosas por aqueles que têm a responsabilidade do ensino nas comunidades de fé.

capítulo seis

Sagradas Escrituras
e hermenêutica

6

Neste capítulo final de nossa jornada, trataremos de diversos conhecimentos importantes para o nosso estudo. Enfocaremos aspectos da filosofia da linguagem, da história da interpretação bíblica (especialmente) e da contemporaneidade, no que tange ao trato do texto e seus desdobramentos práticos para o fiel, para a comunidade de fé e também para a ciência que lida com a reflexão sobre a constituição das realidades, a forma como aparecem para nós.

Iniciaremos com um recorte histórico para identificarmos as principais escolas de interpretação bíblica. Não faremos essa abordagem desde as escolas judaicas de interpretação, tais como a escola de Hillel e Shammai, e sim partiremos das escolas das Igrejas ocidentais e orientais até a escola da Reforma Protestante. Em seguida, faremos uma reflexão sobre a Bíblia na relação com a sociedade. Nesse aspecto, buscaremos compreender o impacto de prescrições e valores das Sagradas Escrituras sobre as elaborações dos seres humanos nas sociedades.

Em terceiro lugar, faremos algumas considerações acerca do lugar da Bíblia diante das tensões epistemológicas na produção de conhecimentos e definições das realidades. Não buscaremos fazer um estudo das teorias do conhecimento, mas apresentar a revelação de Deus como uma consideração possível na elaboração do conhecimento daquilo se apresenta como real aos seres humanos.

Em seguida, analisaremos as possibilidades hermenêuticas no tratamento do texto bíblico, em que a ênfase recairá sobre as críticas, tais como a crítica textual e a crítica das fontes. Majoritariamente, buscaremos descrever a crítica, bem como seu surgimento e impacto na interpretação das Sagradas Escrituras. Por fim, lidaremos com a seguinte questão: "Há significado objetivo ou histórico no texto sagrado?". Nessa abordagem, trataremos da importância da identidade autoral de um texto para se chegar ao seu sentido primário.

Esta será uma jornada de descobertas na qual será necessário dialogar com outros saberes que nos auxiliarão na análise das questões a serem examinadas nesta reta final.

Agora, imagine que, em uma classe de escola bíblica na qual os estudantes estão interpretando os Evangelhos, uma determinada pessoa do grupo selevanta-se para contribuir com a aula e fala sobre suas descobertas no texto do Evangelho de Mateus, no capítulo 5, versículo 3, que diz o seguinte: "Bem-aventurados os pobres em espírito, porque deles é o Reino dos Céus" (Bíblia. Mateus, 2018, 5,3). Essa pessoa explica o sentido que deu ao texto: as pessoas que não são pobres devem ter muito cuidado com essa classe da sociedade, pois os pobres estariam caminhando para dominar a todos e o mundo. Ou seja, cuidado com os pobres!

Ao finalizar sua exposição, a pessoa pergunta se, em sua avaliação, ela foi bem-sucedida no trato do texto bíblico. O que você responderia a ela?

6.1 As escolas de hermenêutica

A hermenêutica não é uma área de estudo exclusiva dos estudos teológicos, como muitos costumam pensar; antes, trata-se da ciência ou arte de interpretar. É um conhecimento auxiliar no direito, na literatura, na filosofia, na arte e também nos estudos bíblicos. A palavra *hermenêutica* vem da língua grega e está relacionada ao período mitológico, quando para cada saber havia a designação de uma divindade. Diz-se que Hermes era o deus grego que interpretava os sonhos ou desejos mais profundos (Champlin; Bentes, 1995b)

Na tradição cristã, a palavra *hermenêutica* está associada ao que fez Esdras, ao ler e explicar a Torá aos seus concidadãos, conforme conta Roy B. Zuck (1994, p. 10):

> Vários meses depois que Neemias concluiu a reconstrução dos muros de Jerusalém e os israelitas haviam-se instalado em suas cidades, o escriba Esdras leu para a congregação no "livro da lei de Moisés" (os cinco primeiros livros da Bíblia). O povo havia-se reunido em frente à Porta das Águas (Ne 8.1). Esdras leu na lei desde o amanhecer até ao meio-dia (v. 3). Os levitas também leram na lei em voz alta, "claramente, dando explicações, de maneira que entendessem o que se lia" (vv. 7.8). Em consequência, todos do povo alegraram-se, "porque tinham entendido as palavras que lhes foram explicadas" (v. 12).

Ali estava acontecendo um ato hermenêutico, visto que o final indica que os ouvintes estavam alegres, pois alguém lançara luz para que eles enxergassem o que havia no texto, seu significado para as pessoas daqueles dias; depois de quase 800 anos da composição do texto até aqueles dias, as palavras do Pentateuco ganharam sentido e vida, pois foram interpretadas. Porém, como existe um misto de objetividade e subjetividade em toda interpretação, não demorou para que surgissem as escolas de interpretação das Sagradas Escrituras. Abordaremos aquelas que surgiram a partir dos Pais da Igreja.

O hermeneuta Roy B. Zuck (1994, p. 41) observa que "Duas escolas de pensamento surgiram cerca de 200 anos depois de Cristo. Eram escolas de concepções hermenêuticas que tiveram forte impacto sobre a igreja nos séculos posteriores". É certo que essas duas escolas, logo em seguida, foram as que tiveram grande impacto no restante da cristandade; a elas acrescentaremos a escola dos pais latinos, a escola medieval e a escola dos reformadores.

6.1.1 A escola de Alexandria

Importante!

A escola de interpretação bíblica de Alexandria é caracterizada pelo método alegórico e recebeu forte influência de Filo. Falando da influência de Filo de Alexandria, um judeu que utilizava o método alegórico para interpretar as obras de Homero e de alguns estoicos, Gerald Bray (2017, p. 82) afirma que, para Filo, "A essência da alegoria é a convicção de que acima e além do significado literal de um texto há um sentido mais elevado (ou talvez vários sentidos elevados)".

Filo recebeu forte influência de dois grandes pensadores gregos: Heráclito e Platão. Heráclito, para a interpretação da *Ilíada* e da *Odisseia*, desenvolveu uma ideia de que essas obras tinham um sentido mais profundo do que aquele que aparentavam. Platão acreditava que o mundo em que vivemos é apenas uma representação da realidade imaterial, existindo como um mundo perfeito. Dessas influências surgirá a escola de formação de Alexandria (Lopes, 2004).

Para fins didáticos, relacionaremos apenas quatro Pais da Igreja que representam a hermenêutica alegórica na interpretação bíblica.

Clemente de Alexandria (150 a 215)

Esse Pai da Igreja foi um dos líderes da escola catequética de Alexandria, substituindo Pantenus, em 180 d.C. Ele foi aquele que tratou mais seriamente da interpretação da Bíblia pelo método alegórico, para descobrir o sentido mais profundo dos textos sagrados e estabelecer a harmonia entre os dois testamentos (Lopes, 2004, p. 131).

Segundo Gerald Bray (2017, p.83), "Acima de qualquer outro mestre cristão, Clemente foi responsável por introduzir na igreja uma exegese baseada em Filo". Zuck (1994, p. 41) explica que "Clemente ensinava que todas as Escrituras utilizavam uma linguagem simbólica misteriosa". Segundo ele, dois motivos eram apontados para Clemente utilizar e divulgar o método alegórico: "servia para despertar a curiosidade dos leitores, e outro era que as Escrituras não deviam ser entendidas por todos" (Zuck, 1994, p. 41).

Orígenes (cerca de 185 a 253)

Descrevendo Orígenes, esse Pai da Igreja cristã dos primeiros séculos, Gerald Bray (2017, p. 83) destaca o raro preparo para a época: "Foi um dos raros estudiosos de hebraico da igreja e procurou estabelecer o sentido literal do texto bíblico como base para o desenvolvimento de sua exegese alegórica". Orígenes deu uma grande contribuição para a incipiente crítica textual, quando elaborou uma espécie de manual com seis colunas, cada uma delas com uma versão do Antigo Testamento. Falando dessa produção máxima de Orígenes, a *Héxapla*, Roy B. Zuck (1994, p. 41) afirma que "esse trabalho imensurável consumiu cerca de 28 anos".

Esse Pai da Igreja ficou conhecido por se utilizar e ser um ardoroso defensor do método alegórico. De acordo com Zuck (1994, p. 41-42), em seu livro *De Principiis,* Orígenes "ressaltou que, como a Bíblia está repleta de enigmas, parábolas, afirmações de sentido obscuro e problemas morais, o sentido só pode ser encontrado num nível mais profundo", que seria o método alegórico. Orígenes também produziu obras significativas no campo da apologética cristã.

Atanásio de Alexandria (296 a 373)

Atanásio de Alexandria é muito conhecido pela sua sentença sobre a doutrina da Trindade, quando, por ocasião do Concílio de Niceia, em 325, mesmo sendo um diácono na época, deu uma contribuição definitiva para essa doutrina, numa posição de condenação ao arianismo. Gerald Bray (2017, p. 85) define Atanásio como o "teólogo supremo da igreja alexandrina", que teria produzido parte de sua obra para se opor a Ário. Ele defendia a interpretação literal das Escrituras, porém admitia que certos textos não poderiam ser interpretados literalmente, quando então recorria ao método alegórico.

Ciro de Alexandria (cerca de 375-378 a 444)

Grande teólogo alexandrino, Ciro contribuiu com muitos comentários e produções teológicas. Considerava a interpretação literal das Escrituras, no entanto, à semelhança de Atanásio, entendia que havia textos que exigiam a interpretação alegórica (Bray, 2017). Mesmo que acreditasse que o método exegético deveria encontrar a presença cristológica em todos os textos das

Sagradas Escrituras, é possível observar, em suas produções, que Ciro não era tão radical quanto Orígenes, nesse sentido do trabalho hermenêutico (Bray, 2017).

6.1.2 A escola de Antioquia

Vamos tratar agora de outra escola de ensino das Sagradas Escrituras que ganhou destaque na história da hermenêutica bíblica. A escola antioquiana é uma reação dos pais daquela tradição, ligados às igrejas de Antioquia da Síria, ao crescente abandono por parte dos pais alexandrinos do entendimento literal das escrituras, bem como uma reação ao letrismo judaico. Além de os pais de Antioquia valorizarem a interpretação literal das Escrituras, eles incentivavam o estudo das línguas originais, como o hebraico, o aramaico e o grego (Lopes, 2004).

A fundação dessa escola é atribuída, por muitos pesquisadores, a Doroteu e a Lúcio, no final do século III, ainda que haja a atribuição a outros, como é o caso do primeiro presbítero de Antioquia, Deodoro, o qual teria sido o mestre de Teodoro de Mopsuéstia e de João Crisóstomo, grandes mestres da interpretação bíblica (Berkhof, 2000). Apesar de haver muitos Pais da Igreja nessa escola de interpretação das Sagradas Escrituras, mencionaremos apenas três.

Eusébio de Cesareia (263 a 340)
O pesquisador da história da interpretação bíblica Gerald Bray (2017, p. 86) nos conta sobre Eusébio: "Grande estudioso da Bíblia, Eusébio foi responsável, juntamente com seu amigo Panfílio, por preparar uma edição crítica da Septuaginta de Orígenes e outra do Novo Testamento. [...] foi pioneiro dos estudos dos Evangelhos". É reconhecido que Eusébio contribuiu grandemente para a exegese dos Evangelhos; especialmente em seu trabalho sobre a harmonia

dos Evangelhos, considerando que Mateus deveria ter a proeminência na ordem dos Evangelhos, sistematizou as mensagens sinóticas. Tem a marca de ser considerado o mais sistemático estudioso das Sagradas Escrituras da Igreja Antiga (Blay, 2017).

Gerald Bray (2017, p. 87) afirma que "fica nítido que Eusébio seguia Orígenes muito de perto, e isso surpreende um pouco, visto que ele estava muito mais interessado em detalhes históricos e críticos do que Orígenes". Mesmo diante de sua proximidade com as ideias de Orígenes, Eusébio foi um ardoroso defensor da interpretação literal das Sagradas Escrituras.

João Crisóstomo (347 a 407)

Sobre João Crisóstomo, costuma-se ressaltar que, apesar de a escola de Antioquia ter ganho uma reputação negativa, em função do nestorianismo[1], ele será o único com a reputação inabalada, pois foi reconhecido como um exegeta prático e piedoso, entendendo-se que o resultado de seu trabalho exegético visava à piedade e à explanação das Sagradas Escrituras; por essa razão, veio a ser chamado de "Boca de Ouro". Fez uma vigorosa defesa do método histórico-gramatical, que preferia ao método alegórico (Berkhof, 2000).

Teodoro de Mopsuéstia (350 a 428)

Teodoro de Mopsuéstia é considerado um dos maiores exegetas da Igreja Antiga. "Ele escreveu comentários de quase todos os livros da Bíblia, que se destacaram por suas ousadas investigações críticas de autoria e data" (Bray, 2017, p. 87). Sua abordagem

---

1 Corrente teológica do século IV a V que derivou de Nestório, um teólogo da escola de Antioquia que buscava encontrar uma forma de explicar a dupla natureza de Jesus, sem anular uma ou outra – a ideia de o *logos* e o humano manterem suas características próprias (Bray, 2017).

na interpretação bíblica era de uma postura contrária ao método alegórico e de defesa do método literal. O hermeneuta Roy B. Zuck (1994, p. 43) informa: "conta-se que Teodoro de Mopséstia foi o maior intérprete da Escola de Antioquia. No último dos seus livros, *Da Alegoria e História Contra Orígenes*, ele pergunta: 'Se Adão não era de fato Adão, como a morte foi introduzida na raça humana?'".

Apesar de Teodoro de Mopsuéstia ser conhecido no estudo da formação do cânone por contestar alguns livros da lista majoritária, não perdeu o crédito na qualidade de "príncipe da exegese primitiva" (Zuck, 1994, p. 43). Ele seria conhecido, nos dias atuais, por ideias mais liberais, pois tinha uma tendência mais humanista no trato das Sagradas Escrituras.

6.1.3 A escola dos Pais da Igreja latina

Vamos perceber que a escola dos Pais da Igreja latina ou da Igreja Ocidental é caracterizada por um caminho do meio, entre a alegoria e o literalismo, pois encontraremos a presença das duas práticas em seu meio. Sobre a escola da Igreja latina, Louis Berkhof (2000, p. 120) afirma que "seu aspecto mais característico, no entanto, se encontra no fato de ter promovido outro elemento, o qual não tinha se feito valer até aquele tempo, a saber, a autoridade da tradição e da Igreja na interpretação da Bíblia". Trataremos de apenas dois Pais da escola ocidental: Jerônimo e Agostinho.

Jerônimo (347 a 419)

Nas palavras de Gerald Bray (2017, p. 91), Jerônimo "foi certamente o maior estudioso da Bíblia na igreja latina". Foi um dos grandes tradutores de obras teológicas e textos bíblicos, como é o caso da edição da Vulgata latina (já vista), do grego para o latim. Passou por dois momentos em sua trajetória como intérprete das Escrituras:

na primeira fase, seguiu Orígenes; na segunda, voltou-se para uma interpretação literal das Escrituras, "embora [...] sua rejeição da alegoria tenha sido mais aparente do que real" (Bray, 2017, p. 92).

Roy B. Zuck (1994, p. 44) acrescenta que Jerônimo "começou adotando a alegorização de Orígenes. Sua primeira obra exegética, *Comentário sobre Obadias*, foi alegórica. Posteriormente, porém, assumiu um estilo mais literal, depois de ter sido influenciado pela escola antioquina e pelos mestres judeus". Deixou um legado de alguns livros das Sagradas Escrituras comentados.

Agostinho de Hipona (354 a 430)

Agostinho não é o maior intérprete das Sagradas Escrituras, mas de longe é o maior pensador da Igreja. Apontando para essa conclusão, Gerald Bray (2017, p. 92) assevera: "Como o maior dos pais latinos, a reputação de Agostinho se fundamenta em suas obras teológicas e não nas exegéticas. Ele se opôs ao fato de Jerônimo usar o texto hebraico, e não a Septuaginta, porque considerava isso uma postura judaizante".

No livro *A doutrina cristã: manual de exegese e formação cristã*, Agostinho (2002, p. 92) caracteriza a leitura adequada das Escrituras como a mais elevada ciência:

> *Depois desses dois graus do temor de Deus e da piedade, chega-se ao terceiro, o grau da ciência, justamente sobre o qual eu me propus escrever nesta obra. Porque é nesse grau que se há de exercitar todo o estudioso das divinas Escrituras, com a intenção de não encontrar nelas outra coisa mais do que o dever de amar a Deus por Deus, e ao próximo por amor de Deus. A este com todo o coração, com toda a alma e com toda a mente; ao próximo como a si próprio (Mt 22,37-39). O que significa que todo o amor ao próximo, assim como o amor a nós próprios, se há de referir a Deus.*

Agostinho contribuiu com a interpretação bíblica, elaborando seus comentários, suas exposições bíblicas, mas também definindo princípios para a doutrina da Igreja, a partir das Sagradas Escrituras. De acordo com Zuck (1994, p. 44, 45), com relação ao trabalho de Agostinho nessa obra, "ele salienta que a forma de descobrir se uma passagem tem sentido alegórico (e a maneira de se resolverem problemas de exegese) é consultar 'a regra da fé', ou seja, o ensinamento da igreja e da própria Escritura".

Para Zuck (1994 p. 45), Agostinho deu uma grande contribuição quando "desenvolveu o princípio da 'analogia da fé', segundo o qual nenhuma interpretação é aceitável se for contrária ao sentido geral do restante das Escrituras". Esse autor resume as sete regras de interpretação apresentadas por Agostinho com o intuito de fundamentar racionalmente a alegorização:

> *"O Senhor e seu corpo."* As referências a Cristo quase sempre também se aplicam a seu corpo, a igreja.
>
> *"A divisão em dois feita pelo Senhor ou a mistura que existe na igreja."* A igreja pode conter tanto hipócritas quanto cristãos genuínos, representados pelos peixes bons e maus apanhados na rede (Mt 13.47,48).
>
> *"Promessas e a lei."* Algumas passagens estão relacionadas com a graça e outras com a lei; algumas ao Espírito, outras à letra; algumas às obras, outras à fé.
>
> *"Espécie e gênero."* Certas passagens dizem respeito às partes (espécie), enquanto outras referem-se ao todo (gênero). Os cristãos israelitas, por exemplo, são uma espécie (uma parte) dentro de um gênero, a igreja, que é o Israel espiritual.
>
> *"Tempos."* Discrepâncias aparentes podem ser resolvidas inserindo uma afirmação em outra. Por exemplo, a versão de um dos evangelhos de que

a Transfiguração ocorreu seis dias após o episódio em Cesareia de Filipe insere-se dentro da versão de outro evangelho, que registra oito dias. E o significado dos números quase nunca é o matemático exato, mas sim o de ordem de grandeza.

"Recapitulação." Algumas passagens difíceis podem ser explicadas quando vistas como referindo-se a um relato anterior. O segundo relato sobre a Criação, em Gênesis 2, é entendido como uma recapitulação do primeiro relato, em Gênesis 1, não como uma contradição a ele.

"O diabo e seu corpo." Algumas passagens que falam do diabo, como Isaías 14, estão mais relacionadas a seu corpo, isto é, a seus seguidores.
(Zuck, 1994, p. 45)

Para Agostinho, existia um teste para saber se um texto precisava ser interpretado alegoricamente: o teste do amor. Agostinho, como intérprete, representa muito bem aquilo que apontamos inicialmente: representando a escola latina de interpretação, ora ele é literalista, ora ele é alegórico.

6.1.4 A escola de interpretação bíblica medieval

Sobre esse período da Era da Igreja, no que tange à atividade hermenêutica, podemos afirmar que, "ao contrário do que geralmente se pensa, houve intensa atividade hermenêutica durante a Idade Média" (Lopes, 2004, p. 149). Para o hermeneuta Henry A. Virkler, a Idade Média, no que se refere a esse tema, foi marcada por seguir a ideia agostiniana do **sentido quádruplo** das Escrituras, resumidos por ele: "A **letra** mostra-nos o que Deus e nossos pais fizeram; A **alegoria** mostra-nos onde está a nossa fé; O significado **moral** dá-nos as regras da vida diária; A **anagogia** mostra-nos onde terminamos nossa luta" (Virkler, 1987, p. 46, grifo do original).

Apesar da forte atividade da interpretação bíblica no medievo da Igreja, por já termos considerado, no primeiro, capítulo, a Bíblia na Idade Média, bem como, brevemente suas principais ideias, a esta altura de nossa jornada, trataremos apenas de dois pensadores da Idade Média que impactaram os anos seguintes quanto à interpretação bíblica.

Pedro Abelardo (1079-1142)

Abelardo foi um aplaudidíssimo professor em alguns centros medievais, especialmente na Catedral de Notre Dame de Paris, mas sobretudo foi um pensador inquieto. Para a interpretação bíblica, nas palavras de Gerald Bray (2017, p. 138, grifo do original): "Desenvolveu uma distinção entre o tema (**matéria**) de um texto e a sua intenção (**sensos**), que permitiu que ele procurasse um sentido figurado no sentido literal das Escrituras, não necessariamente além dele".

Pedro Abelardo, além de seu legado no campo das ideias e métodos, deixou comentários bíblicos, como o de Romanos, e entendia que, apesar de sua declarada admiração pelos Pais da Igreja Antiga, eles poderiam estar errados em algumas questões, o que desagradava o clero profundamente (Cairns, 1995).

Nicolau de Lira (1270-1340)

Nicolau de Lira foi um exímio teólogo e exegeta no contexto da Idade Média. Foi um frade menor[2] e empreendeu na tarefa de interpretar

---

2   Um frade menor é alguém que, ao entrar na Ordem de São Francisco, ou franciscana, faz o voto de pobreza, de castidade e de obediência e, depois de comprovar sua vocação, recebe esse "título".

a Bíblia, fugindo da predominância alegórica de seus dias, ainda que não totalmente. Segundo Gerald Bray (2017, p. 142), "seu principal alvo era estabelecer o sentido literal das Escrituras e rejeitar a alegoria". O hermeneuta Roy B. Zuck (1994, p. 50) afirma que Nicolau de Lira foi um personagem muito importante "na Idade Média por ter sido o elo entre as trevas daquela era e a luz da Reforma. Em seus comentários sobre o Antigo Testamento, ele rejeitou a Vulgata e retornou para o hebraico, mas não conhecia grego. Lutero sofreu forte influência de Nicolau".

Quanto ao principal esquema de interpretação da época, Gerald Bray (2017, p. 142) ressalta que, "apesar de Nicolau aceitar o sentido quádruplo das Escrituras, tão comum na Idade Média, pouca importância lhe dava, enfatizando o aspecto literal". Augustus Nicodemus Lopes (2004, p. 150) contribui com essa elaboração, ao considerar que Nicolau de Lira resumiu a quadriga[3] na famosa rima: "Littera gesta docet (a letra ensina os fatos) Quid credas allegoria (a alegoria, o que deves crer) Moralis quid agas (a moral, o que deves fazer) Quo tendas anagogia (a anagogia, a direção)".

Podemos afirmar com certeza que Nicolau de Lira foi o pensador da Idade Média que quebrou a unilateralidade da exegese alegórica. Ainda que ele tenha considerado o sentido quádruplo na interpretação bíblica, condicionou a interpretação ao sentido literal do texto, levando em conta apenas o sentido literal e o sentido místico das Sagradas Escrituras. Além disso, deu forte ênfase à importância da presença dos originais e exortou que o método alegórico não tivesse proeminência sobre a interpretação literal. É importante, ainda, uma observação quanto à forte influência de Nicolau de Lira sobre a Reforma e sobre Martinho Lutero (Berkhof, 2000).

---

3   Método de interpretar a Bíblia proposto por Nicolau de Lira, teólogo da Igreja Medieval.

6.1.5 Os reformadores

Podemos pontuar que a Reforma Protestante foi uma abertura para o novo; em certo sentido, uma reforma na interpretação dos Textos Sagrados, mas, também, um retorno às práticas saudáveis de interpretação das Sagradas Escrituras, como aponta Zuck (1994, p. 51):

> Durante a Reforma, a Bíblia passou a ser a única fonte legítima a nortear a fé e a prática. Os reformadores basearam-se no método literal da escola antioquina e dos vitorinos. A Reforma foi uma época de distúrbios sociais e eclesiásticos, mas, como destacou Ramm, foi essencialmente uma reforma hermenêutica, uma reforma da maneira de ver a Bíblia.

Tratando dos reformadores em geral, Gerald Bray (2017, p. 172) assevera que a principal preocupação dos reformadores era "combater interpretações alegóricas do Antigo Testamento, sem perder seu significado cristológico". Para os reformadores, encontrar Cristo nos Textos Sagrados era parte central da hermenêutica bíblica. Com isso, era natural o afastamento deles do método alegórico, ainda que admitidas passagens que exigiam aplicar a alegorese.

Em razão de já termos tratado dos reformadores, quando estudamos a história das Sagradas Escrituras e a história das apenas traduções, neste ponto vamos citar brevemente três fortes influências no campo da interpretação bíblica no período da Reforma Protestante.

Desidério Erasmo de Roterdã (1466 a 1536)
De acordo com Gerald Bray, (2017), Desidério Erasmo de Roterdã foi um teólogo e filósofo humanista, representante do pensamento renascentista. Como homem da Renascença, defendeu que o saber deveria ter autonomia em relação à Igreja e seus dogmas que norteavam a ciência da época. No campo da hermenêutica, seu grande

legado foi ter traduzido o Novo Testamento. "Sua edição do Novo Testamento grego, com uma tradução em latim (1516), produziu um alvoroço na véspera da Reforma" (Bray, 2017, p. 170). Essa edição do Novo Testamento grego produziu um efeito efervescente nos reformadores, que usaram o texto para os empreendimentos da Reforma Protestante.

João Calvino (1509 a 1564)

João Calvino é sem dúvida a mente brilhante da Reforma Protestante no que tange à elaboração teológica. Além de ter deixado uma obra monumental no campo da teologia sistemática, Calvino deixou comentários de quase toda a Bíblia, mesmo tendo vivido tão pouco (1509 a 1564). Ele é considerado um dos maiores intérpretes das Sagradas Escrituras (Zuck, 1994).

As obras de João Calvino atendiam às exigências técnicas e acadêmicas, mas não deixavam de ser, como ainda são, reflexões que apontavam para a submissão dos leitores a Deus. Gerald Bray (2017, p. 178) observa que "Calvino é o único reformador cujos comentários ainda se comparam ao que é produzido hoje, e em certo sentido ele pode ser chamado o pai do estudo bíblico erudito moderno".

Martinho Lutero (1483 a 1546)

Podemos afirmar que Martinho Lutero foi o grande nome da Reforma Protestante, no sentido de propor as teses para discussão e divulgar amplamente aquilo que entrava em curso na história religiosa daqueles dias. Deixou trabalhos teológicos de grande importância, além dos muitos comentários bíblicos. Segundo Louis Berkhof (2000, p. 25), "Suas regras hermenêuticas eram muito melhores do que a sua exegese. Embora não desejasse reconhecer nada além do sentido literal e falasse desdenhosamente da interpretação alegórica, não se afastou inteiramente do método desprezado".

Pela sua biografia, já será de se supor que as experiências religiosas de Lutero, algumas de caráter místico, conferem uma ideia para o leitor de que seria natural que, em alguns momentos da trajetória de Lutero, o sentido alegórico e místico estaria presente na exegese do reformador alemão. Lutero entendia que as Sagradas Escrituras são claras, sendo o livro mais nítido para ser compreendido. Ele usa.va o princípio de que a Bíblia interpreta a si própria (Zuck, 1994).

6.2 Bíblia e sociedade

Vamos adentrar em um campo dinâmico do relacionamento entre as Sagradas Escrituras e o fazer constante das sociedades. Trata-se de um campo de muitas possibilidades, em que a mensagem bíblica pode ser impactante e ajudar nas elaborações teóricas e práticas que os empreendimentos humanos estão sempre realizando, assim como pode ser qualificada como uma área de tensão. Isso porque, muitas vezes, há choques entre as premissas admitidas no entendimento de cada contexto e suas complexidades, entre o que a revelação de Deus pressupõe e as máximas da ciência tradicional.

Como explica Gerald Bray (2017), aqui temos uma tensão entre os que focam a **ortodoxia** e aqueles que focam a **ortopraxia**. Segundo esse autor, as questões giram em torno de subjetividade excessiva e objetividade excessiva. Muitas vezes, essa tensão é resultado da ausência de humildade dos agentes dos saberes que não buscam o diálogo na elaboração dos conhecimentos e práticas do mundo cotidiano das sociedades.

Você, leitor, está vindo para um diálogo que considera que todos os meios de conhecimento foram afetados pela queda (pecado), no sentido teológico. Com isso, consideramos que as Sagradas

Escrituras dialogam com todas as produções culturais e os meios de produção de conhecimento e que esse relacionamento aponta para a redenção de todas as produções culturais que estão em curso, por meio do envolvimento dos redimidos com todos os meios e todas as formas de produção cultural e de saber.

6.2.1 Bíblia e ética

Aristóteles, em seu livro *Ética a Nicômaco*, apresenta já no Livro I as perguntas metodológicas sobre o que deve ser o fim do agir correto. Para ele, a obviedade recai sobre o fim das ações, o bem supremo. Em seguida, ele busca dialogar sobre o que viria a ser o supremo bem e quais seriam os meios de conhecer ou qual ciência deveria ser responsável por estudá-lo (Aristóteles, 2009). Aristóteles sistematiza esse tema, especialmente, aplicando-o ao campo da política, pois, para ele, esse seria um campo do saber importante para definir as ações para a busca do bem supremo – a *eudaimonia* (felicidade).

O pesquisador Marcos Henrique de Araújo (2020) nos ajuda a compreender melhor essa cadeia de ações na relação com o bem desejado e a incapacidade de a ciência formal dar conta da sabedoria do bem viver. Ele faz essas considerações em seu trabalho dissertativo:

*Aristóteles conclui seu argumento ao afirmar novamente "como é impossível deliberar sobre coisas que são por necessidade, a sabedoria prática não pode ser ciência, nem arte" (*hē phronēsis epistēmē oude technē*). A razão de não ser ciência é em função do âmbito de atuação diferente – necessário versus contingente. Embora seja do mesmo âmbito de atuação da técnica ou arte a prudência ou sabedoria prática não podem ser confundidas "porque o agir e o produzir são duas espécies diferentes de coisa" (*hoti allo to genos praxeōs kai poiēseōs*). (Araújo, 2020, p. 50)

O que nos interessa nas colocações de Marcos Henrique de Araújo (2020) é a ideia do agir, pois esse agir apontaria para a nossa consideração ética. A ética de Aristóteles tem norteado o estudo da ética desde então e tem forte influência sobre a ética cristã, especialmente por tratar as boas ações como virtudes e as viciosas como dissolutas. Nos dias atuais, existe uma grande diversidade de escolas de pensamento ético, desde os absolutismos às mais flexíveis formas de antinomismos[4] éticos. A ideia da ética traz uma necessidade de resposta das Escrituras às ações humanas, por exemplo, no campo das ciências.

A Bíblia aponta para a responsabilidade para com a criação, especialmente no que tange ao seu uso equilibrado e responsável. Para que possamos seguir com a construção do entendimento de que as Sagradas Escrituras permeiam todas as áreas da sociedade, seja orientando as ações, seja como objeto de negação de alguma lei moral que oriente as ações para algum fim, vamos elencar alguns aspectos dessa tensão.

Mandato cultural
Uma grande representatividade dos cristãos aponta para o relacionamento entre a ética e as ciências, por compreenderem que o ser humano é um cogerente da criação, ou seja, ele tem participação e responsabilidade na governança e no cuidado deste mundo. Quando se fala em governança, não se trata da ideia de um poder igual ao do Criador, mas na qualidade de responsável pelas decisões que afetam a criação. A base para essa premissa está na ordem recebida em Gênesis: "E Deus os abençoou e lhes disse: — Sejam fecundos, multipliquem-se, encham a terra e sujeitem-na. Tenham domínio

---
4 Conceito que se refere a uma corrente do pensamento ético segundo a qual não há leis universais. O termo significa, literalmente, "contra a lei".

sobre os peixes do mar, sobre as aves dos céus e sobre todo animal que rasteja pela terra" (Bíblia. Gênesis, 2018, 1,28).

Veremos que o mandato cultural evidencia a necessidade de cosmovisão sólida, de modo que o ser humano de fé, especialmente, consiga ver com naturalidade e integrar sua fé com as produções culturais; isso envolve o trabalho, a ciência. Tim Keller e Katherine Leary Alsdorf (2014, p. 22) afirmam que "Martinho Lutero e João Calvino defendiam que todos os tipos de trabalho, até mesmo o secular, eram um chamado de Deus tanto quanto o ministério de um monge ou sacerdote".

Preste atenção!

No campo do mandato cultural, a relação entre a Bíblia e a bioética se estabelece quando as pessoas que têm uma cosmovisão cristã fazem uso da Bíblia como referencial para as próprias ações éticas no que tange à produção cultural, por exemplo, no exercício das ciências biológicas, matemáticas, humanas, como o direito, a gestão, a medicina. Todos os campos do desenvolvimento das ciências têm a exigência de orientação para o agir correto, para que se preserve o direito à vida, se respeite o meio ambiente, se julgue com equidade, se promova a gestão equilibrada, não visando apenas ao lucro, mas ao bem-estar social, psicológico e físico (Azevedo, 2016).

Quanto às leis do Antigo Testamento que apontam para o direito do pobre, da viúva e dos estrangeiros e, especialmente, para a lei do jubileu, eram uma providência para que a pobreza não se perpetuasse. Quando Jesus toca em leprosos, acolhe mulheres, anda com ricos e miseráveis da época, as Escrituras orientam para a ética da valorização da pessoa humana, reconhecendo seu valor intrínseco.

João Batista Libanio (2022, p. 1) fez um alerta, dialogando com Hannah Arendt:

> *Vale a afirmação de Hannah Arendt depois de estudar o caso Eichmann: ele não pensa. A tecnociência, a mídia não pensam. Quem não pensa, não tem ética.*
>
> *E se não existe amanhã? "Devemos amar as pessoas como se não houvesse amanhã!" E se a história chegou a seu fim? Sem amanhã, sem história, não há ética. Daí a relevância e gravidade do problema da ética.*

Em seguida, esse autor pontua que a ética que norteia ao menos nosso discurso tem, no mínimo, quatro grandes influências formativas: "A cultura ocidental, e dentro dela a ética ocidental, nasce da confluência do Logos e da Palavra transcendente de Javé e feita carne em Jesus e do direito romano. Mais tarde a cultura germânica inserirá sua contribuição decisiva" (Libanio, 2022, p. 2).

Libanio, nesse artigo, fundamenta seu apontamento exemplificando a influência grega, bíblica e cristã para a construção da ética ocidental em alguns aspectos, os quais apenas mencionaremos no que tange à influência bíblica e cristã: "1. O bem objetivo funda o comportamento ético humano e social"; "2. Imagem de ser humano: dignidade da pessoa humana"; "3. A categoria de universal"; "4. Sacralidade diferente da natureza: o sábado"; "5. Jubileu e alcance social"; "6. Perdão e amor ao inimigo"; "7. Dessacralização da política"; "8. Escatologia e utopia"; "9. Comunitário"; "10. Dignidade do trabalho"; "11. A ética dos mandamentos e das bem-aventuranças" (Libanio, 2022, p. 3-5).

Esses pontos elencados por Libanio (2022) nos dão a dimensão de como uma cosmovisão cristã poderá orientar a postura ética da sociedade no cumprimento de seu mandato cultural. Devemos produzir riquezas, por meio de serviços, produtos e invenções em geral, bem como do desenvolvimento dos meios de produção cultural, o que envolve todas as linguagens científicas, mas não podemos perder de vista a responsabilidade ética com a criação.

Mandato moral: o decálogo

Os tão conhecidos Dez Mandamentos, mesmo pelo mundo não religioso, apontam para um plano de vida integral, para uma sociedade que aceita a autoridade divina como arquitetura do pensamento e da conduta. Esse conjunto de leis foi instituído em uma sociedade em formação, que buscava construir uma identidade em volta de Deus como a sua autoridade máxima e com os seus vizinhos, chamados de *próximos*, com uma conotação de irmãos. Esses mandamentos direcionam para uma proposta de pacto de solidariedade.

O escritor Israel Belo de Azevedo (2016), em seu livro *Os Dez Mandamentos nos dias de hoje: atitudes que transformam nossas vidas*, faz uma aplicação muito interessante dos Dez Mandamentos para a vida do cotidiano, nomeando de forma prática cada um dos mandamentos. Vamos resumir a atribuição relativa a cada mandamento indicada por Azevedo (2016): não perca Deus de vista; seja íntegro nos seus compromissos; fale sempre a verdade; seja alegre; não deixe de honrar; valorize a vida; seja vigilante com os seus desejos; tenha um caráter íntegro; seja íntegro com o teu próximo; valorize a vida simples.

Podemos apontar com certo grau de certeza que o decálogo foi, em grande medida, a base para a formação dos princípios de convivência solidária no mundo ocidental. Não estamos falando de aderência a esse valor como uma aderência religiosa, mas no sentido de censo que norteia o valor da vida, dos semelhantes, as bases para os relacionamento em geral das sociedades, o reconhecimento de limites em prol do outro, assim como viver plenamente os dons da vida, como bem sistematizou Azevedo (2016).

6.2.2 Bíblia e família

A Bíblia constitui-se na base, seja consciente, seja inconsciente, para a estrutura social, psicológica, espiritual e moral familiar. Essa influência vai além das barreiras religiosas, pois o Ocidente está inserido em uma longa história de influência conceitual e prática do que seja a família ou, ao menos, o ideal para a família. A estrutura que aponta para papéis sociais no ambiente familiar, com as respectivas responsabilidades e solidariedade entre seus membros, é uma herança dos modelos e ensinamentos bíblicos.

Apesar de, no início das sociedades descritas pelas Sagradas Escrituras, ser encontrada a prática da poligamia, o consenso da revelação progressiva no cânone bíblico é que o padrão sustentável, moral e espiritual corresponde à monogamia, algo admitido nas sociedades, com certa naturalidade, ainda que, nas tramas da vida, o princípio da moralidade sustentado para as relações monogâmicas seja colocado em xeque.

A percepção, a partir da leitura das Sagradas Escrituras, em sua totalidade, que exerce uma forte impacto nas sociedades, ainda na atualidade, é a ideia de o ambiente familiar funcionar como a microrrealidade das sociedades (cf. Ef 5,21-33). Nele se experimentam e se exercem o princípio do reconhecimento das autoridades, o princípio da honra, a arte de se fazer política, com vistas à saúde da convivência solidária, assim como princípios de economia e boa governança. Há também o fato de que, no ambiente familiar, devem ser criadas todas as condições para o desenvolvimento integral da pessoa.

6.2.3 Bíblia e desenvolvimento das sociedades

A sociologia e a antropologia são áreas que têm um forte interesse em estudar o desenvolvimento das sociedades. A Bíblia apresenta o plano de Deus para o mundo e narra seu desenvolvimento. Um ponto de divergência é quanto ao lugar de partida para se dizer algo sobre essa realidade. O exegeta Gerald Bray (2017, p. 517) afirma que uma dificuldade se deve ao fato de "que os estudiosos da Bíblia tradicionalmente aprenderam a pensar de modo histórico". Segundo esse autor, "a história tem interesse no desenvolvimento humano ao longo do tempo e procura acontecimentos particulares que moldam o processo" (Bray, 2017, p. 517). Ou seja, para esse historiador, os acontecimentos paralelos das sociedades e seu desenvolvimento são particulares e sem relação associada.

Quanto à sociologia, conforme Gerald Bray (2017, p. 517), ela "procura o que é geral ou típico em qualquer sociedade e tenta encontrar modelos semelhantes em outros lugares. [...] Ao examinar a Bíblia, o sociólogo está primeiramente interessado em descobrir tipos de estruturas sociais". A Bíblia dialoga com esses saberes, no entanto parte de uma premissa dedutiva, de uma realidade universal que confere sentido às realidades particulares. A Bíblia aponta para uma metanarrativa que assegura que Deus criou as pessoas para viverem em sociedades e, ao criar tudo o que existe, deu todas as condições para esse desenvolvimento, conforme podemos observar nos primeiros capítulos de Gênesis.

Os primeiros capítulos do livro de Gênesis apontam para o desenvolvimento dos seres humanos em sociedade, desde a família até a criação das primeiras cidades. A Bíblia não está preocupada em dar um relato completo do desenvolvimento dos seres humanos e de suas estruturas sociais; ela descreve aquilo que é importante para o seu propósito – revelar a Deus e apresentar o plano redentivo de Deus para a sua criação. O que ela descreve é suficiente para termos uma ideia do desenvolvimento das primeiras sociedades.

6.2.4 Bíblia e justiça

É necessário destacar que a temática da justiça nas Escrituras é muito importante. As diretrizes históricas da organização do direito, especialmente no Ocidente, estão muito relacionadas com a ideia de justiça presente nas Sagradas Escrituras. É preciso dizer que muitas das leis estabelecidas em Israel e no contexto da composição dos Textos Sagrados já existiam na prática da justiça dos povos vizinhos, como é o caso do direito mesopotâmico, conhecido na organização do Código de Hamurabi, considerado o primeiro imperador da Babilônia, que pertence à região da Mesopotâmia.

Cabe observar que as Sagradas Escrituras, ao longo da revelação, vão deixando claro que a lei da retaliação, como praticada pelos babilônicos e pelos povos conquistados, como os sumérios, não representa o ideal divino para a prática da justiça, que deveria evidenciar o caráter santo, justo e misericordioso de Deus. Nas páginas do Antigo Testamento, vamos perceber a manifestação do ideal de Deus quanto à justiça civil e social, sempre com base no decálogo.

Cidades de refúgio

As cidades de refúgio são anunciadas no livro de Números (35,9-34) e realizadas em Josué (20,1-9). No conjunto das leis de Israel, estava posto que a pessoa do sexo masculino mais próxima (familiar) de alguém assassinado tinha o direito e o dever de vingar o sangue do morto. A lei que providenciou as cidades de refúgio servia para proteger a pessoa que, sem dolo, cometeu um assassinato, estando ela segura enquanto permanecesse naquela cidade ou depois da morte do sacerdote que ministrava na época do assassinato não doloso (cf. Nm 35,25-28).

A lei do ano de jubileu

Conforme Levítico 25,8-11, Levítico 27,17-24 e Números 36,4, o ano de jubileu[5] é uma criação divina, com vistas à equidade econômica e social, não permitindo que famílias daquela sociedade entrassem em um espiral de pobreza, afetando as próximas gerações. Os textos bíblicos mencionados definiam que, a cada 50 anos, as terras vendidas ou dadas como garantias deveriam voltar para o seu dono originário. Quando alguém comprava as terras de determinada pessoa, o valor dependeria de quantos anos faltariam para o ano de jubileu (Cf. Lv 25,15).

6.2.5 Bíblia e os pobres

As responsabilidades com os pobres, com os órfãos, com as viúvas e com os estrangeiros sempre tiveram destaque em muitos pontos das Sagradas Escrituras. Isso não nos permite dizer que existe uma opção preferencial pelos pobres, como destaca a teologia da libertação, que coloca os socialmente vulneráveis no centro da missão de Jesus, o que não se sustenta diante de uma hermenêutica bíblica. O historiador da hermenêutica Gerald Bray (2017, p. 523) afirma que a teologia da libertação tem um entendimento equivocado quanto ao pobre, na leitura das Sagradas Escrituras. Segundo esse autor, são três aspectos negativos da abordagem da teologia da libertação:

---

5   Tratava-se de um ano de descanso para a restituição de terras e pessoas que haviam sido vendidas como escravas entre o seu próprio povo (cf. Lv 25,8-11).

> 1. A teologia da libertação reduz a fé à política; [...] 2. A teologia da libertação fornece uma interpretação unilateral da Bíblia, realçando seu elemento político, e ela dá ênfase exagerada à atividade humana no processo de libertação; [...] 3. A teologia da libertação usa a Bíblia para defender seus próprios fins políticos [...]. (Bray, 2017, p. 523-524)

Não entraremos nas nuances políticas das declarações de Bray (2017), porém temos de concordar com os apontamentos desse autor, pois a teologia da libertação acabou por focar uma soteriologia[6] social, ou seja, o pecado é apenas estrutural, com um impacto social, concentrando seus esforços beligerantes contra a pobreza e não para a reconciliação do ser humano com Deus, reconciliação que, por consequência, promove a reconciliação da pessoa consigo mesma, com o próximo e com a dignidade social.

O capítulo 15 de Deuteronômio é rico em demonstrar o trato das Sagradas Escrituras com as pessoas em condições de pobreza. Primeiro, encontraremos a insatisfação divina com a pobreza; segundo, a responsabilidade da comunidade eleita em trabalhar para a recuperação da dignidade plena das pessoas pobres; busca-se também o estabelecimento de leis que garantam que a pobreza não se perpetuará entre as pessoas de uma comunidade da aliança, pensando-se no contexto dos hebreus (cf. Dt 15).

Encontraremos na mensagem profética a condenação daqueles que usurpam o direito do pobre e contribuem para haver mais pobreza. Um exemplo é o aviso do profeta Amós: "Assim diz o Senhor: Por três transgressões de Israel, sim, por causa de quatro, não suspenderei o castigo. Porque vendem o justo por dinheiro e condenam o necessitado por causa de um par de sandálias. Esmagam no pó da

---

6   Doutrina da salvação.

terra a cabeça dos pobres e pervertem o caminho dos necessitados" (Bíblia. Amós, 2018, 2,6-7).

Depois, encontraremos Jesus Cristo acolhendo as pessoas marginalizadas de sua época, as quais, em algum grau, estavam relacionadas à condição de pobreza. Jesus acolheu enfermos, prostitutas, leprosos, estrangeiros e todo tipo de pessoas, das mais pobres às mais ricas. Mais adiante, no cânone, encontraremos a descrição de Atos dos Apóstolos apresentando o esforço de eliminar a pobreza extrema entre eles. Na Epístolas de Thiago, encontraremos a condenação de privilegiar os ricos e deixar os pobres às margens. Podemos dizer que as Escrituras apontam para a necessidade da equidade social e econômica nas sociedades (cf. Lv 25,8-11).

6.3 A Bíblia diante das tensões epistemológicas

O leitor deve lembrar que já fizemos considerações sobre o fato de a revelação bíblica poder ser apresentada como ponto de partida epistemológico, ou seja, ser a base para se conhecer a realidade. A esta altura de nossa jornada pelo saber de introdução às Sagradas Escrituras, vamos relacionar as Escrituras com as possibilidades de conhecimento, mas apenas como introdução, pois aqui não é o espaço para a discussão das teorias do conhecimento.

6.3.1 Revelação das Sagradas Escrituras como linguagem epistemológica

Com o uso do termo *linguagem*, estamos considerando muito mais a contextualização do que, necessariamente, a estrutura conceitual.

O biblista e apologeta cristão Cornelius Van Til (2020) assevera que a revelação é fundamental para se conhecer o pensamento dos reformadores protestantes. Segundo esse autor, "os reformados (ou pelo menos alguns deles) distinguem entre uma revelação especial pré-redentora e uma revelação especial redentora, sustentando que a revelação é necessária mesmo sem a consideração do pecado" (Van Til, 2020, p. 9).

Se a revelação era uma necessidade mesmo antes da queda do ser humano, que terá um efeito cósmico, abrangente, desconfigurando toda a ideia de harmonia que a criação deveria experimentar, a revelação precisa ser considerada quando precisamos atribuir sentido à realidade que se apresenta a nós. Van Til (2020, p. 9) acrescenta que "Um teísmo completo, mesmo que não seja bíblico, implica revelação. Por isso, também, uma revelação é entendida não, meramente, como uma manifestação no sentido panteísta, mas como uma revelação pessoal e partindo do próprio Deus".

As ciências sociais, por meio de muitos de seus teóricos, apontam as disputas de poder, o domínio e a grande desigualdade em todos os campos da vida como sendo resultado de lutas históricas, com base na linguagem de poder ou em uma dialética materialista. As Escrituras lançam luz sobre isso e afirmam que a batalha pelos espaços de domínio e prevalência de um sobre o outro é resultado do pecado que está fundamentado no abandono da proposta de Deus, na rebelião contra Ele e que só conhece a linguagem do egoísmo. Por isso, nenhum sistema político, econômico ou social dará jeito nisso, pois a solução é apresentada pelas Sagradas Escrituras como redenção – Deus muda a mente e o coração, criando disposição no ser humano para viver como uma família universal, governada pelas leis de Deus, plantadas na mente das novas pessoas (Schaeffer, 2016).

O teólogo Francis Schaeffer (2008, p. 100) explica que o fundamento está na premissa de que Deus revelou dois aspectos importantes que criam o diálogo entre Ele (Deus), que confere sentido às coisas, e aqueles que buscam dialogar, ou seja, aqueles que buscam entender, como parte desse sentido criado: "ele falou sobre si mesmo, não exaustiva, mas verdadeiramente; e [...] ele falou sobre a História e o Cosmo, não exaustiva, mas verdadeiramente". Esse mesmo autor, tratando do problema de graça e natureza, criado na Renascença e eliminado pelos teólogos da Reforma Protestante, questiona: "Será que o posicionamento bíblico é intelectualmente possível? Será possível obtermos integridade intelectual, quando mantemos o posicionamento de uma revelação verbalizada e proposicional?" (Schaeffer, 2008, p. 100).

A resposta de Schaeffer (2008) aponta para a necessidade de dialogar com aquilo que o homem conhece sobre o homem. Ainda que não seja algo admitido por grande parte dos cientistas, mas sim por alguém que faz a confissão no Deus Criador como origem do sentido do ser humano e de todas as realidades subjacentes a Ele, a luz que a ciência tem é dom de Deus.

6.3.2 A construção das realidades e a revelação das Sagradas Escrituras

É possível que a revelação de Deus e de seu plano redentivo para a sua criação seja concebida como base para se entender a construção das realidades? O teólogo Hermisten Maia (2015), tratando da teologia como ciência, afirma que, assim como toda ciência tem seus caminhos próprios para se aproximar de seu objeto de pesquisa e conseguir descrevê-lo, a teologia desfruta da mesma condição. Ele elenca quatro aspectos da teologia como ciência que são comuns a outros saberes científicos:

1. *Tem um objeto definido de Estudo: A Revelação de Deus nas Escrituras Sagradas.*
2. *Tem um método que se harmoniza com a lógica na investigação da verdade: sob vários aspectos, ela emprega métodos que também são compartilhados por outras disciplinas, especialmente a História e a Filosofia.*
3. *Ela é comunicável, podendo ser expressa de forma verbal proposicional.*
4. *Muitas de suas proposições estão sujeitas a verificação: o que o teólogo diz pode ser compreendido, observado e investigado por outros.* (Maia, 2015, p. 111)

O autor citado defende a posição de que a teologia, que tem como objeto de estudo a revelação de Deus nas Sagradas Escrituras, não deve ser subordinada a outros campos de conhecimento (Maia, 2015). Francis Schaeffer (2008) defendia a opinião de que nenhum sistema fechado pode dar conta de explicar a realidade. Ele era a favor do diálogo entre os conhecimentos e suas premissas epistemológicas.

As Sagradas Escrituras têm sido amplamente tomadas como objeto de estudo de outros saberes que não o teológico, servindo também para a identificação de objetos de pesquisa na literatura, na história, na arqueologia, na ética, na sociologia e tantos outros saberes, até mesmo na ciência de administração de pessoas e recursos. Aqueles que têm as Sagradas Escrituras como o seu principal objeto de pesquisa devem igualmente buscar um diálogo mais amplo com outros saberes, a fim de que possam ter mais clareza da realidade a partir da revelação.

6.4 Uma possibilidade hermenêutica no tratamento do texto bíblico

A hermenêutica é um campo da ciência que muito ajuda o intérprete das Sagradas Escrituras a compreender a mensagem desses textos, mas também tem sido um saber muito discutido e buscado para amparar a fragmentação da busca do significado de alguma coisa com objetividade. A hermenêutica está vivendo seus dias de grande sucesso como conhecimento que auxilia outros saberes na busca de identificar os significados. Friedrich D. E. Schleiermacher (2015, p. 25, 26) já apontava para certa ambiguidade:

> *Muitas, talvez a maioria, das atividades que compõem a vida humana suportam uma gradação tríplice em relação à maneira como elas são executadas: uma, o é de modo inteiramente mecânico e sem espírito; outra, se apoia em uma riqueza de experiências e observações e, finalmente, outra que, no sentido literal da palavra, o é segundo as regras da disciplina. Entre estas me parece incluir-se também a interpretação, desde que subsumo sob esta expressão toda compreensão de discurso estranho.*

A ideia de compreensão de discurso seria, mais tarde, a maior identificação do trabalho de quem faz uso da hermenêutica para dizer o que significa aquela mensagem, aquele texto ou aquela coisa. Neste ponto de nossa jornada, descreveremos as críticas no trabalho hermenêutico de identificar a mensagem "pura" do texto sagrado, nosso interesse aqui.

6.4.1 A crítica às Sagradas Escrituras

Toda base de conhecimento que reclama para si a prerrogativa de lançar luz sobre a realidade sofrerá a crítica por outros saberes. As Sagradas Escrituras têm sofrido com mais constância, pelo fato de serem uma explicação da realidade revelada, ou seja, parte de uma autoridade metafísica, que, ainda com a admissão de diálogo, é dogmática na concepção do passado, do presente e do futuro, com implicações religiosas. Mas algumas críticas ajudaram a pesquisa bíblica em seu avanço.

O hermeneuta Roy B. Zuck (1994, p. 59), citando Mickelsen, descreve o início dessa busca pelo texto bíblico mais límpido: "Nos séculos XVII e XVIII, 'largos passos foram dados no sentido de descobrir o texto original da Bíblia'". Louis Cappell é considerado o primeiro crítico textual do Antigo Testamento, como se vê em sua obra *Crítica sacra*, publicada em 1650. Esse autor ainda pontua sobre o desenvolvimento dessa crítica bíblica:

> *A crítica bíblica alcançou uma posição de relevo no século XIX. Sua perspectiva era racionalista e seu relevo estava na autoria humana da Bíblia e nas circunstâncias históricas que cercaram o desenvolvimento do texto bíblico. Como racionalistas, os estudiosos da Bíblia contestavam sua natureza sobrenatural e sua inspiração.* (Zuck, 1994, p. 60)

Já fizemos alguns apontamentos sobre os efeitos do racionalismo e do criticismo sobre a teologia, mas sobretudo quanto às Sagradas Escrituras como palavras reveladas de Deus, com autoridade. A crítica bíblica desenvolvida no século XIX, mesmo tendo sido muito danosa para o conceito das Escrituras, não deixou de trazer um grande benefício em relação ao aprofundamento dos estudos dos textos bíblicos e ao diálogo com outras ciências na busca de entender melhor o texto, o contexto e a mensagem.

6.4.2 Crítica das fontes

Vamos nos apoiar nos biblistas Douglas Stuart e Gordon D. Fee (2008) no que se refere à descrição da crítica das fontes, bem como das outras duas críticas que abordaremos a seguir. Segundo esses autores, essa crítica fora aplicada especialmente ao estudo do Pentateuco e bem menos aos livros históricos da Bíblia. Esse estudo "procurava determinar os vários documentos escritos dos quais o editor final (do Pentateuco, por exemplo) tirou suas informações ao produzir a obra acabada" (Stuart; Fee, 2008, p. 145).

Essa perspectiva na pesquisa bíblica, apesar de ter feito muito sucesso entre os exegetas do século XIX e parte do século XX, foi perdendo força quando outras ciências foram demonstrando que definir essas fontes com objetividade é bem mais complexo do que parece. Douglas Stuart e Gordon D. Fee (2008) afirmam que, mesmo diante dessa perda de credibilidade, ou mesmo perda de viabilidade, dessa crítica, que ficou conhecida como *hipótese documentária*, a qual identificava as principais fontes do Pentateuco como documentos J, E, D, P, essa teoria ainda é aceita por muitos estudiosos do Antigo Testamento.

6.4.3 Crítica da forma

Quando tratamos dos tipos textuais e dos gêneros literários, afirmamos que são importantes para definir como uma mensagem será transmitida. Segundo Stuart e Fee (2008, p. 146-147), "O propósito da análise da forma é separar e analisar os tipos literários específicos contidos numa passagem". Segundo eles, a crítica da forma poderá ajudar o intérprete a descobrir sobre composição, temas, objetivos e até mesmo sobre a aplicação daquele texto (Stuart; Fee, 2008).

Esses autores ainda defendem que a crítica da forma possibilita a dedução, ainda que teoricamente, "mesmo que o contexto da própria passagem não as contenha, porque o estudo do uso de uma forma específica por toda a Bíblia (e outra literatura antiga na qual ela exista) permite que certas generalizações sejam feitas para cada uso" (Stuart; Fee, 2008, p. 147).

6.4.4 Crítica da redação

Nas palavras dos exegetas Douglas Stuart e Gordon D. Fee (2008, p. 142), "A análise da redação se ocupa com a maneira em que as diversas unidades que compõem uma seção ou livro do AT [Antigo Testamento] foram reunidas em sua forma intermediária ou final". A crítica da redação avalia se aquele texto que chegou até nós está na forma da redação primária ou é resultado do trabalho de edições posteriores. Conforme os autores, "esse tipo de análise requer, portanto, um estudo do trabalho dos editores (anônimos) da seção ou livro. E, pois, um tipo bem especulativo de análise, uma vez que nada é sabido diretamente sobre a atividade editorial ou sobre os próprios editores" (Stuart; Fee, 2008, p.142).

O liberalismo teológico é a corrente que mais se valeu da crítica da redação para demonstrar, na história do texto, muitas supostas fases, destituindo a unidade e o fio condutor da mensagem que são aspectos responsáveis pela identificação da inspiração. No entanto, a crítica da redação tem beneficiado a exegese em seu todo, pois, ainda que não seja utilizada em sua integralidade, os intérpretes da Bíblia usam esse conhecimento para melhor compreender a formação do texto e de sua mensagem.

6.5 Há significado objetivo ou histórico no texto sagrado?

Nesta última seção, vamos buscar analisar o impacto das novas perspectivas sobre significado e sentido sobre o texto sagrado na condição de mensagem objetiva e histórica. O pesquisador da hermenêutica Roy B. Zuck, relacionando os estudos linguísticos que se constituem em forças que contribuíram para os estudos da hermenêutica atual, que critica a busca por um sentido objetivo, afirma que "esse movimento sustentava que o intelecto humano sabe discernir o que é verdadeiro e o que é falso. Portanto, a Bíblia está certa se corresponde à razão humana, e o que não corresponde pode ser ignorado ou rejeitado" (Zuck, 1994, p. 59).

O autor citado está se referindo ao racionalismo, que é uma das maiores forças do pensamento e exerceu grande influência para que as Sagradas Escrituras continuassem a gozar da autoridade de revelação de Deus, portanto autoritativa para a salvação e conduta da pessoa. Essa corrente foi, em parte, influenciadora do subjetivismo pós-moderno. Kevin Vanhoozer (2005, p. 20) assevera que "podemos resumir a chamada condição 'pós-moderna', que representa o contexto das discussões contemporâneas sobre a teoria e a prática da interpretação, em uma única expressão: 'incredulidade em relação ao significado'". Com base no que tem sido posto, vamos elencar alguns aspectos dessa crise de sentido que afeta o valor das Sagradas Escrituras.

6.5.1 Em busca de definições: o que é o texto?

Podemos afirmar que, tradicionalmente, um texto é aquilo que é dito por meio da escrita, ou da ação verbal por um emissor, sendo lido e interpretado por um receptor. Em tempos de dominação da filosofia da linguagem, um texto é aquilo que manifesta sentido provisório por meio da linguagem, que é provisória, pois tem uma natureza interpretativa. Mas, ainda assim, a ideia de construção de um sentido caracteriza o texto. Kevin Vanhoozer (2005, p. 392) inquire: "O que existe em um ato literário? Como vimos, o autor atua em diferentes níveis: locucionário, ilocucionário, perlocucionário".

O locucionário diz algo, o ilocucionário aponta para uma ação mediante o que foi dito e o perlocucionário aponta para os efeitos desejados com o que foi dito (Vanhoozer, 2005). Com base nisso, Vanhoozer (2005, p. 392) afirma que "o texto é um ato autoral preposicional, poético e intencional com três condições de validade: honestidade (sinceridade), verdade (correspondência) e ajustamento (coerência)". Esse autor explica ainda que um texto tem níveis e dimensões verificáveis:

> Tome-se, por exemplo, o livro de Jonas. O autor diz muitas coisas sobre um homem chamado Jonas e seus infortúnios, incluindo o famoso encontro com um peixe. Ele coloca essas afirmações na forma de uma narrativa. Pode-se, dessa forma, descrever o "ato narrativo": a relação entre o narrador e o conteúdo da história (ponto de vista), assim como a maneira pela qual a história é constituída (retórica). (Vanhoozer, 2005, p. 392)

Temos de observar que a alma de um texto está em sua intenção objetiva, que, por sua vez, está ligada a quem se colocou na posição de locucionário, ilocucionário e perlocucionário. Essa intencionalidade presente no texto é geradora de crenças e normas de pensamentos, porque existe uma predisposição de conceder credibilidade ao que foi dito. Kevin Vanhoozer (2005, p. 339) defende que essa credibilidade "é a condição indispensável de intersubjetividade e de comunidade. E também uma noção fundamental para a epistemologia literária, pois é o meio principal pelo qual passamos a conhecer aquilo sobre o que o texto fala".

Gerald Bray (2017) situa a crítica do texto entre a crítica do autor e a crítica do leitor, indicando que se trata de uma migração da crítica do autor que, em parte, se esgotou ou perdeu força. Ele, então, caracteriza a crítica do texto como algo que já está no passado, pois o grande debate da atualidade estaria em volta do leitor: "Em primeiro lugar, ela se baseava inteiramente na forma, e não no conteúdo. [...] A crítica centrada no texto ainda ignorava o problema da função de um texto, que também se relacionava à sua acessibilidade" (Bray, 2017, p. 488-489). Podemos afirmar que um texto não deve perder sua característica de conferir sentido e intencionalidade.

6.5.2 A importância da autoria para a autoridade do texto

O historiador da interpretação bíblica Gerald Bray (2017, p. 488) relata que, nos anos 1920, os teóricos da literatura "I. A. Richards e T. S. Eliot estavam desenvolvendo um tipo de crítica que abandonaria a história como modelo e insistiria no julgamento meramente estético das obras de arte". Essa crítica acabou por desenvolver três tipos de metodologia de investigação literária: a crítica do autor, a crítica do texto e a crítica do leitor (Bray, 2017). Isso resultou na negação da possibilidade de o texto ter um sentido antes do contato do leitor. Kevin Vanhoozer (2005, p. 33) nos leva para dentro desse caminhar teórico:

> *O "realista hermenêutico" afirma que existe algo anterior à interpretação, algo que está "lá" no texto, que pode ser conhecido e pelo qual o intérprete é responsável. Em comparação, o hermenêutico não realista*

(e.g., Derrida, Fish) nega que o significado preceda a atividade interpretativa; a verdade de uma interpretação depende da resposta do leitor.

Depois de descrever essa jornada histórica e teórica sobre onde se encontra o sentido do texto em relação ao autor, Kevin Vanhoozer (2005, p. 40) afirma que sua convicção está firmada na premissa agostiniana: "*'credo ut intelligam'* ('creio, a fim de entender'). Esse preceito descreve a postura crítica do leitor crente e também a postura epistemológica adequada para os seres humanos em geral". Ele acrescenta que "uma forma de conceber a relação autor-texto é pensar em termos de causa e efeito. O autor é a causa histórica de um efeito textual; sua intenção é a causa de o texto ser da forma que é" (Vanhoozer, 2005, p. 50). Desse modo, "o texto serve como uma espécie de presença substituta, uma extensão e expressão confiáveis do autor" (Vanhoozer, 2005, p. 50).

A ideia de o texto ser a presença do autor, em seu impedimento de presença, faz todo sentido, pois, ainda que as diversas aplicações pessoais e coletivas sejam autorizadas ao leitor, toda realidade textual clama pela presença metafísica de seu significado primeiro.

6.5.3 Significado e significância

As teorias estão imbricadas em muitos sentidos, e suas implicações fazem parte de uma cadeia de efeitos nas crenças e afirmações diversas, como no campo do conhecimento científico: O que é a realidade? Como nos aproximamos dela? Quais são as implicações do que conhecemos e do que definimos como real para a moralidade? (Vanhoozer, 2005). Percebe-se que, além do impacto na estrutura da concepção fundamental sobre a vida e suas questões subjacentes, definir o significado das coisas tem impacto político sobre o conhecimento. A respeito do que tratamos anteriormente, Vanhoozer faz algumas indagações e destaca a importância do autor, para que se obtenha, objetivamente, um significado:

> *Por que alguma coisa existe, em vez de nada? Essa é a antiquíssima pergunta da metafísica, o estudo daquilo que existe. "Existe um significado neste texto?" é uma pergunta metafísica, visto que ela interroga a realidade do significado: Por que existe o significado, e não o contrassenso? Que tipo de realidade possui o significado? Por que alguma coisa existe, em vez de nada, em um texto? A resposta a essa última pergunta tradicionalmente envolveu a noção do autor. O significado textual, segundo a perspectiva-padrão sobre o assunto, é criado por um autor. De maneira específica, o significado está localizado na intenção do autor de transmitir determinada mensagem por meio de signos.* (Vanhoozer, 2005, p. 48)

Necessariamente, o significado aponta para o significante, que é como o significado se apresenta ao leitor. Nesse sentido, o significado tem impactos diferentes, pois a forma, não de dizer o que significa, mas de como o significado é comunicado e apreendido, varia conforme o contexto do leitor – o significante. Diríamos que o significante está sempre suspenso, podendo se locomover, mas o significado tem uma base sólida e objetiva, ligado a quem disse (Vanhoozer, 2005).

Com muita razão, Vanhoozer (2005, p. 24) afirma que um texto sempre trará a necessidade de uma resposta, seja ele das Sagradas Escrituras, seja qualquer outro texto, e ainda faz um questionamento no final de sua ponderação: "o que os leitores fazem com o que está no texto suscita questões relacionadas à 'ética' do significado. Juntos, esses três tópicos originam uma questão correlata: 'O que é ser humano, um agente do significado?'" (Vanhoozer, 2005, p. 24).

6.5.4 Objetividade e interpretação

O hermeneuta bíblico Roy B. Zuck (1994) informa que podemos destacar três aspectos importantes no que tange ao conhecimento do século XIX: o subjetivismo, a crítica histórica e os trabalhos exegéticos. Ele destaca os nomes de Friedrich D. E. Schleiermacher (1768-1834) e Soren Kierkegaard (1813-1855) como duas grandes influências quanto ao subjetivismo. Esse autor define o subjetivismo como "a ideia de que o conhecimento é fruto da experiência individual ou de que o bem supremo decorre de uma experiência ou sentimento subjetivo" (Zuck, 1994, p. 60).

O subjetivismo contrapõe-se à ideia de objetividade da interpretação. Os subjetivistas argumentam que em toda interpretação existe intenção prévia. Sobre isso, Kevin Vanhoozer (2005, p. 443) assevera que houve uma demora por parte dos estudiosos bíblicos "para a percepção de que nossas representações daquilo que o texto queria dizer, e o discurso sobre isso, mais a maneira de dizer são inseparáveis daquilo que nós queremos que ele diga, inseparáveis de como nós desejamos que ele diga".

Segundo Vanhoozer (2005, p. 444), "ninguém lê em um vácuo. Toda leitura é uma leitura contextualizada. Além disso, as convenções de leitura que vigoram em determinada comunidade interpretativa não são arbitrárias, mas estão relacionadas a padrões maiores de poder social".

Para Vanhoozer (2005), a leitura das Sagradas Escrituras sofre tentativas de desconstrução de dois lados; de um lado, por parte dos historiadores da modernidade que desconfiam das afirmações bíblicas; de outro, dos que têm uma atitude de ceticismo, que falam que "o texto não possui um significado estável ou determinado, ou que o significado que existe é tendencioso e ideologicamente distorcido" (Vanhoozer, 2005, p. 31). Ele entende que o resultado é o não reconhecimento da "Bíblia como capaz de fazer afirmações, ou, quando essa capacidade é reconhecida, tais afirmações são tratadas como ideologicamente suspeitas" (Vanhoozer, 2005, p. 31).

Vale pontuar que essa não é uma postura unicamente contra as Sagradas Escrituras, mas contra toda visão fixa sobre alguma realidade, ou que seja dogmática (afirmações inegociáveis). Por essa razão, é importante valer-se da interpretação que busca dar amparo científico para a compreensão de um texto, uma realidade, mas sem perder de vista a busca por uma objetividade com base na autoridade de quem diz algo. Kevin Vanhoozer (2005, p. 19) adverte: "precisamos examinar a teoria e a prática da interpretação contemporânea para ver se elas se encontram 'na fé', pois alguns leitores tramam privar a Bíblia de sua autoridade por meio da interpretação".

Síntese

Neste capítulo, tratamos de uma área do conhecimento que auxilia e tem impacto direto no trato dos textos sagradosa. Pelo fato de a hermenêutica impactar diretamente a leitura e a interpretação bíblica, mesmo não sendo uma ciência bíblica, julgamos necessário abordar esse assunto de modo a colaborar para a sua compreensão. Como você, leitor, deve ter percebido, não enfocamos esse assunto com profundidade, pois isso exigiria muito espaço, já que se trata de um campo amplo do saber, objeto de muitas discussões na filosofia e na literatura nos estudos atuais. Para que você tivesse uma visão geral sobre essa relação, tratamos apenas de alguns aspectos.

Primeiramente, examinamos as escolas de hermenêutica, quando fizemos um passeio pela história da Igreja Antiga, os dois mundos dessa Igreja, o mundo ocidental e o mundo oriental, cada qual com suas escolas catequéticas, que se tornaram escolas com visões peculiares sobre a interpretação bíblica. Uma delas foi uma escola fortemente identificada pela interpretação alegórica, a escola de Alexandria, enquanto a outra, a escola de Antioquia, optou pela interpretação literalista das Sagradas Escrituras, ainda que admitindo situações em que o texto bíblico deveria ser interpretado alegoricamente.

Em seguida, tratamos da relação entre as Sagradas Escrituras e a sociedade. Abordamos a relação da Bíblia com as ciências, com a ética, com o desenvolvimento das produções culturais em geral e o papel das Sagradas Escrituras na fomentação de uma cosmovisão que orienta o pensar e o agir da pessoa de fé e suas relações com o seu *habitat*.

O terceiro aspecto que enfocamos foi a Bíblia diante das tensões epistemológicas. Apresentamos a possibilidade de a revelação de Deus, nas Escrituras Sagradas, ser não apenas uma base para o conhecimento religioso, mas também para o conhecimento de todas as realidades, não como um campo fechado, mas no diálogo com outros saberes.

Também dialogamos sobre as possibilidades hermenêuticas no tratamento do texto bíblico. Abordamos a hermenêutica como um auxílio externo, um saber auxiliar para que o leitor e intérprete do texto bíblico possa ser instrumentalizado para chegar ao texto em sua mais absoluta solidez. Em seguida, apresentamos as críticas em torno da composição dos textos, especialmente do Antigo Testamento. Logo depois, finalizamos com a pergunta: Há significado objetivo ou histórico no texto sagrado? Aqui nos arriscamos a lançar algumas questões nas discussões atuais sobre o que é um texto, qual a possibilidade de sua objetividade, como se chegar ao significado do texto, bem como as mais variadas percepções que podem ser geradas sobre o que foi dito no texto bíblico.

Temos o profundo desejo de que os diálogos promovidos neste capítulo ajudem você a se localizar melhor na compreensão dos textos bíblicos não só como texto sagrado, mas também como texto que produz conhecimento acerca da realidade. É esperado que, após nossas considerações sobre a história da interpretação das Sagradas Escrituras, ainda que de modo resumido, possamos auxiliar nosso intérprete do exemplo do início deste capítulo, que entendeu o sentido da bem-aventurança sobre os pobres de espírito de maneira política e social apenas. Este capítulo poderá contribuir para que o leitor identifique possíveis linhas de interpretação das Sagradas Escrituras que também enxergam o trato desse texto sob esse viés.

Atividades de autoavaliação

1. Assinale a alternativa que indica corretamente o método de interpretação bíblica que caracterizava a escola de Alexandria:
   a) Alegórico.
   b) Quadrático.
   c) Quadriga.
   d) Literal.
   e) Semiológico.

2. Sobre João Crisóstomo, importante Pai da Igreja e mestre da escola de Antioquia, é correto dizer que ele foi:
   a) um filósofo notável de seu tempo.
   b) um pastor local de destaque.
   c) um cardeal da Igreja.
   d) um exegeta prático e piedoso.
   e) um epicurista.

3. Segundo Roy B. Zuck (1994), qual reformador do século XVI recebeu forte influência de Nicolau de Lira, exegeta da escolástica, no trabalho de interpretação das Sagradas Escrituras?
   a) João Calvino.
   b) Martinho Lutero.
   c) Ulrich Zwingli.
   d) Martin Bucer.
   e) John Huss.

4. Leia com atenção as seguintes afirmativas:
   I) Agostinho não foi um exegeta, mas apenas um filósofo platônico.
   II) A influência de Santo Agostinho como exegeta não passou além de sua geração.
   III) É correto afirmar que Santo Agostinho foi o maior exegeta de todos os tempos.
   IV) O método de Agostinho, mesmo beneficiando a abordagem alegórica, facilitou a prática da exegese bíblica até os dias da escolástica.

   Agora, assinale a alternativa correta:

   a) Apenas a afirmativa IV está correta.
   b) Apenas as afirmativas I e III estão corretas.
   c) Apenas a afirmativa I está correta.
   d) Apenas as afirmativas II e IV estão corretas.
   e) Apenas as afirmativas III e IV estão corretas.

5. Com relação à influência das Escrituras para a visão ética do cuidado da criação, assinale a alternativa que apresenta a afirmação correta:

a) Como Deus criou todas as coisas para o benefício do ser humano, deve-se fazer uso irrestrito e sem cuidado de tudo o que está ao alcance das pessoas.
b) A Bíblia condena o consumo de animais, mas aprova a abstinência absoluta de carnes.
c) Deus estabelece uma cota de uso de elementos da natureza.
d) A Bíblia aponta para a responsabilidade para com a criação, especialmente no que tange ao seu uso equilibrado e responsável.
e) A criação é destinada aos seres humanos, que devem administrá-la de acordo com suas necessidades.

Atividades de aprendizagem

Questões para reflexão

1. Qual foi o impacto das Sagradas Escrituras sobre a formação do pensamento ético no Ocidente?
2. Como as Sagradas Escrituras tratam a questão da pobreza?
3. Como a revelação registrada nas Escrituras pode ser considerada, nas epistemologias, algo que confere sentido às realidades?

Atividade aplicada: prática

1. Escolha um texto bíblico, de preferência dos Evangelhos e das epístolas, e faça o exercício de encontrar o sentido do texto. Depois, aplique essa descoberta com um grupo de sua comunidade de fé.

considerações finais

Produzir um texto sobre as Sagradas Escrituras, com o desafio de cobrir uma variedade de temas relacionados com aquilo que é responsável por fazer a Bíblia ser o que ela é e descrever seu traçado histórico de transmissão para chegar até os diferentes povos e gerações, exigiu de nós que lidássemos com o fiel que estava presente na elaboração; por essa razão, o leitor deve ter percebido traços apologéticos neste livro. Algumas vezes, estava presente o cientista, motivo pelo qual o leitor deve ter percebido também, em alguns momentos, traços de aparente ceticismo.

Não fizemos essa jornada sozinhos. O tempo todo estivemos acompanhados da tradição da Igreja cristã e dos autores modernos; igualmente, a presença do leitor orientou a escolha das palavras, da construção didática de cada capítulo e de seus subtítulos. Podemos afirmar que esta foi uma elaboração em conjunto, pois não saberíamos abordar os temas sem o auxílio de alguns pesquisadores que já foram mais longe, tiveram acesso a fontes de que não dispomos ou mesmo discerniram com criatividade e apoiaram o discernimento que buscamos apresentar.

No grupo de leitores, sempre foram consideradas duas categorias: predominantemente, o estudante, ávido por conhecer e embasar o saber em construção, mas também os fiéis, espalhados por todo o globo, em particular, obviamente, os de língua portuguesa, que poderiam ter aqui um auxílio para atuar nos grupos de estudos e em escolas bíblicas locais ou para sanar certas dúvidas que ainda os impedem de concluir determinado raciocínio sobre o entorno das Sagradas Escrituras.

Agradecemos a você, leitor, pela companhia nesta jornada pela história dos textos sagrados!

Sole Deo Gloria![1]

---

[1] Somente a Deus a Glória!

referências

AGOSTINHO, Santo. **A doutrina cristã**: manual de exegese e formação cristã. São Paulo: Paulus, 2002. (Coleção Patrística, v. 17).

ARAÚJO, M. H. de. **A singularidade da teoria da prudência na ética nicomaqueia de Aristóteles**. 117 f. Dissertação (Mestrado em Filosofia) – Universidade Estadual Paulista, Faculdade de Filosofia e Ciências, Marília, 2020. Disponível em: <http://hdl.handle.net/11449/191676>. Acesso em: 18 ago. 2022.

ARCHER JUNIOR, G. L. **Panorama do Antigo Testamento**. 4. ed. rev. e ampl. Tradução de Gordon Crown. São Paulo: Vida Nova, 2012.

ARISTÓTELES. **Ética a Nicômaco**. Tradução de António de Castro Caeiro. São Paulo: Atlas, 2009.

AYMARD, A.; AUBOYER, J. **O Oriente e a Grécia Antiga**: as civilizações imperiais. 3. ed. Tradução de Pedro Moacyr Campos. Rio de Janeiro: Bertrand Brasil, 2003. (História Geral das Civilizações, v. 1).

AZEVEDO, I. B. de. **Os Dez Mandamentos nos dias de hoje**: atitudes que transformam nossas vidas. São Paulo: Hagnos, 2016.

BÁEZ, F. **História universal da destruição dos livros**: das tábuas sumérias à Guerra do Iraque. Tradução de Léo Schlafman. Rio de Janeiro: Ediouro, 2006.

BARTH, K. **Introdução à teologia evangélica**. 8. ed. Tradução de Lindolfo Weingârtner. São Leopoldo: Sinodal, 1996.

BAVINCK, H. **Dogmática reformada**: prolegômena. São Paulo: Cultura Cristã, 2012. v. 1.

BERGER, P. L.; LUCKMANN, T. **A construção social da realidade**. 36. ed. Tradução de Floriano de Souza Fernandes. Petrópolis: Vozes, 2014.

BERKHOF, L. **Princípio de interpretação bíblica**. Tradução de Mauro Meister. São Paulo: Cultura Cristã, 2000.

BERKHOF, L. **Teologia sistemática**. 3. ed. Tradução de Odayr Olivetti. Campinas: LPC, 1990.

BÍBLIA. Português. **Bíblia de estudo Nova Almeida Atualizada**. Tradução de João Ferreira de Almeida. Barueri: SBB, 2018.

BÍBLIA. Português. **Bíblia King James**: 1611– com Estudo Holman. 4. ed. São Paulo: BV Books, 2021.

BÍBLIA. Português. **Bíblia King James**: atualizada. Rio de Janeiro: Art Gospel, 2020.

BÍBLIA. Português. **Bíblia Sagrada**. Ed. rev. e atual. no Brasil. Tradução de João Ferreira de Almeida. Brasília: SBB, 1989.

BRAKE, D. L.; BEACH, S. **Uma história visual da Bíblia King James**: a incrível história da tradução mais conhecida do mundo. Tradução de Regina Aranha. Rio de Janeiro: BV Books, 2013.

BRAY, G. **História da interpretação bíblica**. Tradução de Daniel Kroker. São Paulo: Vida Nova, 2017.

BRIGHT, J. **História de Israel**. 5. ed. Tradução de Euclides Carneiro da Silva. São Paulo: Paulus, 1978. (Nova Coleção Bíblica).

BRUCE, F. F. **O cânon das Escrituras**: como os livros da Bíblia vieram a ser reconhecidos como Escrituras Sagradas? Tradução de Carlos Oswaldo Pinto. São Paulo: Hagnos, 2011.

BULTMANN, R. **Teologia do Novo Testamento**. Tradução de Ilson Kayser. São Paulo: Teológica, 2004.

CAIRNS, E. E. **O cristianismo através dos séculos**: uma história da Igreja cristã. 2. ed. Tradução de Israel Belo de Azevedo. São Paulo: Vida Nova, 1995.

CATENASSI, F. Z. **Bíblia**: introdução teológica e história de Israel. Curitiba: InterSaberes, 2018. (Série Princípios de Teologia Católica).

CECHINATO, L. **Conheça melhor a Bíblia**: noções gerais da Bíblia em linguagem popular. 32. ed. Petrópolis: Vozes, 2014.

CHAMPLIN, R. N.; BENTES, J. M. **Enciclopédia de Bíblia, teologia e filosofia**. 3. ed. São Paulo: Candeia, 1995a. v. 1: A/C.

CHAMPLIN, R. N.; BENTES, J. M. **Enciclopédia de Bíblia, teologia e filosofia**. 3. ed. São Paulo: Candeia, 1995b. v. 3: H/L.

CHAMPLIN, R. N.; BENTES, J. M. **Enciclopédia de Bíblia, teologia e filosofia**. 3. ed. São Paulo: Candeia, 1995c. v. 4: M/O.

CHAMPLIN, R. N.; BENTES, J. M. **Enciclopédia de Bíblia, teologia e filosofia**. 3. ed. São Paulo: Candeia, 1995d. v. 6: S/Z.

CHISHOLM JUNIOR, R. B. **Da exegese à exposição**: guia prático para o uso do hebraico bíblico. Tradução de Carlos Osvaldo Pinto e Marcos Mendes Granconato. São Paulo: Vida Nova, 2016.

DENLINGER, A. Uma biografia de John Huss. **Fiel Ministério**, 25 maio 2017. Disponível em: <https://ministeriofiel.com.br/artigos/uma-biografia-de-john-huss/>. Acessado em: 8 jan. 2022.

DIAS, G. **Canção do exílio**. Disponível em: <http://www.dominiopublico.gov.br/download/texto/bn000100.pdf#:~:text=Minha%20terra%20tem%20palmeiras%2C%20Onde,palmeiras%2C%20Onde%20canta%20o%20Sabi%C3%A1>. Acesso em: 8 jan. 2022.

DIDAQUÉ: o catecismo dos primeiros cristãos para as comunidades de hoje. São Paulo: Paulus, 2013. Edição Kindle.

DIMBLEBY, R.; BURTON, G. **Mais do que palavras**: uma introdução à teoria da comunicação. 4. ed. Tradução de Plínio Cabral. São Paulo: Summus Editorial, 1990. (Série Novas Buscas em Comunicação, v. 37).

DONNER, H. **História de Israel e dos povos vizinhos**: da época da divisão do reino até Alexandre Magno. 7. ed. Tradução de Claudio Molz e Hans A. Trein. São Leopoldo: Sinodal, 2017. v. 1.

EICHRODT, W. **Teologia do Antigo Testamento**. Tradução de Cláudio J. A. Rodrigues. São Paulo: Hagnos, 2004.

ELWELL, W. A. (Ed.). **Enciclopédia histórico-teológica da Igreja Cristã**. Tradução de Gordon Chown. São Paulo: Vida Nova, 1988. v. 1: A-D.

ELWELL, W. A. (Ed.). **Enciclopédia histórico-teológica da Igreja Cristã**. Tradução de Gordon Chown. São Paulo: Vida Nova, 1990. v. 2: E-M.

FERNANDES, L. A. Bíblia como Palavra de Deus (verbete). **Estudos Bíblicos**, 2 set. 2015. Disponível em: <http://www.estudosbiblicos.teo.br/?p=303>. Acesso em: 15 nov. 2021.

FISCHER, A. A. **O texto do Antigo Testamento**: edição reformulada da *Introdução à Bíblia Hebraica* de Ernest Würthwein. Tradução de Vilson Schlz. Barueri: SBB, 2013.

FRAINE, J. de. Inspiração das Sagradas Escrituras. **Revista de Cultura Bíblica**, São Paulo, ano 35, n. 16, p. 41-45, 1992.

FRANCHINI, A. S.; SEGANFREDO, C. **Gilgamesh**: o primeiro herói mitológico. Porto Alegre: Artes e Ofícios, 2008.

FULLER, D. P. **A unidade da Bíblia**: o desenvolvimento do plano de Deus para a humanidade. Tradução de Sueli Saraiva. São Paulo: Shedd, 2014.

GEISLER, N.; NIX, W. **Introdução bíblica**: como a Bíblia chegou até nós. Tradução de Oswaldo Ramos. São Paulo: Vida, 2006.

GILBERTO, A. **A Bíblia através dos séculos**: a história e formação do Livro dos livros. Rio de Janeiro: CPAD, 1986.

GIORDANI, M. C. **História da Grécia**. 2. ed. Petrópolis: Vozes, 1972.

GOHEEN, M. W.; BARTHOLOMEW, C. G. **Introdução à cosmovisão cristã**: vivendo na intersecção entre a visão bíblica e a contemporânea. São Paulo: Vida Nova, 2016.

GOHEEN, M. W.; BARTHOLOMEW, C. G. **O drama das Escrituras:** encontrando o nosso lugar na história bíblica. Tradução de Daniel Kroker. São Paulo: Vida Nova, 2017.

GOLDSWORTHY, G. **Pregando toda a Bíblia como Escritura Cristã**. Tradução de Francisco Wellington Ferreira. São José dos Campos: Fiel, 2013.

GONZÁLEZ, J. L. **E até aos confins da Terra**: uma história ilustrada do cristianismo. Tradução de Key Yuasa. São Paulo: Vida Nova, 1995. v. 1: A Era dos Mártires.

GONZÁLEZ, J. L. **E até aos confins da Terra**: uma história ilustrada do cristianismo. Tradução de Hans Udo Fuchs. São Paulo: Vida Nova, 1980. v. 2: A Era dos Gigantes.

GONZÁLEZ, J. L. **E até aos confins da Terra**: uma história ilustrada do cristianismo. 2. ed. Tradução de Hans Udo Fuchs. São Paulo: Vida Nova, 1986. v. 4: A Era dos Altos Ideais.

GONZÁLEZ, J. L. **Jesucristo es el Señor**: el señorío de Jesucristo en la Iglesia Primitiva. Lima: Ediciones Puma, 2011.

GONZÁLEZ, J. L. **Uma história do pensamento cristão**: da Reforma Protestante ao século 20. Tradução de Paulo Arantes e Vanuza Helena Freire de Mattos. São Paulo: Cultura Cristã, 2004. v. 3.

GRENZ, S. J. **Pós-modernismo**: um guia para entender a filosofia do nosso tempo. São Paulo: Vida Nova, 2008.

GUSSO, A. R. **O Pentateuco**: introdução fundamental e auxílio para a interpretação. Curitiba: A. D. Santos, 2011.

GUSSO, A. R. **Panorama histórico de Israel**: para estudantes da Bíblia. Curitiba: A. D. Santos, 2006.

HABERMAS, J. **A inclusão do outro**: estudos de teoria política. 2. ed. Tradução de George Sperber, Paulo Astor Soethe e Milton Camargo Mota. São Paulo: Loyola, 2004.

HARRIS, R. L.; ARCHER JUNIOR, G. L.; WALTKE, B. K. **Dicionário internacional de teologia do Antigo Testamento**. Tradução de Márcio Loureiro Redondo, Luiz A. T. Sayão e Carlos Oswaldo C. Pinto. São Paulo: Vida Nova, 1998.

HASEL, G. F. **Teologia do Novo Testamento**: questões fundamentais no debate atual. Tradução de Jussara Marindir Pinto Simões Arias. Rio de Janeiro: Juerp, 1988.

HENDRIKSEN, W. **1 Timóteo, 2 Timóteo e Tito**. Tradução de Valter Graciano Martins. São Paulo: Cultura Cristã, 2001. (Série Comentário do Novo Testamento).

HILL, A. E.; WALTON, J. H. **Panorama do Antigo Testamento**. Tradução de Lailah de Noronha. São Paulo: Vida, 2007.

HOFF, P. **O Pentateuco**. Tradução de Luiz Aparecido Caruso. São Paulo: Vida, 2006.

JACQ, C. **O Egito dos grandes faraós**: história e lenda. Tradução de Rose Moraes. Rio de Janeiro: Bertrand Brasil, 2007.

KAISER JUNIOR, W. C. **Teologia do Antigo Testamento**. 2. ed. Tradução de Gordon Chown. São Paulo: Vida Nova, 2007.

KELLER, T.; ALSDORF, K. L. **Como integrar fé e trabalho**: nossa profissão a serviço do reino de Deus. Tradução de Eulália Pacheco Kregness. São Paulo: Vida Nova, 2014.

KI-ZERBO, J. (Ed.). **História geral da África**: metodologia e pré-história da África. 2. ed. Brasília: Unesco, 2010. (Coleção História da África, v. 1).

KÜMMEL, W. G. **Introdução ao Novo Testamento**. São Paulo: Paulus, 1982.

LADD, G. E. **Teologia do Novo Testamento**. 1. ed. rev. Tradução de Degmar Ribas Júnior. São Paulo: Hagnos, 2003.

LASOR, W. S.; HUBBARD, D. A.; BUSH, F. W. **Introdução ao Antigo Testamento**. Tradução de Lucy Yamakami. São Paulo: Vida Nova, 1999.

LIBANIO, J. B. **Fatores culturais na formação da consciência ética do Ocidente**. Disponível em: <https://www.ufmg.br/bioetica/trabalhos/FATORES_CULTURAIS_NA_FORMACAO-J_B_LIBANIO.doc#:~:text=A%20cultura%20ocidental%2C%20e%20dentro,germ%C3%A2nica%20inserir%C3%A1%20sua%20contribui%C3%A7%C3%A3o%20decisiva>. Acessado em: 3 jan. 2022.

LIGHTFOOT, J. B. **Los Padres Apostolicos**. Barcelona: Editorial Clie, 1990.

LIMA, A. K. de. **Averróis e a questão do intelecto material no *Grande comentário ao De Anima de Aristóteles*, livro III, comentário 5**. 102 f. Dissertação (Mestrado em Filosofia) – Universidade de São Paulo, São Paulo, 2009. Disponível em: <https://teses.usp.br/teses/disponiveis/8/8133/tde-23032010-112706/publico/ARTHUR_KLIK_DE_LIMA.pdf>. Acesso em: 3 jan. 2022.

LOPES, A. N. **A Bíblia e seus intérpretes**: uma breve história da interpretação. São Paulo: Cultura Cristã, 2004.

LYRA, S. P. R. **Cidades para a Glória de Deus**: uma análise bíblico-teológico das cidades e da missão da Igreja urbana. Belo Horizonte: Visão Mundial, 2004.

MACKENZIE, J.; TERRA, D. J. E. M. Vaticano II e inspiração. **Revista de Cultura Bíblica**, São Paulo, ano 35, n. 16, p. 46-54, 1992.

MAIA, H. **Introdução à metodologia das ciências teológicas**. Goiânia: Cruz, 2015.

MARRA, C. (Ed.). **O catecismo maior de Westminster**. 14. ed. São Paulo: Cultura Cristã, 2008.

MAZZINGHI, L. **História de Israel**: das origens ao período romano. Tradução de Renato Adriano Pezenti. Petrópolis: Vozes, 2017.

MCDONALD, L. M. **A origem da Bíblia**: um guia para os perplexos. Tradução de Euclides Luiz Calloni. São Paulo: Paulus, 2013. (Coleção Biblioteca de Estudos Bíblicos).

MCGRATH, A. E. **Teologia histórica**. São Paulo: Casa Editora Presbiteriana, 2007.

MELLA, F. A. A. **Dos Sumérios a Babel**: Mesopotâmia – história, civilização e cultura. Tradução de Noberto de Paula Lima. São Paulo: Hemus, [S.d.].

MELO, P. B. de. Um passeio pela história da imprensa: o espaço público dos grunhidos ao ciberespaço. **Comunicação e Informação**, v. 8, n. 1, p. 26-38, jan./jun. 2005. Disponível em: <https://brapci.inf.br/index.php/res/download/78915>. Acesso em: 3 jan. 2022.

MILLER, J. W. **As origens da Bíblia**: pensando a história canônica. Tradução de Adail Ubirajara Sobral e Maria Stela Gonçalves. São Paulo: Loyola, 2004. (Coleção Bíblica, n. 41).

MILLER, S. M.; HUBER, R. V. **A Bíblia e sua história**: o surgimento e o impacto da Bíblia. Tradução de Magda D. Z. Huf e Fernando H. Huf. Barueri: SBB, 2006.

MURAD, A. Os alicerces. In: MURAD, A.; GOMES, P. R.; RIBEIRO, S. **A casa da teologia**: introdução ecumênica à ciência da fé. São Paulo: Paulinas; São Leopoldo: Sinodal, 2010. p. 27-42.

OLIVEIRA, F. L. R. de. **A Escrita Sagrada do Egito Antigo**: dicionário hieróglifo-português. Edição do autor. Ibitirama: [s.n.], 2008.

OSWALT, J. **Isaías**. Tradução de Valter Graciano Martins. São Paulo: Cultura Cristã, 2011. (Série Comentários do Antigo Testamento, v. 1).

PACKER, J. I.; TENNEY, M. C.; WHITE JUNIOR, W. **O mundo do Novo Testamento**. São Paulo: Vida, 1988.

PAROSCHI, W. **Crítica textual do Novo Testamento**. 2. ed. corrigida. São Paulo: Vida Nova, 1999.

PATZIA, A. G. **Novo comentário bíblico contemporâneo**: Efésios, Colossenses, Filemom. Tradução de Oswaldo Ramos. São Paulo: Vida, 1995.

PERROY, É. **A Idade Média**: os tempos difíceis. Tradução de Pedro Moacyr Campos. Rio de Janeiro: Bertrand Brasil, 1994. (Coleção História das Civilizações, n. 8).

PILETTI, C.; PILETTI, N. **História da educação**: de Confúcio a Paulo Freire. São Paulo: Contexto, 2012.

QUEIROZ, M. de S. Representações sociais: uma perspectiva multidisciplinar em pesquisa qualitativa. In: BARATA, R. B.; BRICEÑO-LEÓN, R. E. (Org.). **Doenças endêmicas**: abordagens sociais, culturais e comportamentais. Rio de Janeiro: Ed. da Fiocruz, 2000. p. 27-46. Disponível em: <https://books.scielo.org/id/45vyc/pdf/barata-9788575413944-02.pdf>. Acesso em: 2 abr. 2022.

REGA, L. S. **Noções do grego bíblico**. 2. ed. ver. e ampl. São Paulo: Vida Nova, 1988.

RENDTORFF, R. **A formação do Antigo Testamento**. 7. ed. Tradução de Bertholdo Weber. São Leopoldo: Sinodal, 2006.

RYKEN, L. **Formas literárias da Bíblia**. Tradução de Sandra Salum Marra. São Paulo: Cultura Cristã, 2017.

SBB – Sociedade Bíblica do Brasil. **História da tradução da Bíblia**. Disponível em: <https://biblia.sbb.org.br/historia-da-traducao-da-biblia>. Acesso em: 2 abr. 2022.

SCHAEFFER, F. **O Deus que intervém**: o abandono da verdade e as trágicas consequências para a nossa cultura. 3. ed. Tradução de Gabrielle Greggersen. São Paulo: Cultura Cristã, 2016.

SCHAEFFER, F. **O Deus que se revela**: contra o silêncio e o desespero do homem moderno, podemos de fato conhecer o Deus que intervém. 2. ed. Tradução de Gabrielle Greggersen. São Paulo: Cultura Cristã, 2008.

SCHELLING, F. W. J. von. **Obras escolhidas**. Tradução, seleção e notas de Rubens Rodrigues Torres Filho. São Paulo: Abril Cultural, 1984. (Coleção Os Pensadores).

SCHLEIERMACHER, F. D. E. **Hermenêutica**: a arte e técnica de interpretação. 10. ed. Tradução de Celso Reni Braida. Petropólis: Vozes, 2015.

SCHULTZ, S. J. **Israel no Antigo Testamento**. 2. ed. Tradução de João Marques Bentes. São Paulo: Vida Nova, 2009.

SILVA, U. **A Reforma Protestante (John Huss – Martinho Lutero)**. Disponível em: <https://www.academia.edu/29422643/A_Reforma_Protestante_John_Huss_Martinho_Lutero>. Acesso em: 2 abr. 2022.

SOUZA, M. A. de. **O dicionário de hebraico bíblico de Brown, Driver e Briggs (BDB) como modelo de sistema lexical bilíngue**: um estudo da lexicografia hebraica bíblica moderna. 197 f. Dissertação (Mestrado em Estudos da Tradução) – Universidade Federal de Santa Catarina, Florianópolis, 2008.

STUART, D.; FEE, G. D. **Manual de exegese bíblica**: Antigo e Novo Testamentos. Tradução de Estevan Kirschner e Daniel de Oliveira. São Paulo: Vida Nova, 2008.

TERRA, D. J. E. M. Introdução à Sagrada Escritura. **Revista de Cultura Bíblica**, São Paulo, ano 35, n. 16, p. 3-7, 1992.

TILLICH, P. **História do pensamento cristão**. 2. ed. São Paulo: Aste, 2000.

VAN TIL, C. **Epistemologia reformada**. Natal: Nadere Reformatie Publicações, 2020. v. 1. Edição Kindle.

VANHOOZER, K. J. **A Trindade, as Escrituras e a função do teólogo**: contribuições para uma teologia evangélica. Tradução de Marcio Loureiro Redondo. São Paulo: Vida Nova, 2015.

VANHOOZER, K. J. **Há um significado neste texto?** Interpretação bíblica: os enfoques contemporâneos. Tradução de Álvaro Hattinher. São Paulo: Vida, 2005.

VIEIRA, R. N. **Doutrina da revelação de Deus**. 74 f. Monografia (Bacharelado em Teologia) – Seminário e Instituto Bíblico Betânia, Altônia, 1999.

VIEIRA, R. N. **Introdução às Sagradas Escrituras**. Curitiba: Contentus, 2020.

VIRKLER, H. A. **Hermenêutica**: princípios e processos de interpretação bíblica. Tradução de Luiz Aparecido Caruso. São Paulo: Vida, 1987.

WANKE, R. M. **"Deus Absconditus et Deus Revelatus"**: a "presença de Deus" no Antigo Testamento. Disponível em: <https://silo.tips/download/deus-absconditus-et-deus-revelatus-a-presena-de-deus-no-antigo-testamento>. Acesso em: 18 ago. 2022.

WEBER, M. **Ciência e política**: duas vocações. 2. ed. Tradução de Jean Melville. São Paulo: Martin Claret, 2001.

WON, P. **E Deus falou na língua dos homens**. Rio de Janeiro: Thomas Nelson, 2020.

ZUCK, R. B. **A interpretação bíblica**: meios de descobrir a verdade da Bíblia. Tradução de Cesar de F. A. Bueno Vieira. São Paulo: Vida Nova, 1994.

bibliografia comentada

GEISLER, N.; NIX, W. **Introdução bíblica**: como a Bíblia chegou até nós. Tradução de Oswaldo Ramos. São Paulo: Vida, 2006.

Esse livro trata das questões relacionadas à bibliologia, que é o estudo sobre a formação e as partes constituintes das Sagradas Escrituras, com um importante enfoque na história da transmissão e das traduções.

GONZÁLEZ, J. L. **E até aos confins da Terra**: uma história ilustrada do cristianismo. Tradução de Key Yuasa. São Paulo: Vida Nova, 1995. v. 1: A Era dos Mártires.

Esse é o primeiro volume de uma série de dez volumes na qual o historiador e teólogo Justo González aborda a história da Igreja, o desenvolvimento de sua estrutura e a forma como o cânone bíblico foi sendo formado e aceito pelas Igrejas cristãs dos primeiros séculos.

LOPES, A. N. **A Bíblia e seus intérpretes**: uma breve história da interpretação. São Paulo: Cultura Cristã, 2004.

Nessa obra, Augustus Nicodemos Lopes, renomado teólogo brasileiro, faz o importante trabalho de apresentar a história da interpretação bíblica, passando pelos primeiros intérpretes do Antigo Testamento e chegando até os dias da atualidade.

MILLER, S. M.; HUBER, R. V. **A Bíblia e sua história**: o surgimento e o impacto da Bíblia. Tradução de Magda D. Z. Huf e Fernando H. Huf. Barueri: SBB, 2006.

Esses dois autores realizaram um dos melhores trabalhos publicados em língua portuguesa sobre a história da Bíblia Sagrada. Há o cuidado de levar os leitores para a Antiguidade e sua cultura, em cada contexto que serviu de fundo histórico para a elaboração do texto sagrado.

TILLICH, P. **História do pensamento cristão**. 2. ed. São Paulo: Aste, 2000.

Esse livro é um clássico da história do pensamento, mas, sobretudo, do pensamento cristão. Leva o leitor para a história da Igreja cristã, para que, a partir dela, seja possível acompanhar o desenvolvimento das principais doutrinas da fé cristã.

VANHOOZER, K. **Há um significado neste texto?** Interpretação bíblica: os enfoques contemporâneos. Tradução de Álvaro Hattinher. São Paulo: Vida, 2005.

Essa obra de Kevin Vanhoozer tornou-se um clássico do estudo da hermenêutica bíblica, bem como uma obra de muita riqueza teórica para tratar das idas e vindas da busca do significado de um texto, até mesmo para saber se isso é possível. É um texto que pode servir de grande companheiro para o estudante de teologia que visa aprofundar-se no sentido epistemológico das Sagradas Escrituras.

WON, P. **E Deus falou na língua dos homens**. Rio de Janeiro: Thomas Nelson, 2020.

Com uma linguagem acessível, porém trazendo ao estudante ou leitor em geral aquilo que é importante sobre a formação das Sagradas Escrituras, esse livro trata das questões básicas da composição dos textos sagrados, como as línguas e a escrita, e aborda separadamente os dois cânones (Antigo Testamento e Novo Testamento), auxiliando o leitor no entendimento da formação de cada parte da Bíblia.

respostas

Capítulo 1

Atividades de autoavaliação

1. e
2. a
3. d
4. a
5. b

Atividades de aprendizagem

Questões para reflexão

1. A escrita de uma língua aponta para a história do desenvolvimento cultural e social de um povo. Isso quer dizer que é preciso compreender o ambiente sociocultural de uma língua para uma melhor compreensão da mensagem que por ela foi transmitida.

2. Deve-se valorizar o surgimento das universidades e seus pensadores, que fomentaram o melhor trato do texto sagrado, por exemplo.
3. O Iluminismo retirou a revelação do lugar epistemológico e a substituiu pela razão e pela natureza.

Capítulo 2

Atividades de autoavaliação

1. d
2. e
3. b
4. b
5. e

Atividades de aprendizagem

Questões para reflexão

1. Tratamos disso quando abordamos três grandes influências sobre a formação de Israel: mesopotâmica, egípcia e cananeia. Salientamos que existem dois grandes contextos que dominaram o cenário das narrativas bíblicas: o ambiente sociogeográfico e o ambiente sociorreligioso.
2. As matrizes religiosas mesopotâmicas, gregas e romanas dominavam o que, em grande parte, os autores estavam combatendo; muitas vezes, as expressões religiosas do povo de Deus se assemelharam com as dos povos vizinhos, e isso é manifestado nos textos bíblicos de cada época.
3. Os autores humanos utilizaram seus conhecimentos culturais e sua formação, tanto intelectual como religiosa, para a elaboração do texto sagrado.

Capítulo 3

Atividades de autoavaliação

1. e

2. d
3. c
4. b
5. d

Atividades de aprendizagem

Questões para reflexão

1. A unidade das Sagradas Escrituras é muito importante para o dogma da revelação de Deus, pois é o senso de unidade por todo o cânone que aponta para o propósito final desse texto – dar glória a Deus e revelar seu plano de redenção para a criação.
2. As questões internas e externas sustentam e evidenciam a inerrância bíblica.
3. Podemos citar apenas dois aspectos que apontam para o fato de a autoridade das Sagradas Escrituras ser considerada lógica e necessária: Deus é a fonte de sua autoridade e elas são a Palavra de Deus.

Capítulo 4

Atividades de autoavaliação

1. b
2. a
3. e
4. b
5. d

Atividades de aprendizagem

Questões para reflexão

1. Nessa questão, fazemos referência ao período de consolidação do pensamento da Igreja cristã, com a grande contribuição de pensadores como Agostinho e dos concílios responsáveis pela definição da ortodoxia cristã, que é o pensar reconhecido da Igreja.

2. Ressaltamos a importância da tradução de Lutero, para além da compreensão das Sagradas Escrituras, assim como as traduções da Bíblia para o inglês, que possibilitaram a pregação do Evangelho para além dos centros urbanos.

Capítulo 5

Atividades de autoavaliação

1. a
2. b
3. c
4. b
5. d

Atividades de aprendizagem

Questões para reflexão

1. Destacamos a importância que as histórias sempre tiveram, quando os escritores quiseram registrar as ideias e os acontecimentos ocorridos.
2. O leitor deve notar o diálogo que fizemos com Platão e Francis Schaeffer (2008), no qual fica claro que as Escrituras apresentam universais, como Deus, ser humano.
3. É preciso ressaltar as elaborações sobre a criação, que expressa beleza, e o projeto literário, que descreve a criação de maneira viva, dinâmica e diversa. Deve-se apontar também a poesia, que é abundante na composição de parte das Sagradas Escrituras.

Capítulo 6

Atividades de autoavaliação

1. a
2. d
3. b

4. a
5. d

Atividades de aprendizagem

Questões para reflexão

1. É importante que o leitor observe a citação de João Batista Libanio (2022) sobre a formação ética do mundo ocidental, assim como o impacto das Sagradas Escrituras sobre o valor do ser humano e sua dignidade intrínseca, além dos mandamentos bíblicos e seu reflexo nos valores ocidentais.
2. É preciso considerar as leis do Antigo Testamento que visavam proteger as pessoas da pobreza extrema e perpétua.
3. Deve-se observar o fato de a revelação lançar luz sobre o significado e sentido das coisas.

sobre o autor

Nonato Vieira é pastor na Igreja Evangélica Livre do Boa Vista, em Curitiba (PR). É licenciado em História pela Fundação de Ensino Superior de Olinda (2012); graduado em Teologia pelo Seminário Betânia, Altônia (curso livre); bacharel em Teologia pela Faculdade de Teologia Hokemah (2007); especialista em docência em Sociologia e Filosofia; mestre em Missões Urbanas pela Faculdade Teológica Sul Americana (2008); e mestre em Ciências da Religião pela Universidade Católica de Pernambuco (2019). Atualmente, é professor na Faculdade Teológica Betânia (Fatebe) e na Faculdade Fidelis; conteudista para a Uninter e para a Faculdade Auden; mentor ministerial no Mestrado em Liderança da T-Link (curso livre).

Impressão:
Março/2023